EL PODER DEL PENSAMIENTO POSITIVO

NORMAN VINCENT PEALE

EL PODER DEL PENSAMIENTO POSITIVO

OCÉANO

Se agradece a Sermon Publications, Inc., la autorización para reproducir algunos fragmentos de *Self-Improvement Handbook*, *What's Your Trouble?* y la serie *How Card* de Norman Vincent Peale.

Diseño de portada: Jorge Matías Garnica / La Geometría Secreta

EL PODER DEL PENSAMIENTO POSITIVO

Título original: THE POWER OF POSITIVE THINKING

Publicado según acuerdo con el editor original, Fireside, una división de Simon & Schuster, Inc.

Traducción: Enrique Mercado

D.R. © 2024, Editorial Océano, S.L.U.
C/Calabria, 168-174 – Escalera B – Entlo. 2ª
08015 Barcelona, España
www.oceano.com

D. R. © 2024, Editorial Océano de México, S.A. de C.V.
Guillermo Barroso 17-5, Col. Industrial Las Armas
Tlalnepantla de Baz, 54080, Estado de México

Primera edición: julio de 2024
Primera reimpresión: marzo de 2025

ISBN: 978-84-494-6128-6
Depósito legal: B 12974-2024

IMPRESO EN ESPAÑA / *PRINTED IN SPAIN*

9005834020325

Dedico este libro a mis hermanos,
el doctor Robert Clifford Peale
y
el reverendo Leonard Delaney Peale,
eficaces bienhechores de la humanidad

Índice

Prefacio

Cuando escribí este libro, nunca pensé que se venderían más de dos millones de ejemplares en varias ediciones de pasta dura y que un día atraería a una gran cantidad de nuevos lectores en una edición rústica como ésta. Sin embargo, he de decir que mi gratitud por este hecho no se debe al enorme número de libros vendidos, sino a las muchas personas a las que he tenido el privilegio de proponer una filosofía práctica y simple de la vida.

Aprendí, por las malas, las leyes dinámicas que se enseñan en esta obra, mediante prueba y error en mi búsqueda personal de un modo de vida. Pero en ellas descubrí la solución a mis problemas y créeme que soy la persona más difícil con la que he trabajado. Este volumen representa mi esfuerzo por compartir mi experiencia espiritual; porque si ella me ayudó a mí, creo que también podría ser de ayuda para otros.

Durante la formulación de esta simple filosofía de la vida encontré las respuestas en las enseñanzas de Jesucristo. Entonces mi labor se redujo a describir esas verdades en el lenguaje y los modos de pensamiento que comprende la gente de hoy. La forma de vida de la que este libro da constancia es fabulosa. No es fácil. De hecho, suele ser difícil, pero está llena de dicha, esperanza y victoria.

Recuerdo con toda claridad el día en que me senté a escribir esta obra. Sabía que un buen trabajo requeriría una aptitud mayor de la que poseo y que, por tanto, necesitaría una ayuda que sólo Dios puede brindar. Mi esposa y yo tenemos por norma trabajar en asociación con Dios en todos nuestros problemas y actividades, de manera que en una fervorosa sesión de oración le pedimos consejo y pusimos el proyecto en sus manos. Cuando el manuscrito estuvo listo para la editorial, oramos de nuevo, esta vez para ofrecerlo al Señor. Lo único que le pedimos fue que este volumen ayudara a la gente a vivir con mayor eficacia. La ocasión en que recibimos de la imprenta el primero de esos dos millones de ejemplares fue un momento espiritual. Dimos gracias a Dios por su ayuda y le consagramos el libro una vez más.

Esta obra fue escrita para las personas sencillas de este mundo, entre las que sin duda me cuento. Nací y crecí en las humildes condiciones de un devoto hogar cristiano en el Medio Oeste de Estados Unidos. El pueblo llano de esta nación es mi gente, a la cual conozco y quiero, y en la que creo con una fe inmensa. Cuando una de estas personas permite que Dios se haga cargo de su vida, el poder y la gloria se ponen espléndidamente de manifiesto.

Este libro se escribió con profunda preocupación por las penas, apuros y dificultades de la existencia humana. Enseña a cultivar la serenidad de espíritu, no para huir de la vida en busca de la protección de la inactividad, sino como el centro de poder del que procede la energía propulsora de una constructiva vida personal y social. Asimismo, enseña el pensamiento positivo, no como un medio para alcanzar fama, riqueza o poder, sino como una aplicación práctica de la fe para evitar el fracaso y conseguir en la vida dignos valores creativos. Enseña una forma de vida difícil y disciplinada, pero que brinda un gozo enorme a quien obtiene la victoria sobre sí mismo y sobre las difíciles circunstancias del mundo.

A todas las personas que me han escrito acerca de la feliz victoria que han alcanzado mediante la práctica de las técnicas espirituales contenidas en este libro y a las que aún están por vivir esa experiencia me permito comunicarles mi alegría por todo lo que les sucede por vivir conforme a fórmulas espirituales dinámicas.

Por último, deseo expresar mi más profunda gratitud a mis editores por su firme apoyo, cooperación y amistad. Nunca había trabajado con personas tan finas como mis queridos amigos de Prentice-Hall, y ahora me hace mucha ilusión mi sociedad con Fawcett Publications. Quiera Dios que sigamos utilizando este libro en beneficio de la humanidad.

Norman Vincent Peale

Introducción

Qué puede hacer este libro por ti

La presente obra se escribió para proponer técnicas y dar ejemplos que muestren que no hay motivo para que te sientas derrotado por todo; que puedes tener serenidad de espíritu, más salud y un incesante flujo de energía. En suma, que tu vida puede estar llena de dicha y satisfacción. No tengo ninguna duda de esto porque he visto a incontables personas aprender y aplicar un sistema de procedimientos sencillos que les ha brindado justo esos beneficios. Estas aseveraciones, que podrían parecer exageradas, se basan en demostraciones serias en la experiencia humana real.

Demasiadas personas se sienten abatidas por los problemas comunes de la existencia. Se pasan la vida forcejeando con, y quizás hasta quejándose de, una sensación de apagado rencor por lo que consideran las «malas jugadas» que la vida les ha hecho. En cierto sentido, quizá sea verdad que en esta vida hay «jugadas», pero también lo es que hay un método y un espíritu con los que podemos controlar, e incluso determinar, tales jugadas. Es una lástima, y algo por completo innecesario, que la gente se permita sentirse destruida por los problemas, preocupaciones y dificultades de la existencia humana.

Al decir esto, de ningún modo ignoro ni minimizo las tragedias y penurias del mundo, pero tampoco les permito imponerse. Tú puedes permitir que los obstáculos controlen tu mente hasta el punto de volverse aterradores y, por tanto, convertirse en los factores dominantes de tu patrón de pensamiento. Pero si aprendes a expulsarlos de tu cabeza, te niegas a subordinarte mentalmente a ellos y diriges un poder espiritual a tus pensamientos, salvarás los obstáculos que de manera común podrían aplastarte. Los métodos que esbozaré no permiten que ningún obstáculo destruya tu felicidad y bienestar. Sólo serás vencido si lo deseas. Este libro te enseñará a no desearlo.

El propósito de esta obra es simple y directo. No tiene pretensiones de excelencia literaria ni intenta exhibir una inusual erudición de mi parte. Es sencillamente un manual práctico de superación personal de acción directa. Ha sido escrito con el único objetivo de ayudar al lector a lograr una vida feliz, valiosa y satisfactoria. Creo con firmeza y entusiasmo en ciertos principios de eficacia comprobada que, al ser puestos en práctica, producen una vida victoriosa. Mi intención es presentarlos en este volumen de forma lógica, simple y comprensible para que el lector que los necesite aprenda un método práctico con el cual forjar, con la ayuda de Dios, el tipo de vida que tanto anhela.

Si tú lees este libro con atención, asimilas con esmero sus enseñanzas y aplicas sincera y persistentemente sus principios y fórmulas, experimentarás un asombroso perfeccionamiento interior. Si usas las técnicas que se describen aquí, podrás cambiar o modificar las circunstancias en las que vives y asumirás el control de ellas en lugar de permitir que te determinen a ti. Tus relaciones con los demás mejorarán. Serás un individuo más popular, valorado y querido. Gracias al dominio de estos principios, disfrutarás de una nueva y grata sensación de bienestar. Alcanzarás un grado de salud hasta ahora desconocido para ti y experimentarás un nuevo e intenso placer de vivir. Serás una persona más útil y ejercerás una influencia más amplia.

¿Cómo puedo estar tan seguro de que la aplicación de estos principios producirá esos resultados? La respuesta es que durante años hemos enseñado en la Marble Collegiate Church de la ciudad de Nueva York un sistema de vida creativa basado en técnicas espirituales, y observado atentamente su operación en cientos de personas. Ésta no es una serie especulativa de inmoderadas aseveraciones mías, porque estos principios han funcionado con tal efectividad durante tanto tiempo que ya están firmemente establecidos como una verdad documentada y demostrable. El sistema que se bosquejará aquí es un método estupendo y perfeccionado para obtener una vida próspera. En mis libros y escritos, en mi columna periodística semanal, que aparece en un centenar de diarios, en mi programa nacional de radio, que ya lleva diecisiete años en el aire, en nuestra revista *Guideposts* y en conferencias dictadas en un sinfín de ciudades he enseñado estos mismos principios, científicos pero simples, de realización, salud y felicidad. Cientos de personas los han leído, escuchado y practicado, y los resultados son invariablemente los mismos: una vida nueva, un nuevo poder, más eficiencia y mayor felicidad.

Debido a la petición que me han hecho numerosas personas de ofrecer estos principios en forma de libro, para que puedan estudiarlos y practicarlos mejor, publico esta nueva obra bajo el título *El poder del pensamiento positivo*. Sobra señalar que los eficaces principios contenidos aquí no son de mi invención, sino que nos fueron confiados por el más grande Maestro que ha existido hasta ahora, y que existe aún. Este libro enseña el cristianismo aplicado: un sistema simple pero científico, y de eficacia comprobada, de técnicas prácticas para lograr una vida satisfactoria.

NORMAN VINCENT PEALE

1. *Cree en ti mismo*

¡Cree en ti mismo! ¡Ten fe en tus aptitudes! Sin una seguridad humilde pero razonable en tus facultades, nunca podrás tener éxito ni ser feliz. En cambio, con una firme confianza en ti mismo, triunfarás. Una sensación de inferioridad e insuficiencia interfiere en el cumplimiento de tus esperanzas, mientras que la seguridad en uno mismo conduce al éxito y la realización personal. Debido a la importancia de esa actitud mental, este libro te ayudará a creer en ti y a desplegar tus facultades internas.

Es terrible darse cuenta de que existe un gran número de personas pusilánimes afectadas y aquejadas por el mal conocido como *complejo de inferioridad*. Pero tú no tienes por qué sufrir ese problema. Cuando se dan los pasos apropiados, es posible resolverlo. Tú puedes desarrollar una fe creativa en ti mismo totalmente justificada.

Después de haber hablado ante un grupo de hombres de negocios en un auditorio comunitario, permanecí en el estrado para saludar a la gente cuando de pronto se me acercó un señor que me preguntó con vehemencia:

—¿Podría hablar con usted de un asunto muy urgente para mí?

Le pedí que esperara a que los demás se marchasen, tras lo cual nos retiramos a un área privada y tomamos asiento.

—Me encuentro en esta ciudad para realizar la operación

de negocios más importante de mi vida —me explicó—. Si tengo éxito, esto significará todo para mí; si fracaso, estoy acabado.

Le sugerí que se relajara un poco, porque nada podía ser tan definitivo. Si triunfaba, magnífico; de lo contrario, mañana sería otro día.

—Desconfío enteramente de mí mismo —dijo con desaliento—. No siento la menor seguridad. No creo poder salir airoso de este trance. Estoy muy desanimado y deprimido. De hecho —se lamentó—, estoy a punto de desplomarme, ¡a mis cuarenta años de edad! ¿A qué se debe que durante toda mi vida me haya atormentado la sensación de inferioridad, inseguridad y duda de mi aptitud? Lo he escuchado a usted hablar esta noche del poder del pensamiento positivo y me gustaría preguntarle cómo puedo obtener un poco de fe en mí.

—Deberá dar dos pasos —contesté—. Primero, es importante que sepa por qué tiene esa sensación de incapacidad. Esto requiere análisis y tiempo. Hemos de abordar los males de nuestra vida emocional igual que como un médico sondea en busca de algo que no marcha bien en nuestro cuerpo. Esto no puede hacerse de buenas a primeras y menos aún en esta breve entrevista. Llegar a una solución permanente podría requerir un tratamiento. Pero para que usted pueda resolver su problema inmediato, voy a brindarle una fórmula que le dará excelentes resultados.

»Al deambular esta noche por las calles, le sugiero que repita las palabras que voy a proporcionarle. Luego, dígalas varias veces después de acostarse. Mañana, al despertar, repítalas tres veces antes de levantarse. De camino a su trascendente cita, dígalas tres veces más. Si hace esto con una actitud de fe, recibirá la fuerza y aptitud que necesita para enfrentar esa dificultad. Más tarde, si lo desea, podríamos hacer un análisis de su problema básico, pero sea lo que sea que llegáramos a encontrar después de realizar ese estudio, la fórmula que le daré ahora puede ser un factor decisivo en su eventual curación».

Ésta es la afirmación que le proporcioné a ese individuo: «Todo lo puedo en Cristo que me fortalece» (Filipenses 4:13). Él desconocía estas palabras, así que se las anoté en una tarjeta y le pedí que las leyera tres veces en voz alta.

—Siga esta prescripción y estoy seguro de que todo saldrá bien.

Él se levantó, guardó silencio un momento y dijo luego con entera convicción:

—Está bien, doctor; está bien.

Lo vi enderezarse y salir en medio de las tinieblas. Parecía una figura desolada, pero su modo de conducirse al partir me hizo saber que la fe ya operaba en su mente.

Tiempo después, él mismo me informó que esa simple fórmula «hizo maravillas» por él y añadió:

—Parece increíble que unas cuantas palabras de la Biblia puedan hacer tanto por una persona.

Más tarde se llevó a cabo un estudio sobre las razones de que este sujeto presentara actitudes de inferioridad. Éstas fueron eliminadas mediante una terapia científica y la aplicación de la fe religiosa. Se le enseñó a tener fe, para lo que recibió instrucciones específicas (que se detallarán más adelante). Poco a poco adquirió una firme, constante y razonable seguridad en sí mismo. Y no cesa de expresar su asombro de que ahora las cosas fluyen hacia él en lugar de repelerlo. Su personalidad ha adoptado un carácter positivo, no negativo, gracias a lo cual ya no ahuyenta el éxito, sino que lo atrae. Ahora posee una auténtica seguridad en sus habilidades.

Las causas de la sensación de inferioridad son variadas y no pocas de ellas provienen de la infancia.

Hace tiempo un ejecutivo me consultó acerca de un joven al que deseaba ascender en su compañía. «Pero», me explicó, «es un riesgo darle información confidencial, lo cual lamento mucho, porque de lo contrario lo nombraría mi asistente administrativo. Cumple todos los demás requisitos, pero habla demasiado y, sin la intención de hacerlo, divulga asuntos de naturaleza privada».

Después de hacer un análisis, descubrí que ese chico «hablaba demasiado» a causa de un complejo de inferioridad. Para compensarlo, sucumbía a la tentación de hacer alarde de sus conocimientos.

Se relacionaba con colegas adinerados que habían asistido a universidades de prestigio y pertenecido a una fraternidad, mientras que él creció en la pobreza, carecía de estudios superiores y no había sido miembro de fraternidad alguna. Por tanto, se sentía inferior a sus compañeros en nivel educativo y social. Para elevarse ante ellos y acrecentar su autoestima, su subconsciente —el cual intenta brindar en todo momento un mecanismo compensatorio— le ofrecía un medio para reforzar su ego.

Él estaba al tanto de todo lo que pasaba en la industria y acompañaba a su superior a conferencias en las que conocía a individuos destacados y escuchaba importantes conversaciones privadas. Filtraba justo lo suficiente de esta «información confidencial» para que sus colegas lo miraran con admiración y envidia. Esto le permitía incrementar su autoestima y satisfacer su deseo de reconocimiento.

Cuando el jefe se enteró de la causa de ese rasgo de personalidad, y dado que era un sujeto amable y comprensivo, señaló a aquel joven las oportunidades de negocios que sus aptitudes le ofrecían. Le explicó también que su sensación de inferioridad hacía que no se pudiera contar con él en materias confidenciales. Este conocimiento de sí mismo y una práctica sincera de las técnicas de la fe y la oración lo convirtieron en un empleado valioso para su compañía. Sus facultades innatas encontraron campo libre para evolucionar.

Quizá recurriendo a una referencia propia podría ilustrar la forma en que muchos jóvenes sufren un complejo de inferioridad. De pequeño, yo era extremadamente delgado. Tenía mucha energía, pertenecía a un equipo de atletismo y estaba fuerte y sano como el acero, pero era delgado. Y eso me incomodaba, porque quería ser gordo. Me llamaban «flaco» y no me gustaba; quería que me llamaran «gordo». Ansiaba ser duro, implacable y obeso. Hacía cuanto podía por engordar: tomaba aceite de hígado de bacalao, consumía gran cantidad de batidos con leche y comía innumerables postres de chocolate con nata y nueces, además de un sinfín de pasteles y tartas, pero no me ayudaban en lo más mínimo. No dejaba de ser delgado y no dormía por las noches. Pensaba y le daba vueltas a este asunto. Seguí intentando ser obeso hasta los treinta años, cuando de repente engordé. La ropa me quedaba tan ajustada que se me descosía sola. Me avergoncé entonces de ser gordo y, al final, tuve que bajar dieciocho kilos, con igual desesperación, para volver a tener una talla respetable.

En segundo término (para concluir este análisis personal, que hago sólo porque podría ayudar a otros mostrando cómo opera este trastorno), yo era hijo de un pastor, hecho que se me recordaba siempre. Todos los demás podían hacer lo que quisieran, pero si yo hacía cualquier cosa, por ínfima que fuera: «Ah, eres hijo de un predicador», decían. En consecuencia, no quería ser hijo de un predicador, porque se supone que los hijos de los predicadores deben ser amables y remilgados, y yo quería hacerme fama de tipo rudo. Tal vez por eso los hijos de los predicadores se distinguen por ser un poco difíciles, porque se rebelan contra el hecho de tener que portar todo el tiempo el estandarte de la iglesia. Juré no hacer jamás una cosa: convertirme en predicador.

Además, procedía de una familia cuyos miembros, prácticamente en su totalidad, ejercían profesiones que los obligaban a desempeñarse como oradores, y esto era lo último que quería ser. Ellos solían obligarme a pronunciar discursos, pese a que me atemorizaba hacerlo, hasta el punto de llenarme de terror. Esto sucedió hace ya varios años, pero cuando hoy en día subo a un estrado, en ocasiones siento aún la punzada del miedo. Tuve que echar mano de todos los recursos conocidos para adquirir seguridad en las facultades que el buen Dios me concedió.

Encontré la solución a este problema en las sencillas técnicas de la fe que la Biblia enseña. Sólidos y científicos, estos principios pueden curar a cualquier persona de la pena causada por la sensación de inferioridad. Su uso permite al afectado identificar y liberar las habilidades inhibidas por sentimientos de insuficiencia.

Ésas son algunas de las fuentes del complejo de inferioridad, el cual levanta poderosas barreras contra nuestra forma de ser. Otras son cierta violencia emocional ejercida contra nosotros en la niñez, o las consecuencias de determinadas circunstancias, o algo que nos hicimos a nosotros mismos. Este mal emerge del borroso pasado en los oscuros recovecos de nuestra personalidad.

Quizá tuviste un hermano mayor que era un estudiante brillante; obtenía calificaciones altas en la escuela y tú sólo recibías notas mediocres, algo que siempre se te echaba en cara. De esta manera, creíste que no podrías triunfar en la vida como él. Puesto que tu hermano obtenía notas altas y tú bajas, razonaste que estabas condenado a recibir malas calificaciones toda tu vida. Es obvio que ignorabas que quienes no sacan buenas calificaciones en la escuela suelen triunfar a lo grande fuera de ella. Que un individuo reciba notas altas en la universidad no lo convierte en un héroe, porque podría dejar de obtenerlas una vez que se le dé su diploma, mientras que quien saca malas notas en la escuela podría obtener más tarde altas calificaciones en la vida.

El principal secreto para vencer el complejo de inferioridad, el cual equivale a dudar en exceso de uno mismo, es que llenes tu mente de fe. Desarrolla una enorme fe en Dios y al mismo tiempo conseguirás una fe modesta pero firme y realista en ti.

La adquisición de una fe dinámica se efectúa a través de la oración intensa, la lectura y asimilación de la Biblia y la práctica de sus técnicas de fe. En otro capítulo me ocuparé de fórmulas específicas para orar, pero aquí quiero referir que la oración que produce la clase de fe requerida para eliminar la inferioridad es de naturaleza específica. Orar de manera superficial, formalista y mecánica carece de eficacia suficiente.

Una mujer negra formidable, cocinera en el hogar de unos amigos míos en Texas, fue interrogada acerca de lo que hacía para resolver tan cabalmente sus dificultades. Respondió que los problemas ordinarios se enfrentan con oraciones ordinarias, mientras que «para enfrentar una gran dificultad, debes rezar con toda tu fe».

Uno de mis amigos más ejemplares fue el ya desaparecido Harlowe B. Andrews, de Syracuse, Nueva York, uno de los mejores hombres de negocios e individuos espirituales que he conocido. Él sostenía que el defecto de muchas plegarias es que no son lo bastante intensas. «Para llegar a algún lado con la fe», decía, «aprende a rezar con fervor. Dios te juzgará de acuerdo con la intensidad de tus oraciones». Y estaba en lo cierto, porque las Escrituras dicen: «Hágase en vosotros según vuestra fe» (Mateo 9:29). Así, cuanto más grande sea tu problema, más fervorosamente debes rezar.

El cantante Roland Hayes me contó que su abuelo, menos instruido que él pero cuya sabiduría innata era notoria, alegaba: «El problema de muchas oraciones es que no tienen aspiración». Orienta tus rezos a tus dudas, temores e inferioridades más hondos. Si pronuncias plegarias intensas y profundas dotadas de gran aspiración, forjarás una fe fabulosa y vital.

Busca un director espiritual competente que te enseñe a tener fe. La aptitud para poseer fe y utilizarla para liberar las habilidades que ella proporciona es una destreza que, como cualquier otra, debe estudiarse y practicarse para que alcance la perfección.

Al final de este capítulo se enumerarán diez sugerencias para vencer tu patrón de inferioridad y desarrollar tu fe. Si aplicas de manera diligente esas reglas, te ayudarán a aumentar la seguridad en ti mismo y a disipar tu sensación de inferioridad, por arraigada que esté.

Pero por el momento deseo indicar que para incrementar la confianza en ti es algo muy eficaz el que sugieras a tu mente conceptos de seguridad. Desde luego, que ella esté obsesionada con ideas de inseguridad e insuficiencia se debe a que éstas han dominado tu pensamiento durante un largo periodo. Debes dar a tu mente un patrón más positivo, lo que se logra proponiéndole ideas de seguridad de modo repetitivo. Entre la agitación de la vida diaria, se requiere un pensamiento disciplinado para reeducar a la mente y hacer de ella una planta generadora de energía. Incluso en medio de tu trabajo cotidiano es posible introducir en tu conciencia pensamientos de confianza en ti. Permíteme relatarte el caso de un señor que hacía eso con un método muy singular.

Una helada mañana de invierno, este individuo pasó a recogerme a un hotel en una ciudad del Medio Oeste para llevarme a otro lugar, a cincuenta y cinco kilómetros de distancia, en el que yo debía dar una conferencia. Tras subirnos a su coche, partimos a gran velocidad, pese a lo resbaladizo de la carretera. Él iba un poco más rápido de lo que me pareció razonable, de manera que le recordé que teníamos tiempo de sobra y le sugerí que avanzáramos más despacio.

—No se preocupe por mi forma de conducir —replicó—. Antes tenía toda clase de inseguridades, pero las vencí. Me daba miedo todo. Temía viajar en automóvil o volar en avión y si alguien de mi familia salía de casa no estaba tranquilo hasta que regresaba. Tenía siempre el presentimiento de que iba a suceder algo malo y esto me amargaba la existencia. Estaba impregnado de inseguridad y carecía de confianza. Este estado de ánimo se reflejaba en mis negocios, así que no me iba nada bien. Pero un buen día se me ocurrió un plan maravilloso que echó de mi mente todas esas sensaciones de desconfianza y ahora vivo con seguridad, no sólo en mí mismo, sino también en la vida en general.

Para exponerme ese «plan maravilloso», señaló dos clips sujetados al salpicadero bajo el parabrisas y sacó de la guantera un paquete de tarjetas. Seleccionó una de ellas, la deslizó bajo un clip y vi que decía: «Si tuviereis fe [...] nada os sería imposible» (Mateo 17:20). Luego quitó esa tarjeta, barajó diestramente el resto con una sola mano sin dejar de conducir, seleccionó una más y la puso bajo el otro clip. Ésta decía: «Si Dios es por nosotros, ¿quién contra nosotros?» (Romanos 8:31).

—Soy comercial —explicó— y paso gran parte del día en mi coche para visitar a mis clientes, así que sé por experiencia que, mientras se conduce, uno piensa todo tipo de cosas. Si este patrón de pensamientos es negativo, uno tendrá muchos pensamientos negativos durante el día, lo cual es malo, por supuesto, pero yo era así. Mis pensamientos a lo largo de la jornada, entre una visita y otra, eran de fracaso y temor; incidentalmente ésa era una de las razones de mis escasas ventas. Pero, desde que uso estas tarjetas para memorizar su contenido mientras conduzco, he aprendido a pensar de otra forma. Las inseguridades que antes me perseguían han desaparecido casi por completo; en vez de pensar en mis temores, o en el fracaso y la ineficacia, pienso en el valor y la fe. Este método me ha hecho cambiar de un modo estupendo y también me ha ayudado en mis negocios, porque ¿cómo hacer una venta si uno llega a la oficina de un cliente pensando que no podrá hacerla?

Este plan utilizado por mi amigo es muy sensato. Cuando él llenó su mente con afirmaciones de la presencia, apoyo y ayuda de Dios, en realidad cambió sus procesos mentales. Puso fin al predominio de su antigua sensación de inseguridad. Sus facultades fueron liberadas.

Es nuestra manera de pensar lo que nos hace sentir seguros o inseguros. Si en nuestro pensamiento albergamos constantemente expectativas siniestras, tenderemos a sentirnos inseguros casi siempre. Peor todavía, tenderemos a crear, mediante el poder del pensamiento, las condiciones mismas que tememos. Ese vendedor generaba resultados positivos gracias a que ponía en su coche tarjetas que le producían pensamientos vitales de valor y confianza. Sus habilidades, curiosamente inhibidas por una psicología derrotista, ahora fluían desde una personalidad en la que las actitudes creativas habían sido estimuladas.

La inseguridad en uno mismo es al parecer uno de los grandes problemas de hoy. En una encuesta se pidió a seiscientos estudiantes de psicología de cierta universidad que señalaran su problema personal más grave. Setenta y cinco por ciento de ellos señaló la falta de seguridad. Es de suponer que esa enorme proporción rige también en la población en general. En todas partes es posible encontrar personas con temores internos, que se acobardan frente a la vida, que sufren una profunda sensación de inseguridad e insuficiencia y que dudan de sus habilidades. En lo más hondo de su ser desconfían de su aptitud para asumir responsabilidades o aprovechar oportunidades. Se sienten permanentemente asediadas por el vago y siniestro temor de que algo no va a salir bien. No creen tener lo que se necesita para ser como quieren, así que se contentan con menos de lo que son capaces. Miles y miles de personas se arrastran por la vida frustradas y temerosas. Y, en la mayoría de los casos, esa frustración de su capacidad es completamente innecesaria.

Los golpes de la vida, la acumulación de dificultades y la multiplicación de problemas tienden a desgastar tu energía y a dejarte fatigado y desanimado. En esas condiciones no es fácil advertir el verdadero estado de tu poder y sería fácil rendirte a un desaliento injustificado. Es esencial que revalores tus cualidades. Si lo haces con una actitud razonable, esa evaluación te convencerá de que estás menos desvalido de lo que crees.

Por ejemplo, hace tiempo me consultó un hombre de cincuenta y dos años de edad que estaba muy abatido y que reveló una desesperación extrema. Dijo estar «acabado» y me informó que todo lo que había hecho en su vida se había venido abajo.

—¿Todo? —le pregunté.

—Todo —repitió, y reiteró que estaba acabado—. No me queda nada. Todo ha desaparecido. No me queda la menor esperanza y soy demasiado mayor para empezar de nuevo. He perdido la fe.

Aunque naturalmente sentí compasión por él, saltaba a la vista que su principal problema era que las oscuras sombras de la desesperanza habían entrado en su mente y empañaban y distorsionaban su perspectiva. Este retorcido pensamiento había mermado sus facultades y lo había dejado sin fuerza.

—Bueno —le dije—, cojamos una hoja y anotemos los valores que le quedan.

—Es inútil —suspiró—. No me queda nada. Ya se lo he dicho.

Por mi parte repuse:

—Veamos de todos modos qué ocurre —entonces inquirí—: ¿su esposa sigue con usted?

—¡Claro que sí y es maravillosa! Llevamos treinta años de casados. Ella no me dejaría nunca, por mal que marcharan las cosas.

—Muy bien, anotemos eso; que su esposa sigue a su lado y jamás lo dejará, pase lo que pase. ¿Y sus hijos? ¿Tiene hijos?

—Sí —contestó—. Tengo tres y son excelentes. Me conmueve que se hayan acercado a mí para decirme: «Te queremos mucho, papá, y estamos contigo».

—Bueno —dije—, eso es el número dos: tres hijos que lo quieren y que siempre estarán a su lado. ¿Tiene amigos? —pregunté.

—Sí —respondió—, muy buenos amigos. Debo admitir que han sido muy solidarios. Me han buscado para decirme que les gustaría ayudarme, pero ¿qué pueden hacer? Nada.

—Eso es el número tres; tiene amigos que querrían ayudarle y que lo aprecian. ¿Y qué hay de su integridad? ¿Ha hecho algo malo?

—Mi integridad está intacta —replicó—. Siempre he intentado hacer lo correcto y tengo la conciencia tranquila.

—Muy bien —dije—, pondremos eso como el número cuatro: integridad. ¿Y su salud?

—Es muy buena —refirió—. He estado enfermo muy pocas veces y creo estar en buen estado físico.

—Pongamos eso como el número cinco: buena salud. ¿Qué puede decirme de Estados Unidos? ¿Cree que sigue siendo una nación próspera y el país de las oportunidades?

—Sí —dijo—. No me gustaría vivir en ningún otro.

—Esto es el número seis: vive en Estados Unidos, el país de las oportunidades y le gusta—entonces inquirí—: ¿y su fe religiosa? ¿Cree en Dios y que él le ayudará?

—Sí —respondió—. Es indudable que no habría podido soportar todo esto sin la ayuda de Dios.

—Ahora leamos todas las cosas buenas que hemos descubierto:

1. Una esposa maravillosa, treinta años de casado.
2. Tres hijos cariñosos que siempre estarán con usted.
3. Amigos que le ayudarán y lo quieren.
4. Integridad, nada de qué avergonzarse.
5. Buena salud.
6. Vive en Estados Unidos, el mejor país del mundo.
7. Tiene fe religiosa.

Deslicé la lista hacia él por encima de la mesa.

—Me da la impresión de que usted goza de abundantes bendiciones, a pesar de que me ha dicho que lo había perdido todo.

Él sonrió avergonzado.

—Es que no había pensado en esas cosas. Nunca las había concebido de tal manera. Tal vez mi situación no sea tan mala —dijo con tono meditabundo—. Podría volver a empezar si adquiero un poco de confianza, si encuentro dentro de mí cierta sensación de poder.

Este señor comprendió lo que sucedía y volvió a empezar. Pero lo hizo sólo cuando cambió de punto de vista, de actitud mental. La fe acabó con sus dudas y de su interior emergió una fuerza más que suficiente para vencer todas sus dificultades.

Este caso ilustra una profunda verdad que el famoso psiquiatra Karl Menninger recogió en una frase elocuente: «Las actitudes son más importantes que los hechos». Vale la pena que repitas esta verdad hasta que te empapes de ella. Ningún hecho, entre todos los que enfrentamos, por arduo o irremediable que parezca, es tan importante como nuestra actitud hacia él. Tu forma de concebir un hecho puede destrozarte antes siquiera de que hagas nada al respecto. Así, podrías permitir que un suceso te abrume incluso antes de enfrentarlo. Por otro lado, un patrón de pensamiento seguro y optimista puede modificar o trascender ese hecho por completo.

Conozco a un individuo que constituye un bien extraordinario para su organización, y no porque posea una aptitud excepcional, sino porque invariablemente hace gala de un patrón de pensamiento triunfante. Si sus compañeros ven con pesimismo una propuesta, él emplea lo que llama «el método de la aspiradora». Es decir, mediante una serie de preguntas «absorbe el polvo» de la mente de sus colegas, elimina sus actitudes negativas. Luego, sin más, sugiere ideas positivas sobre la propuesta hasta que otra serie de actitudes da a sus compañeros un nuevo concepto de los hechos.

Ellos suelen comentar que la realidad parece muy distinta cuando este colega suyo «trabaja con ella». La diferencia se debe a la actitud de seguridad de ese colega, lo que no descarta objetividad en la evaluación de los hechos. Las víctimas del complejo de inferioridad ven las cosas a través de actitudes distorsionadas. El secreto para corregir esto es adquirir una visión normal, la cual se inclinará siempre hacia el lado positivo.

Así pues, si tú te sientes postrado y que has perdido confianza en tu aptitud para ganar, siéntate, coge una hoja y haz una lista no de los factores en tu contra, sino de los que están a tu favor. Si tú, yo o cualquier otro piensa sin cesar en las fuerzas que parecen estar contra él, les concederá un poder muy superior al que tienen y ellas asumirán un impulso que en realidad no poseen. Si, por el contrario, visualizas, afirmas y reafirmas los beneficios de que disfrutas y no dejas de pensar en ellos, enfatizándolos al máximo, saldrás de cualquier dificultad, por grande que te parezca. Tus facultades internas se afianzarán y, con la ayuda de Dios, pasarás de la derrota a la victoria.

Uno de los conceptos más eficaces para remediar la inseguridad es pensar que Dios está contigo y te ayuda. Ésta es una de las enseñanzas más simples de la religión, es decir: Dios todopoderoso te acompaña, permanece a tu lado, te socorre y te mantiene a flote. No hay creencia más eficaz que ésta para desarrollar la seguridad en uno mismo. Para practicarla, afirma: «Dios está conmigo; Dios me ayuda; Dios me guía». Dedica varios minutos al día a visualizar su presencia y ejercita después la creencia en esa afirmación. Emprende tus negocios con base en el supuesto de que lo que afirmaste y visualizaste es cierto. Afírmalo, visualízalo, créelo y se realizará por sí solo. El poder que este procedimiento pone en libertad te dejará estupefacto.

La sensación de seguridad depende del tipo de pensamientos que suelen ocupar tu mente. Si piensas en el fracaso, te condenarás a fracasar. En cambio, si te empeñas en sentir confianza en ti y vuelves esto un hábito permanente, desarrollarás una sensación de capacidad tan firme que superarás todas las dificultades que se te presenten, por graves que sean. La sensación de seguridad produce fortaleza. El escritor canadiense Basil King dijo en una ocasión: «Si eres osado, grandes fuerzas saldrán en tu ayuda». La experiencia confirma la veracidad de esto. Sentirás que esas potentes fuerzas te ayudan a medida que tu creciente fe reajusta tu actitud.

El ilustre escritor estadounidense Ralph Waldo Emerson expresó esta gran verdad: «Vencen quienes creen ser capaces de hacerlo». Y agregó: «Haz lo que temes y la muerte del miedo será cierta». Practica la confianza y la fe y pronto tus temores e inseguridades no tendrán ningún poder sobre ti.

Una vez en que el general Stonewall Jackson, héroe de la guerra civil de Estados Unidos, planeaba un ataque audaz, uno de sus generales objetó temeroso: «Esto da miedo...». Jackson puso una mano en el hombro de su timorato subalterno y le dijo: «Nunca siga el consejo de sus temores, general».

El secreto es que llenes tu mente de pensamientos de fe, seguridad y confianza. Esto echará de ella todos tus pensamientos de duda, toda inseguridad. A un hombre al que mucho tiempo lo habían perseguido sus recelos y temores le sugerí que leyera la Biblia y subrayara con un lápiz rojo todas las frases relativas al valor y la seguridad. Asimismo, las aprendió de memoria, con lo que llenó su mente de los pensamientos más sanos, optimistas y eficaces del mundo. Estos pensamientos dinámicos lo hicieron pasar de una desesperanza lamentable a una fuerza invencible. El cambio ocurrido en él, en cuestión de semanas, fue notable. Siendo un fracaso casi absoluto, se convirtió en una personalidad confiada y alentadora, que ahora irradia valor y magnetismo. Recuperó la seguridad en sí mismo y en sus habilidades mediante un proceso simple de condicionamiento mental.

En resumen, ¿qué puedes hacer para aumentar tu seguridad en ti mismo? A continuación aparecen diez sencillas reglas prácticas para dejar atrás una actitud de insuficiencia y aprender a ejercer la fe. Miles de personas han empleado estas reglas y han obtenido resultados satisfactorios. Adopta este programa y tú también incrementarás la confianza en tus facultades. También tendrás una nueva sensación de poder.

1. Elabora y graba bien en tu mente una imagen de ti como triunfador. Aférrate a esta idea. No permitas que se desvanezca. Tu mente hará todo lo posible por desarrollarla. Nunca te concibas como una persona fracasada; no dudes jamás de la realidad de esa imagen. Esto sería muy peligroso, porque la mente siempre trata de alcanzar lo que imagina. Por tanto, imagina «éxito» a toda costa, aunque las cosas parezcan ir mal.

2. Cada vez que tengas un pensamiento negativo concerniente a tus habilidades, expresa de modo deliberado un pensamiento positivo para anular ese otro.

3. No magnifiques los obstáculos en tu imaginación. Menosprecia todo presunto obstáculo. Minimízalo. Las dificultades deben estudiarse y enfrentarse con eficiencia para que sea posible eliminarlas, pero deben verse como lo que son, no amplificarse por miedo.

4. No te dejes impresionar por nadie ni trates de imitarlo. Ningún otro puede ser tú tan eficientemente como TÚ. Recuerda también que, pese a su apariencia y conducta segura, los demás sienten tanto miedo como tú y dudan igualmente de sí mismos.

5. Repite diez veces al día estas palabras dinámicas: «Si Dios es *por* nosotros, ¿quién *contra* nosotros?» (Romanos 8:31). (Interrumpe un segundo la lectura y repítelas AHORA con lentitud y firmeza).

6. Busca un psicoterapeuta competente que te ayude a entender por qué haces lo que haces. Descubre el origen de tu sensación de inferioridad y desconfianza de ti, que a menudo

se remonta a la infancia. Conocerse a uno mismo permite curarse.

7. Repite diez veces al día la afirmación siguiente, de ser posible en voz alta: «Todo lo puedo en Cristo que me fortalece» (Filipenses 4:13). Repítela AHORA. Esta frase mágica es el antídoto más eficaz sobre la Tierra contra los pensamientos de inferioridad.

8. Haz una estimación realista de tu aptitud y súmale un diez por ciento. No te vuelvas egoísta, pero desarrolla un respeto sano por ti mismo. Cree en las facultades que el Señor te dio.

9. Ponte en las manos de Dios. Para hacerlo, di sencillamente: «Estoy en manos de Dios». Cree en que recibes AHORA toda la fuerza que necesitas. «Siéntela» fluir en tu interior. Afirma que «el reino de Dios está dentro de ti» (Lucas 17:21), bajo la forma de un poder adecuado para enfrentar las demandas de la vida.

10. Recuerda que el Señor está contigo y nada puede vencerte. Cree que *en este momento* RECIBES poder de él.

2. *Una mente serena genera poder*

Durante un desayuno en el comedor de un hotel, mi conversación con dos amigos derivó en el tema capital de lo bien que habíamos dormido la noche anterior. Uno de ellos se quejó de insomnio. Había pasado la noche dando vueltas en la cama y estaba tan exhausto como antes de descansar.

—Supongo que debería dejar de oír las noticias al acostarme —observó—. Las sintonicé anoche y estoy seguro de que me llenaron la cabeza de problemas.

Qué buena frase: «Me llenaron la cabeza de problemas». No es de sorprender que él haya pasado tan mala noche.

—Tal vez el café que tomé antes de acostarme tuvo algo que ver en esto —caviló.

Mi otro amigo intervino entonces:

—Yo, en cambio, dormí de maravilla. Me enteré de las novedades en el periódico de la tarde y en un informativo matutino, así que tuve oportunidad de digerirlas antes de acostarme. Claro que —continuó— seguí mi plan para antes de dormir, el cual siempre me da buenos resultados.

Le pregunté cuál era ese plan y lo explicó como sigue:

—Cuando era pequeño, mi padre, que era granjero, tenía el hábito de reunir a toda la familia en la sala antes de acostarnos y nos leía la Biblia. Aún puedo oírlo ahora. De hecho, cada vez que escucho un versículo bíblico, lo oigo con su tono de voz. Después de rezar, yo subía a mi cuarto y dormía como un bendito. Pero cuando dejé la casa de mis padres, abandoné el hábito de leer la Biblia y de orar.

»Debo admitir que, durante años, sólo rezaba cuando estaba en un aprieto. Pero hace unos meses mi esposa y yo pasamos por problemas muy difíciles, así que decidimos volver a probar ese recurso. Descubrimos que era muy útil y ahora, antes de acostarnos, leemos juntos la Biblia todas las noches, después tenemos una breve sesión de oración. No sé a qué se deba, pero ya duermo mejor y las cosas han mejorado mucho. De hecho, esto me ha resultado tan útil que aun cuando viajo, como ahora, no dejo de leer la Biblia y orar. Anoche leí el salmo 23 al acostarme. Lo leí en voz alta y me fue muy bien —se volvió entonces hacia mi otro amigo y le dijo—: no me acosté con el oído lleno de problemas. Me acosté con una mente llena de paz».

Aquí hay dos frases enigmáticas para ti: «una cabeza lleno de problemas» y «una mente llena de paz». ¿Cuál de las dos escogerías?

El secreto estriba en un cambio de actitud. Debemos aprender a vivir sobre la base de pensar de otra manera y aunque cambiar de forma de pensar requiere esfuerzo, es mucho más fácil que seguir viviendo como lo hemos hecho hasta ahora. Una vida de tensión es difícil. Una vida de paz interior, armoniosa y sin estrés, es el tipo de existencia más fácil que pueda haber. Así pues, lo más complicado para alcanzar la serenidad es el esfuerzo que tendrás que hacer para dirigir tus pensamientos hacia una actitud relajada que te permita aceptar el don divino de la paz.

Para ilustrar la adopción de una actitud relajada que haga posible recibir paz, siempre recuerdo la experiencia que tuve en cierta ciudad en la que una noche dicté una conferencia. Antes de subir al estrado, repasaba entre bastidores mi discurso cuando se me acercó un señor para decirme que quería hablar conmigo sobre un problema personal.

Le informé que era imposible que conversáramos en ese momento, porque estaba a punto de ser presentado al público y le pedí esperar. Mientras daba mi discurso, noté que él caminaba nerviosamente en un extremo de la sala, pero después no supe más de él. No obstante, me había dado su tarjeta, la cual indicaba que se trataba de un hombre muy influyente de esa ciudad.

De vuelta en mi hotel y aunque ya era tarde, le llamé por teléfono, porque su estado no había dejado de preocuparme. Sorprendido por mi llamada, me explicó que no había esperado porque era evidente que yo estaba muy ocupado.

—Sólo quería que usted orara conmigo —dijo—. Pensé que si lo hacía, podría obtener un poco de paz.

—No hay nada que nos impida orar juntos por teléfono en este momento —repuse.

Un tanto asombrado, replicó:

—No sabía que se pudiera rezar por teléfono.

—¿Por qué no? —pregunté—. Un teléfono es un mero instrumento de comunicación. Usted está a unas calles de mí, pero gracias al teléfono estamos juntos. Además —continué—, el Señor está con cada uno de nosotros. Está en ambos extremos de la línea y entre ellos. Está con usted y está conmigo.

—De acuerdo —concedió—. Me gustaría que usted orara por mí.

Cerré los ojos y recé por el hombre al otro lado de la línea como si estuviéramos en la misma habitación. Él me oyó y también el Señor me oyó. Cuando terminé, pregunté:

—¿Y usted no va a rezar?

No hubo respuesta. Entonces oí sollozos en el otro extremo, después el hombre dijo por fin:

—No puedo hablar...

—Llore un par de minutos más y rezaremos después —sugerí—. Dígale simplemente al Señor todo lo que le acongoja. Supongo que ésta es una línea privada, pero aun si no fuera así, no importa si alguien nos escucha. Para cualquier persona, usted y yo no pasamos de ser un par de voces. Nadie sabrá quiénes somos.

Así animado, él empezó a orar. Aunque al principio titubeó, después abrió su corazón de forma impetuosa, con lo que dejó ver que estaba lleno de odio, frustración y fracaso, todo junto. Al final suplicó con tono lastimero:

—¡Señor Jesús, hoy tengo el descaro de pedirte que hagas algo por mí, pese a que nunca he hecho nada por ti! Supongo que sabes que no valgo nada, aunque simule lo contrario. Estoy harto de todo esto, Señor. ¡Por favor, ayúdame!

Entonces oré de nuevo, pidiendo al Señor que atendiera esa súplica, y añadí:

—Pon tu mano, Señor, sobre mi amigo en el otro extremo de la línea y dale paz. Ayúdale a entregarse a ti y a aceptar el don de tu paz.

Me detuve, hubo una larga pausa y luego lo oí decir, con un tono de voz que no olvidaré nunca:

—Siempre recordaré esta experiencia. Quiero que usted sepa que, por primera vez en meses, me siento purificado por dentro, en paz y feliz.

Este sujeto empleó una técnica sencilla para alcanzar la serenidad. Vació su mente y recibió la paz como un don de Dios.

Como me dijo un médico: «El único problema de muchos de mis pacientes son sus pensamientos. Para algunos, tengo una de mis recetas preferidas, aunque no puede pedirse en una farmacia. Se trata de un versículo de la Biblia, Romanos 12:2.

No se lo escribo; les pido que ellos lo busquen, y dice así: "transformaos mediante la renovación de vuestro entendimiento". Para ser más felices y saludables, ellos deben renovar su mente, es decir cambiar su patrón de pensamiento. Cuando "toman" esta receta, llenan su mente de paz. Y esto contribuye a su salud y bienestar».

Un método básico para llenar de paz la mente es vaciarla antes. Esto se enfatizará en otro capítulo, pero lo menciono aquí para subrayar la importancia de una frecuente catarsis mental. Recomiendo vaciar la mente al menos dos veces al día y, si es necesario, más seguido aún. No dejes de vaciar tu mente de temores, odios, inseguridades, pesares y sentimientos de culpa. Hacer conscientemente el esfuerzo de vaciar tu mente brinda alivio por sí solo. ¿Acaso no has experimentado una sensación de liberación cuando te desahogas con alguien a quien puedes confiar las inquietudes que oprimen tu corazón? Como pastor, a menudo he observado cuánto significa para la gente tener a alguien a quien pueda confiarle todo lo que le preocupa.

En mi sermón durante la ceremonia religiosa que celebré a bordo del *S. S. Lurline*, en un reciente viaje a Honolulú, sugerí que quienes tuvieran preocupaciones en su mente fueran a la popa del barco y se imaginaran que sacaban esas ansiedades de su cabeza, las echaran por la borda y las vieran desaparecer en la estela de la nave. Pese a que ésta parece una sugerencia casi infantil, un señor se me acercó más tarde y me dijo:

—He hecho lo que usted ha propuesto y me ha brindado un alivio sorprendente. Durante este viaje —añadió—, cada anochecer echaré todas mis preocupaciones por la borda hasta desarrollar la psicología de expulsarlas por completo de mi conciencia. Cada día las veré desaparecer en el gran océano del tiempo. ¿Acaso no dice la Biblia algo sobre «olvidar lo que ha quedado atrás»?

El señor al que le atrajo esa sugerencia no es un sentimental desprovisto de sentido práctico. Al contrario, es una persona de extraordinaria estatura moral, un destacado líder en su campo.

Pero no basta con vaciar la mente. Después de que se le vacía, algo debe entrar en ella. No puede permanecer hueca mucho tiempo. Tú no puedes andar por la existencia con una mente vacía. Admito que algunas personas parecen lograr esa proeza, pero por lo general es necesario volver a llenar la mente tras haberla vaciado, pues de lo contrario los pensamientos de infelicidad que fueron expulsados de ella querrán volver a meterse a escondidas.

Para impedir esto, llena de inmediato tu mente con pensamientos sanos y creativos. Cuando tus antiguos temores, odios y preocupaciones, que te persiguieron tanto tiempo, quieran regresar, encontrarán en la puerta un letrero que dirá «Ocupado». Quizá quieran entrar por la fuerza, ya que después de haber vivido tanto tiempo en tu mente, se sienten como en casa. Pero los pensamientos nuevos y sanos con que los reemplazaste serán ahora más fuertes y estarán mejor pertrechados, de modo que podrán repelerlos. Tus antiguos pensamientos cederán y te dejarán tranquilo. Entonces disfrutarás para siempre de una mente llena de paz.

Durante el día, a intervalos específicos, recuerda una selecta serie de pensamientos apacibles. Deja que por tu mente pasen imágenes de las escenas más relajantes que has presenciado, como un precioso valle imbuido del silencio del atardecer mientras las sombras se alargan y el sol se marcha a descansar. O recuerda la luz plateada de la luna al caer sobre aguas ondulantes, o el mar que bañaba delicadamente la suave arena. Imágenes apacibles como éstas actuarán en tu mente como una medicina. De esta manera, permite que, varias veces al día, secuencias de paz crucen poco a poco tu mente.

Practica la técnica de la articulación sugestiva, la cual consiste en repetir en voz alta algunas palabras relajantes. Las palabras tienen un inmenso poder de sugestión y al pronunciarlas nos hacen sanar. Si dices una serie de palabras relacionadas con el temor, tu mente caerá de inmediato en un leve estado de nerviosismo. Podrías sentir un hueco en el estómago y ver afectado todo tu organismo. Si, por el contrario, dices palabras apacibles y relajantes, tu mente reaccionará de manera pacífica. Usa una palabra como «tranquilidad». Repítela despacio varias veces. *Tranquilidad* es una de las palabras más bellas y melodiosas, y el solo hecho de decirla produce un estado de calma.

Otra palabra curativa es *serenidad*. Trata de imaginar la serenidad mientras la dices. Repítela despacio, en el estado de ánimo del que esa palabra es símbolo. Palabras como éstas tienen un gran potencial curativo cuando se les emplea de esa manera.

También es útil usar versos poéticos o pasajes de las Escrituras. Un conocido mío que alcanzó una notable serenidad de espíritu tiene el hábito de anotar en tarjetas citas especiales que expresan sosiego. En todo momento lleva en su cartera una de ellas, que consulta a menudo hasta que la aprende de memoria. Él dice que, al llegar a su subconsciente, cada una de esas ideas «lubrica» su mente cubriéndola de paz. Y, en efecto, un concepto apacible es como aceite sobre pensamientos alterados. Una de las citas que él emplea procede de un místico del siglo xvi: «Que nada te perturbe. Que nada te alarme. Todo pasa excepto Dios. Y con él basta».

Las palabras de la Biblia tienen un valor terapéutico particularmente fuerte. Si las repasas en tu mente y permites que se «disuelvan» en tu conciencia, esparcirán un bálsamo curativo en toda tu estructura mental. Éste es un proceso muy sencillo y también uno de los más eficaces para alcanzar la serenidad de espíritu.

Un vendedor me contó un incidente ocurrido en un cuarto de hotel en el Medio Oeste. Él formaba parte de un grupo de hombres de negocios que asistían a una conferencia. Uno de ellos estaba muy nervioso; se mostraba irascible, pendenciero y excitable. Los demás lo conocían bien y se percataron de que estaba bajo gran presión nerviosa. Sin embargo, al final, su actitud los sacó de quicio. El individuo nervioso abrió su maleta, sacó un frasco grande con un medicamento de apariencia desagradable y se tomó una enorme dosis. Interrogado acerca de qué era esa medicina, gruñó:

—Algo para los nervios. Siento que me voy a desmoronar. Estoy tan presionado que me pregunto si sufriré un colapso. Trato de no demostrarlo, pero supongo que vosotros ya os habéis dado cuenta de que estoy muy nervioso. Me recomendaron esta medicina y he consumido varios frascos, pero no mejoro.

Los demás rieron y uno de ellos dijo de forma amable:

—No sé nada acerca de la medicina que tomas, Bill. Tal vez sea buena. Pero puedo darte un remedio para los nervios mejor que esa cosa. Lo sé porque me curó a mí, y estaba peor que tú.

—¿Qué medicina es? —preguntó bruscamente el nervioso.

El otro metió la mano en su maleta y sacó un libro.

—Este libro es el remedio y lo digo en serio. Supongo que te parecerá extraño que lleve una Biblia en la maleta, pero no me importa que esto se sepa. No me da vergüenza. He llevado esta Biblia en mi maleta los dos últimos años y he marcado en ella pasajes que me ayudan a tener la mente en paz. A mí me da resultado y creo que también podría hacer algo por ti. ¿Por qué no haces la prueba?

Los demás escuchaban con interés este discurso inusual. El hombre nervioso se había hundido en su asiento. Viendo que había llamado su atención, el que hablaba continuó:

—Adopté el hábito de leer la Biblia a causa de una experiencia peculiar que tuve una noche en un hotel. Me sentía muy tenso. Estaba en un viaje de negocios y una tarde, cerca del anochecer, llegué a mi cuarto sumamente nervioso. Traté de escribir unas cartas, pero no pude concentrarme. Caminaba de un lado a otro en la habitación; intenté leer el periódico, pero me irritó. Decidí entonces bajar a tomar una copa, hacer cualquier cosa que me distrajera.

»Al pasar por el baño, vi de reojo que había una Biblia allí. Había visto muchas en cuartos de hotel, pero nunca las había leído. Sin embargo, esa vez algo me empujó a hacerlo; abrí el libro en un salmo y me puse a leerlo. Lo leí de pie, pero luego tomé asiento y leí otro. Mi interés me desconcertó, por supuesto; ¡yo, leyendo la Biblia! Era risible, pero seguí leyendo.

»Pronto llegué al salmo 23. Lo había aprendido de niño en catequesis y me sorprendió que todavía lo supiera de memoria casi íntegro. Traté de repetirlo, en especial el versículo que dice: "Junto a aguas de reposo me pastoreará, confortará mi alma". Me gustó este versículo. De un modo u otro, me atrapó. Lo repetí una y otra vez, y lo siguiente que supe fue que desperté.

»Al parecer, me había amodorrado y dormí profundamente. Fueron quince minutos apenas, pero al despertar estaba tan descansado y renovado como si hubiera dormido toda la noche. Aún recuerdo la maravillosa sensación de recuperación total. Reparé entonces en que me sentía muy tranquilo y me dije: "¿No es extraño? ¿Cómo es posible que me haya perdido algo tan fabuloso como esto?"

»Después de esa experiencia, compré una Biblia pequeña que cupiera en mi maleta y la he llevado desde entonces. Sinceramente, me agrada leerla y mi nerviosismo se ha reducido mucho. Así que haz la prueba, Bill, y ve si te funciona».

Bill hizo la prueba y no ha dejado de hacerla desde aquel día. Informó que al principio le resultó un poco extraño y difícil. Leía la Biblia a escondidas, cuando nadie estaba cerca. No quería que pensaran que se había vuelto un beato santurrón. Pero dice que ahora la saca en trenes y aviones o «cualquier otro sitio» y se pone a leerla, lo cual «le va muy bien».

—Ya no necesito tomar la medicina para los nervios —declaró.

Sin duda este plan surtió efecto en Bill, porque él es ahora de trato fácil. Sus emociones están bajo control. Estos dos individuos descubrieron que alcanzar la serenidad de espíritu no es tan complicado. Todo se reduce a alimentar tu mente con pensamientos que la apacigüen. Para tener una mente llena de paz, todo lo que debes hacer es llenarla de paz. Así de sencillo.

Existen otros medios prácticos para desarrollar serenidad y actitudes apacibles. Uno de ellos es la conversación. Dependiendo de las palabras que usemos y el tono con que las empleemos, podemos ponernos nerviosos, excitables y molestos. Podemos obtener resultados negativos o positivos de nuestras palabras. Mediante el habla, podemos lograr reacciones tranquilas. Habla con serenidad para sentirte sereno.

Cuando una conversación grupal siga un curso desagradable, inyecta en ella ideas apacibles. Advierte cómo esto contrarresta la tensión. Por ejemplo, una conversación llena de expectativas pesimistas en el desayuno suele fijar el tono del día. Entonces no es de sorprender que las cosas resulten acordes con esas expresiones pesimistas. Una conversación negativa afecta adversamente las circunstancias. Un intercambio tenso y nervioso sin duda aumenta la agitación interior.

Por el contrario, comienza cada día afirmando actitudes de sosiego, alegría y felicidad y tus días tenderán a ser agradables y exitosos. Esas actitudes son factores activos y determinantes para crear condiciones satisfactorias. Fíjate en la manera en que hablas si quieres desarrollar un estado de ánimo pacífico.

Es importante eliminar toda idea negativa en las conversaciones, porque tienden a producir tensión y enfado interior. Por ejemplo, si comes en compañía de un grupo de personas, no comentes que «los comunistas no tardarán en apoderarse del país». En primer lugar, es falso que vayan a hacerlo. Al afirmarlo provocas una reacción depresiva en la mente de otros. Es indudable que esto afecta adversamente a la digestión. Ese comentario depresivo teñirá la actitud de los presentes y todos se retirarán con una leve pero segura sensación de fastidio. Partirán igualmente con una tenue pero clara impresión de que algo va mal en todo. Hay ocasiones en las que debemos enfrentar esos asuntos disonantes y lidiar con ellos de forma objetiva y vigorosa. Nadie desprecia más que yo el comunismo, pero como algo general para alcanzar serenidad de espíritu llena tus conversaciones personales y grupales de expresiones positivas, felices, optimistas y satisfactorias.

Lo que decimos tiene un efecto claro y directo en nuestros pensamientos. Los pensamientos crean palabras, porque éstas son el vehículo de las ideas. Pero las palabras también afectan a los pensamientos y ayudan a condicionar actitudes, si no es que a crearlas. De hecho, lo que suele pasar por pensar comienza con hablar. Por tanto, si la conversación promedio se escudriña y controla para confirmar que contenga expresiones apacibles, el resultado serán ideas apacibles y, en definitiva, una mente apacible.

Otra técnica eficaz para desarrollar una mente serena es la práctica diaria del silencio. Todos debemos insistir en disponer de no menos de un cuarto de hora de quietud absoluta cada veinticuatro horas. Enciérrate en un lugar tranquilo y siéntate o acuéstate quince minutos para ejercitar el arte del silencio. No hables con nadie. No escribas. No leas. Piensa lo menos posible. Pon tu mente en punto muerto. Concíbela como quieta e inactiva. Al principio esto no será fácil, porque tu mente se verá agitada por toda clase de pensamientos, pero la práctica te volverá eficaz. Concibe tu mente como la superficie de una masa de agua y descubre cuánto puedes aquietarla sin que cruce por ella una sola ondulación. Cuando alcances el estado de la inactividad, oirás los divinos y profundos compases de la belleza y la armonía, ocultos en la esencia del silencio.

Por desgracia, hoy la gente no está preparada para esta habilidad, lo cual es una lástima, porque como dijo el escritor escocés Thomas Carlyle: «El silencio es el ámbito donde lo grandioso cobra forma». Esta generación ha perdido algo que nuestros antepasados conocían y que ayudó a forjar su carácter: el silencio del magno bosque o de las extensas llanuras.

Quizás, en cierto modo, nuestra falta de paz interior se deba al efecto del ruido en nuestro sistema nervioso. Experimentos científicos demuestran que el ruido donde trabajamos, vivimos o dormimos reduce nuestra eficiencia en alto grado. Contra lo que suele pensarse es dudoso que nuestros mecanismos físicos, nerviosos o mentales puedan adaptarse al ruido por completo. Por familiar que se vuelva un sonido reiterado, jamás pasará inadvertido para el subconsciente. El claxon de los automóviles, el sonido de los aviones y otros ruidos estruendosos resultan en actividad física durante el sueño. Los impulsos transmitidos por estos sonidos a través de los nervios engendran movimientos musculares que nos impiden descansar de verdad. Si esta reacción es lo bastante severa, compartirá la naturaleza del *shock* nervioso.

Por el contrario, el silencio es curativo y relajante, una práctica sana. Dice el escritor Starr Daily: «Hasta donde sé, los practicantes del silencio que conozco no han enfermado nunca. Y he notado que mis propias aflicciones se presentan cuando no equilibro la expresión con la relajación». Daily asocia estrechamente el silencio con la curación espiritual. La sensación de descanso que resulta de practicar el completo silencio es una terapia muy valiosa.

En las circunstancias de la vida moderna, con su ritmo acelerado, hay que admitir que la práctica del silencio no es tan simple como lo fue para nuestros antepasados. Hoy existe un gran número de aparatos ruidosos que ellos no conocieron y nuestra vida diaria es más agitada. El mundo moderno ha aniquilado el espacio y al parecer también queremos aniquilar el factor tiempo. Ahora es muy raro que un individuo se adentre en un bosque o se siente junto al mar, o medite en la cima de una montaña, o en la cubierta de un barco en el océano. Pero cuando tenemos experiencias como ésas, podemos imprimir en nuestra mente la imagen de un lugar silencioso y la sensación de ese momento y regresar a ellas en nuestra memoria para volver a vivirlas con la misma intensidad. De hecho, cuando recuerdas cosas así, la mente tiende a eliminar todos los factores desagradables de la situación real. El recuerdo suele ser mejor que la experiencia verdadera, porque la mente se inclina a reproducir únicamente la belleza de la escena evocada.

Por ejemplo, mientras escribo estas palabras me encuentro en un balcón del Royal Hawaiian, uno de los hoteles más bonitos del mundo, en la famosa y romántica playa de

Waikiki, en Honolulú, Hawái. Ante mis ojos se desdobla un jardín repleto de gráciles palmeras que se mecen al son de la brisa templada. El aire rebosa del aroma de flores exóticas. El jardín está lleno de hibiscos, de los que existen dos mil variedades en estas islas. Frente a mis ventanas hay árboles llenos de papayas maduras. El color brillante del flamboyán real, la llama de los árboles del bosque, contribuye al glamur de la escena y de las acacias que cuelgan con pesadez flores blancas y exquisitas.

El increíble mar azul que rodea a estas islas se extiende en el horizonte. Albas olas se agitan sobre la playa y tanto hawaianos como visitantes montan ágilmente tablas de surf y canoas. La escena en su conjunto es de una belleza fascinante y tiene en mí un efecto curativo indescriptible mientras escribo sobre el poder que produce una mente serena. Las insistentes responsabilidades bajo las que vivo ordinariamente parecen muy remotas. Aunque estoy en Hawái para dictar una serie de conferencias y escribir este libro, me envuelve la paz que se desborda de este sitio. Aun así, sé que sólo cuando retorne a mi hogar en Nueva York, a ocho mil kilómetros de distancia, saborearé de verdad el refinado júbilo de la belleza que ahora contemplo. Mi memoria atesorará este refugio como algo muy preciado a lo que mi mente podrá volver en los agitados días que me aguardan. Cuando esté lejos de este lugar idílico, en mi recuerdo regresaré con frecuencia a él, para buscar paz en la playa de Waikiki flanqueada por palmeras y bañada por la espuma.

Llena tu mente de todas las experiencias relajantes que puedas y, después, realiza en tu memoria excursiones planeadas y deliberadas a ellas. Aprenderás que la forma más fácil de adquirir una mente tranquila es creándola. Esto se consigue con la práctica, aplicando principios tan simples como los que se exponen aquí. La mente responde pronto a la enseñanza y la disciplina. Puedes hacer que te devuelva lo que tú quieras, pero no olvides que sólo puede devolver lo que se le dio en primera instancia. Impregna tus pensamientos de experiencias calmantes, palabras e ideas apacibles y al final tendrás una reserva de experiencias tranquilizadoras a la que podrás recurrir para revitalizar y renovar tu espíritu. Será una inmensa fuente de poder.

Hace tiempo pasé una noche en la acogedora casa de un amigo. Desayunamos en un comedor excepcionalmente interesante. Las cuatro paredes estaban cubiertas por un precioso mural que representaba el campo en el que mi anfitrión creció. Se trata de un paisaje de onduladas colinas, mansos valles y arroyos rumorosos, estos últimos transparentes, salpicados por el sol y que borbotan sobre rocas. Caminos sinuosos serpentean por agradables prados. Pequeñas casas motean la vista. En el centro, una iglesia blanca deja ver la elevación de su torre.

Mientras desayunábamos, mi anfitrión me hablaba de la comarca de su juventud y señalaba en el muro diversos puntos de interés. Entonces dijo:

—Cuando me siento en este comedor, tiendo a ir de un lugar a otro en mi memoria y vuelvo a vivir los días de mi pasado. Por ejemplo, recuerdo que una vez subí descalzo por ese camino y que sentía la tierra limpia entre mis dedos. También, que muchas tardes de verano pesqué en ese río de truchas, y que durante el invierno bajaba deslizándome por aquellas colinas.

»Ahí está la iglesia a la que asistía de niño —dijo y añadió sonriendo—: en ella oí largos sermones, pero recuerdo con gratitud la amabilidad de la gente y la sinceridad de su vida. Puedo sentarme aquí y, al mirar esa iglesia, pensar en los himnos que oía con mi madre y mi padre mientras ocupábamos un banco. Ellos fueron sepultados hace mucho en el cementerio que está a un lado de la iglesia, pero en mi recuerdo voy a situarme junto a sus tumbas y los oigo hablarme como lo hacían en días ya muy lejanos. Ahora me canso con facilidad y a veces estoy tenso y nervioso. Me sirve mucho venir a sentarme aquí y volver a los tiempos en que tenía una mente sin preocupaciones, cuando la vida era sencilla y espontánea. Esto hace algo por mí: me da paz.

Quizá no todos podamos tener un mural como ése en el comedor, pero sí en la pared de nuestra mente: imágenes de las experiencias más bonitas de nuestra vida. Pasa algo de tiempo entre los pensamientos que esas imágenes sugieren. Por ocupado que estés o por muchas responsabilidades que asumas, esta práctica simple y singular, que ha resultado afortunada en muchos casos, puede tener en ti un efecto beneficioso. Es una manera fácil y sencilla de hacer posible la serenidad de espíritu.

En lo referente a la paz interior hay un factor que debe mencionarse debido a su importancia. Con frecuencia descubro que quienes carecen de paz interior son víctimas de un mecanismo de autocastigo. En algún momento de su experiencia cometieron un pecado y el sentimiento de culpa los persigue. Han buscado el perdón divino con sinceridad y el buen Dios siempre perdonará a quien se lo pida de corazón. Pero por una extraña peculiaridad de la mente humana, a veces un individuo no se perdona a sí mismo.

Siente que merece ser castigado y, por lo tanto, espera sin cesar un castigo. Así, vive en la constante aprensión de que le sucederá algo malo. Para poder encontrar paz en esas circunstancias, este sujeto incrementa el ritmo de su actividad. Cree que un trabajo arduo en cierto modo aliviará ese sentimiento de culpa. Un médico me contó que varios casos de crisis nerviosa atendidos en su consultorio fueron atribuibles a que el paciente quiso compensar inconscientemente una sensación de culpa con un frenético exceso de trabajo. Él no adjudicaba su crisis al sentimiento de culpa, sino a su excesivo trabajo. «Pero», agregó el médico, «esas personas no se habrían desplomado por exceso de trabajo si se hubieran liberado por completo de su sentimiento de culpa». En estas circunstancias, la serenidad de espíritu puede alcanzarse cediendo tanto la culpa como la tensión mediante la terapia curativa de Cristo.

En un refugio al que asistí unos días para escribir con tranquilidad me encontré con un conocido de Nueva York. Él era un ejecutivo muy presionado, tenaz y extremadamente nervioso. Tomaba el sol tendido en una tumbona. Por invitación suya, me senté a conversar con él.

—Me alegra ver que se relaja en este precioso lugar —comenté.

Él contestó nerviosamente:

—No debería estar aquí. Tengo mucho trabajo en casa. Pero me encuentro bajo una terrible presión. Todo me abruma, estoy nervioso y no puedo dormir. Estoy muy inquieto siempre. Mi esposa insistió en que viniera una semana a este sitio. Los médicos me dicen que no me pasará nada si me detengo a pensar y me relajo. Pero ¿quién diablos puede hacer eso? —preguntó con tono desafiante y me lanzó una mirada lastimera—. Doctor —me dijo—, daría cualquier cosa por estar tranquilo y en paz. Nada deseo más en este mundo.

Hablamos un poco y en la charla salió a relucir que a él le preocupaba que algo desastroso ocurriera en cualquier momento. Durante años había esperado algún suceso terrible y vivía en constante aprensión de que «algo les pasara» a su esposa, sus hijos o su hogar.

No fue difícil analizar su caso. Su desconfianza tenía una doble fuente: inseguridades de la niñez y posteriores experiencias de culpabilidad. Su madre había sentido siempre que «algo estaba a punto de ocurrir» y él había absorbido esa ansiedad. Después cometió algunos pecados y su subconsciente insistió en el autocastigo, de cuyo mecanismo terminó por volverse víctima. Como consecuencia de esta lamentable combinación, ese día lo encontré en un estado de reacción nerviosa extremo.

Al terminar nuestra charla, me situé un momento junto a su silla. No había nadie cerca, así que le sugerí, algo vacilante:

—¿Le gustaría que orara con usted?

Él asintió, de manera que puse mi mano sobre su hombro y oré:

—Señor Jesús, así como curaste a muchos hace tanto tiempo y les diste paz, cura ahora a este hombre. Dale tu perdón. Ayúdale a perdonarse a sí mismo. Aléjalo de todos sus pecados y hazle saber que no se los reprocharás. Libéralo de ellos. Permite que tu paz invada su mente, su alma y su cuerpo.

Me miró con una expresión extraña y desvió la mirada, porque había lágrimas en sus ojos y no quería que yo las descubriera. Los dos estábamos un poco avergonzados, así que me retiré. Nos encontramos meses más tarde y él me dijo:

—Algo me pasó ese día que usted oró por mí. Tuve una rara sensación de paz, quietud y —añadió— curación.

Hoy asiste a la iglesia con regularidad y lee la Biblia todos los días. Sigue las leyes de Dios y posee un ímpetu enorme. Es un hombre sano y feliz, porque tiene paz en su mente y en su corazón.

3. Cómo tener energía constante

En una ocasión, un lanzador de las grandes ligas jugó un partido a una temperatura superior a los treinta y siete grados. Debido al esfuerzo de esa tarde bajó varios kilos. En determinado momento, su energía decayó. Sin embargo, tenía un método muy singular para recuperar su brío. Repetía un pasaje del Antiguo Testamento: «Pero los que esperan al Señor tendrán nuevas fuerzas; levantarán alas como las águilas; correrán y no se cansarán; caminarán y no se fatigarán» (Isaías 40:31).

Frank Hiller, el lanzador de esta anécdota, me contó que recitar ese fragmento en el montículo renovaba de tal modo su vigor que él terminaba el partido con energía de sobra. Explicó su técnica diciendo: «Hacía pasar por mi cabeza un pensamiento tonificante».

La manera en que creemos sentirnos tiene un efecto específico en la forma como realmente nos sentimos. Si tu mente te dice que estás cansado, el mecanismo de tu cuerpo, tus nervios y tus músculos aceptarán ese juicio. En cambio, si se muestra muy interesada en cierta actividad, podrías seguir haciéndola de modo indefinido. La religión funciona a través de nuestros pensamientos; de hecho, es un sistema de disciplina mental. Como proporciona a la mente actitudes de fe, eleva tu energía. Te ayuda a desplegar una actividad prodigiosa al sugerirte que dispones de considerables apoyos y recursos de poder.

Un vigoroso amigo mío de Connecticut, lleno de empuje y vitalidad, dice que asiste regularmente a la iglesia para «recargar las pilas». Este concepto tiene sentido. Dios es la fuente de toda energía: la del universo, la atómica, la eléctrica y la espiritual. En realidad, todas las formas de energía derivan del Creador. La Biblia enfatiza este punto cuando dice: «Él da esfuerzo al cansado y multiplica las fuerzas al que no tiene ninguna» (Isaías 40:29).

En otro segmento, describe ese proceso confortante y reconfortante: «Porque en él vivimos [es decir, tenemos vitalidad], y nos movemos [poseemos energía dinámica], y somos [llegamos a la plenitud]» (Hechos 17:28).

El contacto con Dios establece en nosotros un flujo de energía del mismo tipo que la que recrea al mundo y cada año renueva la primavera. Cuando estamos en contacto espiritual con Dios a través de nuestros procesos mentales, la energía divina corre por nuestra personalidad, donde de manera automática renueva el acto creativo original. Cuando la unión con la potencia divina se interrumpe, nuestra personalidad se debilita poco a poco, en cuerpo, mente y espíritu. Un reloj eléctrico conectado a una toma de corriente no deja de funcionar nunca y continuará dando la hora exacta de forma indefinida. Si lo desconectas, se detendrá; se ha desligado de la energía que fluye en el universo. En general, este proceso opera en la experiencia humana, aunque de modo menos mecánico.

Hace unos años oí asegurar a un conferencista, frente a un numeroso público, que no se había cansado en treinta años. Explicó que tres décadas antes había vivido una experiencia espiritual durante la que, por haber renunciado a su voluntad, tuvo contacto con el poder divino. Desde entonces había tenido energía suficiente para todas sus actividades, las cuales eran de amplio alcance. Ilustró con tanta elocuencia sus argumentos que todos quedamos muy impresionados.

Para mí, ésa fue la revelación de que en nuestra conciencia podemos aprovechar una reserva de poder ilimitado gracias a la cual no hay motivo de que resintamos una falta de energía. Durante años he estudiado y experimentado con las ideas de ese orador, que también otros han expuesto y demostrado; estoy convencido de que, científicamente utilizados, los principios del cristianismo pueden desarrollar en la mente y cuerpo humanos un flujo de energía continuo e ininterrumpido.

Estos hallazgos fueron corroborados por un médico eminente con quien conversé acerca de un amigo mutuo. Este individuo, cuyas responsabilidades son muy pesadas, trabaja de la mañana a la noche sin pausa alguna, pese a lo cual parece estar siempre en condiciones de asumir nuevos deberes. Tiene el don de gestionar su trabajo con facilidad y eficiencia.

Cuando comenté que confiaba en que ese individuo no siguiera un ritmo arriesgado que desembocara en una crisis nerviosa, el doctor sacudió la cabeza.

—No —replicó—. Como su médico, no creo que corra ningún peligro de crisis y la razón es que se trata de un sujeto muy organizado, sin fugas de energía en su composición. Opera una máquina bien regulada. Gestiona las cosas con facilidad y lleva sus cargas sin esfuerzo. Nunca pierde un gramo de energía; aplica cada esfuerzo con una intensidad máxima.

—¿Cómo explica usted esa eficiencia, esa energía al parecer ilimitada? —pregunté.

Reflexionó un momento.

—La respuesta es que él es una persona normal, emocionalmente integrada y, más todavía, muy religiosa. De su religión ha aprendido a evitar que su fuerza se agote. Su religión es un mecanismo útil y práctico para prevenir fugas de energía. Lo que aniquila la energía no es el trabajo pesado, sino un trastorno emocional y este hombre está libre de eso.

Cada vez más personas se dan cuenta de que mantener una vida espiritual sana es importante para disfrutar de energía y de una personalidad fuerte.

El cuerpo está diseñado para producir toda la energía que necesita durante un largo periodo. Si un individuo cuida de forma razonable su cuerpo, desde el punto de vista de dieta, ejercicio, sueño apropiado y ningún abuso físico, aquél producirá y preservará una resistencia pasmosa y mantendrá su salud. Si él concede similar atención a una vida emocional equilibrada, conservará su energía. Pero si permite fugas causadas por una reacción emocional hereditaria o autoimpuesta de naturaleza extenuante, carecerá de fuerza vital. Cuando el cuerpo, la mente y el espíritu trabajan en armonía, el estado natural del individuo es de continua reposición de la energía que necesita.

La mujer de Thomas A. Edison, con quien solía conversar a menudo sobre los hábitos y características de su célebre esposo, el inventor más grande del mundo, me contó que él acostumbraba acostarse en su viejo sofá al llegar a casa después de muchas horas de trabajo en su laboratorio. Se quedaba dormido tan naturalmente como un niño, en medio de una relajación perfecta, sumergiéndose en un sueño profundo y apacible. Tres o cuatro horas después, o cinco a lo sumo, despertaba de pronto, más que recuperado y ansioso por volver a su trabajo.

En respuesta a mi petición de que analizara la capacidad de su esposo para descansar de modo tan natural y completo, la señora Edison refirió: «Era un hombre de la naturaleza», con lo cual quiso decir que estaba en total armonía con la naturaleza y con Dios. En él no había obsesiones, desorganizaciones, conflictos, anomalías mentales ni inestabilidad emocional. Trabajaba hasta que necesitaba descansar y entonces dormía profundamente, después se levantaba para retornar a su trabajo. Vivió muchos años y fue, en varios sentidos, la mente más creativa que haya existido hasta ahora en el continente americano. Extraía su energía de su autodominio emocional, la aptitud para relajarse por completo. Su relación maravillosamente armoniosa con el universo fue la causa de que la naturaleza le haya revelado sus inescrutables secretos.

Toda gran personalidad que he conocido —y he conocido a muchas— dotada de una extraordinaria capacidad de trabajo ha sido un individuo en sintonía con el infinito. Cada una de estas personas parecía estar en armonía con la naturaleza y en contacto con la potencia divina. No son necesariamente personas piadosas, aunque de manera invariable están muy bien organizadas desde el punto de vista emocional y psicológico. Lo que desequilibra a una naturaleza finamente calibrada es el temor, el resentimiento, la influencia en la infancia de errores cometidos por los padres, los conflictos interiores y las obsesiones, todo lo cual causa un consumo excesivo de fuerza natural.

Cuanto más tiempo vivo, más me convenzo de que ni la edad ni las circunstancias tienen por qué privarnos de energía y vitalidad. Al fin hemos descubierto el estrecho vínculo entre religión y salud. Empezamos a comprender una verdad básica desatendida hasta ahora: que la condición física está determinada, en gran medida, por la condición emocional, en tanto que la vida emocional está regulada, en alto grado, por la vida mental.

A todo lo largo de sus páginas, la Biblia habla de vitalidad, fuerza y vida. Su palabra suprema es vida y vida significa vitalidad, por ser llenada de energía. Jesús formuló la expresión clave: «[...] Yo he venido para que tengáis vida y para que la tengáis en abundancia» (Juan 10:10). Esto no deja fuera el dolor, el sufrimiento y la dificultad, pero la clara implicación es que si una persona practica los principios creadores y recreadores del cristianismo puede vivir con fuerza y energía.

La práctica de esos principios le permitirá adoptar el *tempo* adecuado para vivir. Nuestra energía disminuye debido a un *tempo* acelerado, al ritmo anormal con que nos movemos. La conservación de tu dinamismo depende de que sincronices el ritmo de tu personalidad con el del movimiento de Dios. Él está en ti. Si vas a cierta velocidad y él a otra, terminarás destrozado. «Aunque los molinos del Señor trabajan despacio, muelen muy fino». Los molinos de la mayoría de nosotros trabajan rápido y, por tanto, muelen mal. Cuando sintonizamos con el ritmo de Dios, desarrollamos un *tempo* normal y nuestra energía fluye sin restricciones.

Los turbulentos hábitos de nuestra época tienen muchos efectos desastrosos. Un amigo mío me refirió una observación de su anciano padre. Éste le contó que, en el pasado, cuando un joven llegaba al anochecer a cortejar a su novia, se sentaba con ella en la sala. En ese entonces, el tiempo se medía con el lento y pesado tictac del reloj del abuelo, que tenía un péndulo muy largo que parecía decir: «Hay... tiempo... de... sobra... Hay... tiempo... de... sobra... Hay... tiempo... de... sobra...». Los relojes modernos, con un péndulo más corto y un tictac más rápido, parecen decir: «¡Es hora de ponerse a trabajar! ¡Es hora de ponerse a trabajar! ¡Es hora de ponerse a trabajar! ¡Es hora de ponerse a trabajar!».

Todo se ha apresurado y por esta razón muchas personas se cansan. La solución es sincronizar con Dios todopoderoso. Una forma de hacer esto es que salgas a pasear en un día cálido y te tiendas sobre la tierra. Acerca tu oído al suelo y escucha. Oirás toda clase de sonidos: el viento entre los árboles y el murmullo de los insectos... Descubrirás que en todos ellos hay un *tempo* bien regulado. No lo percibirás en el tráfico, porque ahí se pierde en la confusión. Pero lo distinguirás en la iglesia, donde oyes la palabra de Dios e himnos grandiosos. En una iglesia, la verdad vibra al *tempo* de Dios. También podrías encontrarlo en una fábrica, si te lo propusieras.

Un amigo mío, un industrial dueño de una planta enorme en Ohio, me relató que sus mejores obreros son aquellos que están en armonía con el ritmo de la máquina en la que trabajan. Si un operario trabaja en armonía con el ritmo de su máquina, no se sentirá cansado al final de la jornada. Según este industrial, la máquina es un ensamble de partes acorde con la ley de Dios. Cuando te familiarizas con una, tomas conciencia de que posee un compás. Este ritmo es uno con el del cuerpo, los nervios y el alma. Es el ritmo de Dios y puedes trabajar con esa máquina sin cansarte si estás en armonía con ella. Hay un ritmo de la estufa, un ritmo de la máquina de escribir, un ritmo de la oficina, un ritmo del automóvil, un ritmo de tu trabajo. Así pues, evita el cansancio y conserva tu energía sujetándote al ritmo esencial de Dios omnipotente y de todas sus obras.

Para lograr esto, relaja tu cuerpo y también concibe tu mente como relajada. Luego visualiza tu alma mientras se aquieta y reza: «Señor, tú eres la fuente de toda energía. Eres la fuente del sol, del átomo, de todos los seres, de la sangre, de la mente. Por eso yo extraigo energía de ti como fuente ilimitada». Cree en que recibes esa energía. Sintoniza con el infinito.

Por supuesto que muchas personas están cansadas porque nada les interesa. Nada les conmueve lo suficiente. Les da lo mismo lo que suceda o cómo marchen las cosas. Sus preocupaciones individuales son más importantes que todas las crisis de la historia humana. Les da igual todo, salvo sus menudas preocupaciones, odios y deseos. Se desgastan afanándose en cosas intrascendentes y sin sentido, así que se agotan y hasta se enferman. La forma más segura de no cansarte es abstraerte en algo sobre lo que estés profundamente convencido.

Un estadista famoso que, en una ocasión, pronunció siete discursos en un mismo día, irradiaba energía al final de ellos.

—¿Por qué no está exhausto tras haber pronunciado siete discursos? —le pregunté.

—Porque —respondió— creo absolutamente en todo lo que he dicho. Soy un entusiasta de mis convicciones.

Éste es el secreto. Ese individuo sentía pasión por algo. Se volcaba en ello y en tales condiciones no se pierde energía ni vitalidad. Pierdes energía cuando la vida se vuelve insípida en tu mente. Esta última se aburre entonces, hastiada de su inacción. Pero no hay motivo de que te fastidies. Interésate en algo. Emociónate intensamente por algo. Entrégate a eso sin reservas. Sal de ti mismo. Sé alguien. Haz algo. No te pases el día quejándote de todo, leyendo los periódicos y diciendo: «¿Por qué nadie hace nada?». El hombre que sale a hacer algo no se fatiga. Si tú no te dedicas a una buena causa, no es de sorprender que estés cansado. Te desintegras. Te deterioras. Estás fuera de foco. Cuanto más te abstraigas en algo mayor que tú, más energía poseerás. No tendrás tiempo para pensar en ti y empantanarte en tus dificultades emocionales.

Para vivir con constante energía es esencial que corrijas tus faltas emocionales. Nunca tendrás pleno vigor hasta que lo hagas.

El ya desaparecido Knute Rockne, uno de los entrenadores de fútbol americano más grandes que ha producido Estados Unidos, decía que un futbolista no puede tener suficiente energía si sus emociones no están bajo control espiritual. De hecho, llegó al extremo de afirmar que él no tendría en su equipo a un jugador que no se llevara bien con sus compañeros.

«Debo extraer el máximo de energía de un futbolista», aseguraba, «y he descubierto que eso es imposible si odia a alguien. El odio bloqueará su vigor y él no estará bien hasta que resuelva ese problema y desarrolle un sentimiento de amistad».

Quienes carecen de empuje sufren, en un grado u otro, la desorganización causada por hondos conflictos emocionales y psicológicos. A veces los resultados de esa desorganización son extremos, aunque siempre es posible sanar.

En una ciudad del Medio Oeste se me pidió hablar una vez con un señor, en otro tiempo miembro muy activo de esa urbe, que registraba una aguda merma de vitalidad. Sus colegas creían que había sufrido un derrame cerebral. Tenían esta impresión porque él arrastraba los pies al caminar, exhibía una actitud demasiado aletargada y era muy indiferente a actividades a las que antes había dedicado gran parte de su tiempo. Permanecía en su asiento una hora tras otra sin dar señales de vida y con frecuencia lloraba. Presentaba muchos de los síntomas de una crisis nerviosa.

Acepté recibirlo en mi cuarto de hotel a cierta hora. Mi puerta estaba abierta y a través de ella podía ver el ascensor. Por casualidad miraba en esa dirección cuando la puerta de éste se abrió y el hombre atravesó el pasillo arrastrando los pies. Parecía que fuera a caerse en cualquier momento y que apenas sería capaz de salvar la distancia hasta mi habitación. Le pedí que se sentara y entablé con él una conversación más bien infructuosa, muy poco esclarecedora dada su tendencia a quejarse de su estado y su incapacidad para detenerse en mis preguntas. Al parecer, esto se debía a su inmensa autocompasión.

Cuando le pregunté si quería encontrarse bien, me miró de forma muy lastimosa. Reveló su desesperación al responder que daría lo que fuera por recuperar el interés en la vida y la energía que tenía antes.

Comencé por arrancarle ciertos datos sobre su vida y experiencia. Todos ellos eran de naturaleza muy íntima y muchos estaban tan incrustados en su conciencia que los cedió con excesiva dificultad. Tenían que ver con antiguas actitudes infantiles, temores que procedían de sus días más lejanos, en su mayoría derivados de la relación con su madre. Aparecieron no pocas situaciones de culpabilidad. Todo indicaba que esos factores se habían acumulado al paso de los años como arena en el cauce de un río. El flujo de energía decreció de modo gradual hasta resultar insuficiente. La inteligencia de este individuo estaba tan estropeada que un proceso de razonamiento y dilucidación parecía casi imposible.

En busca de orientación, para mi gran sorpresa de pronto me vi de pie junto a él, poniendo mi mano sobre su cabeza. Le pedí a Dios que lo curara. En ese instante reparé en algo que tenía el aspecto de una transferencia de poder de mi mano a su cabeza. Me apresuro a añadir que mi mano carece de poderes curativos, aunque en ocasiones un ser humano es empleado como canal; éste fue el caso entonces, porque en ese momento el hombre me miró con una expresión de extrema paz y felicidad y me dijo:

—Él ha estado aquí. Me ha tocado. Me siento completamente diferente.

Desde esa fecha ha mejorado en gran medida y hoy es ya el mismo de antes, excepto que ostenta una serena seguridad que no tenía en el pasado. En apariencia, el canal obstruido en su personalidad que impedía el flujo de energía fue abierto por un acto de fe y la fuerza volvió a correr por él sin obstáculos.

Este incidente indica que tal tipo de curaciones es posible y que una acumulación paulatina de factores psicológicos puede cortar el flujo de energía. Asimismo, que el poder de la fe es capaz de desintegrar esos factores y reabrir el canal del impulso divino en un individuo.

El efecto en la energía de los sentimientos de culpa y temor es ampliamente reconocido por todas las autoridades relacionadas con los problemas de la naturaleza humana. Es tan grande el monto de fuerza vital requerido para eximir a la personalidad de la culpa, el temor o una combinación de ambos que, a menudo, sólo queda una fracción de energía para cumplir las funciones básicas de la vida. El cansancio producido por el temor y la culpa es tan agudo que a la persona le resta poca capacidad para aplicarla en su trabajo. El resultado es que se fatiga pronto. Incapaz de ejercer sus responsabilidades, se refugia en una condición apática, indiferente y apagada, e incluso está dispuesta a rendirse y caer en un estado de debilidad y somnolencia.

Hace tiempo, un hombre de negocios me fue remitido por su psiquiatra. Al parecer este paciente, considerado en general como una persona recta y estricta, se había involucrado con una mujer casada. Había intentado romper esa relación, pero encontraba resistencia en su pareja de infidelidad, a la que había suplicado que abandonaran su práctica para que él pudiera recuperar su respetabilidad. Ella lo amenazó con informar a su esposo de su aventura. El paciente reconoció que si éste se enteraba de la situación, él sería objeto de escándalo en su comunidad. Ocurría que era un ciudadano eminente que valoraba mucho su elevada categoría.

Dado su temor a ser exhibido y su sentimiento de culpa, no podía descansar ni dormir. Y como esto había durado dos o tres meses, él estaba en una seria crisis de energía y no tenía la vitalidad indispensable para hacer su trabajo con eficiencia. Puesto que de ella dependían cosas importantes, esta situación era grave.

Cuando el psiquiatra le sugirió que viera a un clérigo para resolver su insomnio, el paciente protestó diciendo que no era posible que un pastor remediara la causa de su mal, para el que, en cambio, un médico quizás ofrecería un tratamiento eficaz.

Al expresar su actitud frente a mí, le pregunté cómo esperaba descansar cuando tenía dos inoportunas y desagradables compañeras de cama.

—¿Compañeras de cama? —inquirió—. Yo no tengo compañeras de cama.

—Claro que sí —repuse—, y nadie en este mundo podría dormir con ellas, una a cada lado.

—¿A qué se refiere? —insistió.

Por mi parte contesté:

—Usted intenta dormir cada noche entre la aprensión de un lado y la culpa del otro, y persigue una hazaña imposible. Lo mismo da cuántas pastillas tome para dormir y admite que toma muchas, las cuales no le han hecho efecto. La razón de que no le sirvan es que no llegan a los profundos niveles de su mente donde se origina el insomnio que consume su energía. Tiene que erradicar la aprensión y la culpa si quiere volver a dormir y recuperar su fuerza.

A fin de atacar el temor a que se le pusiera en evidencia, lo preparé mentalmente para enfrentar todo lo que podría derivarse de hacer lo correcto, lo cual era, desde luego, terminar esa relación con sus consecuencias. Le aseguré que cualquier cosa que hiciera sería lo correcto y saldría bien. Uno nunca hace mal cuando actúa bien. Asimismo, lo exhorté a poner el asunto en manos de Dios, hacer lo correcto y dejar el resultado al Señor.

Así lo hizo, no sin reservas, aunque con una sinceridad considerable. La mujer, fuera por astucia, una expresión de lo mejor de su naturaleza o el discutible antecedente de transferir sus afectos a otra parte, lo dejó en libertad.

La culpa se disipó buscando el perdón de Dios. Cuando se busca con franqueza, éste nunca es negado y el paciente encontró calma y alivio. Por increíble que parezca, una vez que su mente se vio descargada de ese doble peso, su personalidad volvió a operar como de costumbre. Él pudo dormir de nuevo. Encontró paz y renovación de su fuerza. Su energía retornó muy pronto. Hombre sabio y agradecido, pudo reanudar sus actividades normales.

Un caso común de energía decreciente es el anquilosamiento. La presión, monotonía e incesante continuidad de las responsabilidades atentan contra una mente despejada, fundamental para abordar con éxito el trabajo. Así como un atleta pierde flexibilidad, también un individuo, sea cual sea su ocupación, tiende a pasar por periodos de sequía y aridez. En este estado anímico se requiere más energía para hacer con dificultad lo que antes se realizaba sin complicaciones. En consecuencia, las fuerzas vitales se ven obligadas a suministrar el vigor necesario y el individuo suele perder su dominio y poder.

Una solución a ese estado de ánimo fue empleada por un distinguido líder de negocios, presidente de la junta de gobierno de cierta universidad. Un profesor antes popular y destacado vio decaer tanto su aptitud docente como su capacidad para interesar a los alumnos. Según el sentir de los estudiantes y la opinión privada de los miembros de la junta, ese profesor debía recuperar su competencia para enseñar con entusiasmo e interés o de lo contrario tendría que ser reemplazado. Este recurso se consideró con cautela, pues se esperaba que dicho profesor se mantuviera activo varios años más antes de retirarse.

El hombre de negocios pidió al profesor que acudiera a su oficina y le anunció que la junta le había concedido un permiso de seis meses de ausencia, con todos los gastos pagados y su sueldo íntegro, a condición de que fuera a descansar para recuperarse y así renovar por completo su brío y energía.

Además, el empresario lo invitó a usar una cabaña que él tenía en el campo y le hizo la curiosa sugerencia de no llevar consigo más que un solo libro, la Biblia. Le propuso que dedicara su tiempo a caminar, pescar, hacer algo de jardinería y que todos los días leyera la Biblia; el tiempo necesario para releerla, entera, tres veces en seis meses. Asimismo, le sugirió que memorizara todos los pasajes que pudiera, con objeto de impregnar su mente de las grandes palabras e ideas de ese libro.

Y agregó:

—Creo que si pasa seis meses al aire libre cortando madera, trabajando el campo, leyendo la Biblia y pescando en lagos profundos, será un hombre nuevo.

El profesor aceptó esta singular propuesta. Su adaptación a ese diferente modo de vida fue más fácil de lo que sus conocidos o él mismo esperaban. De hecho, le sorprendió descubrir que le satisfacía. Tras adecuarse a la vida activa a la intemperie, vio que le gustaba en extremo. Echó de menos por un tiempo a sus compañeros intelectuales y sus lecturas, pero forzado a concentrarse en la Biblia, su único libro, se sumergió en ella y encontró con asombro que era «una biblioteca en sí misma», para citar sus propias palabras. En sus páginas encontró fe, paz y poder. Seis meses más tarde era un hombre nuevo.

Ahora el empresario me dice que este profesor se ha vuelto «una persona de una potencia enorme». Se deshizo de su anquilosamiento, recuperó su energía y poder, y renovó su gusto por la vida.

4. Prueba el poder de la oración

En una oficina situada en lo más alto de un edificio, dos individuos sostenían una conversación seria. Uno de ellos, sumamente preocupado por una crisis personal y de negocios, daba vueltas de un lado a otro del cubículo, al fin se sentó y se cubrió la cara con las manos, la imagen misma de la desesperación. Había buscado consejo en el otro, considerado un hombre de gran entendimiento. Juntos exploraron el problema desde todos los ángulos, aunque sin resultado, lo que no hizo más que ahondar el desaliento del primero.

—Supongo que no hay poder sobre la Tierra que pueda salvarme —aseguró entre suspiros.

El otro reflexionó un momento y dijo, no sin cierta timidez:

—Yo no lo vería de esa manera. Creo que te equivocas al decir que ningún poder sobre la Tierra puede salvarte. En lo personal, he descubierto que no hay problema que no tenga solución. Hay un poder que te puede ayudar —aseveró y preguntó cautelosamente—: ¿por qué no pruebas el poder de la oración?

Algo sorprendido, aquél respondió:

—¡Claro que creo en la oración!, pero no sé cómo hacerla. Tú hablas de ella como de algo práctico, similar a un problema de negocios. Yo nunca la he visto de esa forma, pero estoy dispuesto a hacer la prueba si me enseñas.

Tras aplicar sencillas técnicas de oración, a su debido tiempo este sujeto resolvió su problema. Las cosas salieron bien al final. Esto no significa que no haya tenido contratiempos. De hecho, pasó una temporada difícil, pero solucionó su conflicto. Ahora cree con tanto entusiasmo en el poder de la oración que lo oí decir hace poco: «No hay problema que la oración no pueda remediar».

Los expertos en bienestar y salud suelen utilizar la oración en su terapia. Contrariedades, tensiones y dificultades pueden ser producto de falta de armonía interna. La oración restaura el armonioso funcionamiento de cuerpo y alma. Un amigo mío que es fisioterapeuta explicó a un hombre nervioso al que le daba un masaje:

—Dios opera mediante mis dedos mientras trato de relajar su cuerpo, templo de su alma. En tanto trabajo en su ser externo, usted pida a Dios relajación interior.

Esta idea era nueva para el paciente, pero como estaba de ánimo receptivo intentó hacer pasar por su mente pensamientos de paz. El efecto relajante que esto tuvo en él le causó asombro.

Jack Smith, operador de un gimnasio que frecuentan personas notables, cree en la terapia de la oración y la usa. En otro tiempo reconocido boxeador y más tarde camionero y taxista, finalmente puso un gimnasio. Refiere que mientras explora a sus clientes en busca de sobrepeso físico, indaga también su sobrepeso espiritual, porque, dice, «es imposible curar físicamente a una persona si no se cura antes espiritualmente».

Un día el actor Walter Huston se sentó frente al escritorio de Jack y vio que un gran letrero en la pared ostentaba estos símbolos: L O A L P Q C R P. Sorprendido, preguntó:

—¿Qué significan esas letras?

Jack rio y dijo:

—«Las oraciones afirmativas liberan poderes que consiguen resultados positivos».

Huston se quedó boquiabierto.

—Jamás pensé que oiría algo semejante en un gimnasio.

—Uso métodos así —replicó Jack— para picar la curiosidad de la gente y que pregunte qué significa tal cosa. Esto me da la oportunidad de decirle que estoy convencido de que las oraciones afirmativas siempre dan resultado.

Jack ayuda a otras personas a mantenerse en buena condición física y cree que la oración es tan importante, si no es que más, que el ejercicio, la sauna y un buen masaje. Es parte vital de un proceso de liberación de poder.

La gente reza hoy más que antes porque ha descubierto que esto contribuye a su eficiencia. La oración le ayuda a utilizar ciertas fuerzas y a valerse de un vigor con el que de otro modo no contaría.

Dice un psicólogo famoso: «La oración es el poder más grande del que disponemos para resolver nuestros problemas personales. Su capacidad me deja estupefacto».

El poder de la oración es una manifestación de energía. Así como existen técnicas científicas para liberar energía atómica, también hay procedimientos científicos para liberar energía espiritual mediante el mecanismo de la oración. Las elocuentes demostraciones de esta fuerza vigorizante saltan a la vista.

Incluso el poder de la oración parece capaz de normalizar el proceso del envejecimiento, pues impide o limita el malestar y el deterioro. No hay razón de que tú pierdas tu energía básica o fuerza vital ni de que te debilites y desanimes por el solo hecho de acumular años. Tampoco la hay para que permitas que tu espíritu decaiga, se anquilose o pierda brillo. La oración te puede reanimar cada noche y renovar cada mañana. Encontrarás la solución a tus problemas si permites que ella impregne tu subconsciente, sede de las fuerzas que determinan si emprendes acciones correctas o incorrectas. La oración tiene la facultad de lograr que tus reacciones sean siempre correctas y sensatas. Si la sumerges en tu subconsciente, podrás rehacerte. Ella libera poder y lo mantiene fluyendo sin trabas.

Si no has experimentado este poder, quizá debas aprender nuevas técnicas de oración. Es oportuno estudiar este tema desde el punto de vista de la eficiencia; por lo común sólo se hace énfasis en lo religioso, pese a que no existe separación entre ambos conceptos. La práctica científica de la espiritualidad rehúye los procedimientos estereotipados, como lo hace la ciencia en general. Si hasta ahora has rezado de cierto modo —y aun si éste te ha atraído bendiciones, lo que sin duda ha ocurrido—, quizá puedas orar con más provecho si varías ese patrón y experimentas con otras fórmulas. Busca nuevas ideas; practica nuevas habilidades para obtener mejores resultados.

Es importante que te percates de que, cuando oras, tratas con el poder más grande del mundo. Para alumbrar un cuarto no usarías una anticuada lámpara de queroseno; querrías los recursos de iluminación más modernos. Nuevas y frescas técnicas espirituales son constantemente descubiertas por hombres y mujeres de genio espiritual. Resulta aconsejable que examines el poder de la oración con métodos de solidez y eficacia comprobadas. Si esto te parece inaudito y vagamente científico, no olvides que el secreto de la oración es encontrar el proceso más eficaz que abra con humildad tu mente a Dios. Cualquier método que estimule el flujo de la fuerza divina en tu mente es legítimo y utilizable.

Una ilustración del uso científico de la oración es la experiencia que tuvieron dos famosos industriales, cuyos nombres serían reconocidos por muchos lectores si estuviera autorizado a mencionarlos, mientras celebraban una reunión acerca de un asunto técnico y de negocios. Podría pensarse que estos señores habrían abordado ese problema sobre una base puramente técnica, pero hicieron eso y más: también oraron para resolverlo. Al no obtener resultado, convocaron a un predicador rural, viejo amigo de uno de ellos, porque, como explicaron, en la Biblia la fórmula para rezar es: «Porque donde están dos o tres congregados en mi nombre, allí estoy yo en medio de ellos» (Mateo 18:20). Acudieron a una fórmula más: «Si dos de vosotros se pusieren de acuerdo en la tierra acerca de cualquier cosa que pidieren, les será hecho por mi Padre que está en los cielos» (Mateo 18:19).

Conocedores de la práctica científica, pensaron que abordar la oración como fenómeno implicaba seguir escrupulosamente las fórmulas expuestas en la Biblia, a la que describieron como el manual básico de la ciencia espiritual. El método apropiado para emplear una ciencia es usar las fórmulas inscritas en su manual básico. Estos industriales razonaron que si la Biblia estipula que para rezar deben reunirse dos o tres personas, quizá la razón de que ellos no hubieran tenido éxito era que necesitaban una tercera.

Así, oraron los tres, y para no errar también aplicaron al problema varias técnicas bíblicas más, como las de estas citas: «Hágase en vosotros según vuestra fe» (Mateo 9:29) y «Todo lo que pidiereis orando, creed que lo recibiréis y os vendrá» (Marcos 11:24).

Después de intensas sesiones de oración, los tres afirmaron que habían recibido la respuesta. El resultado fue completamente satisfactorio. Resultados subsecuentes confirmaron que, en efecto, habían recibido orientación divina.

Estos hombres son científicos lo bastante serios para requerir una explicación precisa de la operación de las leyes espirituales, como no la requieren de las naturales, pero se contentan con el hecho de que esas leyes operen cuando se emplean las técnicas «apropiadas».

«Aunque no podemos explicarlo», dijeron, «lo cierto es que nuestro problema nos sobrepasaba y probamos la oración de acuerdo con la fórmula del Nuevo Testamento. Este método surtió efecto y obtuvimos un resultado estupendo». Añadieron que, a su parecer, fe y armonía son factores importantes en el proceso de la oración.

Hace varios años un hombre puso un pequeño negocio en la ciudad de Nueva York, al que caracterizó como «un pequeño agujero en la pared». Tenía un empleado. Años después, el negocio se mudó a una oficina más grande y luego a una amplia sede. Se volvió una empresa de éxito.

El método de negocios de ese individuo, tal como él mismo lo describió, fue «llenar de oraciones y pensamientos optimistas ese pequeño agujero en la pared». Declaró que el trabajo arduo, el pensamiento positivo, el precio justo, el trato correcto a la gente y el tipo apropiado de oración siempre dan resultado. Dueño de una mente creativa y singular, ideó una fórmula simple para resolver sus problemas y superar sus dificultades mediante el poder de la oración. Se trata de una fórmula curiosa que he practicado y sé, por experiencia, que funciona. Se la he sugerido a muchos otros, quienes también han descubierto su valor. Hoy te la recomiendo a ti.

Dicha fórmula es 1) ORACIONIZA, 2) IMAGINIZA, 3) REALIZA.

Por «oracioniza», mi amigo entendía un sistema diario de oración creativa. Cuando surgía un problema, él rezaba, para exponérselo a Dios de manera simple y directa. Pero no hablaba con él como si fuera un ser colosal, lejano y misterioso, sino que lo concebía como alguien que estaba con él en su oficina, en su casa, en la calle, en su automóvil, siempre a su lado como un buen amigo o colega. Y se tomaba en serio el mandato bíblico de «orar sin cesar». Interpretaba esto como que él debía pasar cada día hablando con Dios de manera normal y natural de las cosas que tenía que acometer y decidir. La presencia divina terminaba por dominar su conciencia y, en última instancia, su subconsciente. «Oracionizaba» su vida diaria. Rezaba mientras caminaba o conducía su automóvil, o mientras llevaba a cabo otras actividades rutinarias. Llenaba de oración su vida cotidiana; es decir, vivía rezando. No solía arrodillarse para hacerlo, sino que, por ejemplo, le decía a Dios, como si se tratara de un amigo: «¿Qué haré con esto, Señor?», o «Dame una idea sobre tal o cual cosa». Oracionizaba su mente y, por lo tanto, oracionizaba sus actividades.

El segundo punto de su fórmula de oración creativa es «imaginizar». El factor básico de la física es la fuerza. El de la psicología, el deseo alcanzable. Quien da por supuesto que tendrá éxito, suele tenerlo; quien supone que fracasará, lo hará. Cuando se imaginiza el éxito o fracaso, éste tiende a hacerse realidad en términos equivalentes al modo en que se lo representa.

Para asegurar que pase algo valioso, primero pídelo y confirma que sea acorde con la voluntad de Dios; después, imprime en tu mente una imagen de eso como un hecho consumado y guarda esa imagen en tu conciencia. Sométela también a la voluntad de Dios —es decir, pon el asunto en sus manos— y sigue sus indicaciones. Trabaja con ahínco e inteligencia para hacer tu parte en la obtención del éxito. Cree en la imaginización y consérvala en tu pensamiento. Si lo haces, el modo extraño en que al fin se materializará te dejará pasmado. Es así como se «realizará» la imagen. Lo que «oracionizas» e «imaginizas» se «realiza«» conforme al patrón de tu deseo alcanzable básico si invocas el poder de Dios y si, además, pones todo de tu parte para que se cumpla.

En lo personal he practicado este método de oración de tres puntos y he encontrado gran poder en él. Se lo he propuesto a otras personas, las que también han confirmado que liberó poder creativo en su experiencia.

Por ejemplo, una mujer se dio cuenta de que su esposo se distanciaba cada vez más de ella. Hasta entonces habían tenido un matrimonio feliz, pero ella empezó a distraerse en asuntos sociales y él a ocuparse más de su trabajo. Antes de que se percataran de ello, su antigua complicidad se había perdido. Ella descubrió un día que a él le interesaba otra mujer. Perdió la cabeza y se puso histérica. Consultó a su pastor, quien dirigió hábilmente la conversación hacia ella misma. La esposa admitió que había descuidado su hogar y se había vuelto egocéntrica, mordaz y refunfuñona.

Confesó entonces que nunca se había sentido igual a su marido. Tenía una honda sensación de inferioridad respecto a él, pues no creía estar a su altura social e intelectualmente. Así, se refugió en una actitud hostil que se manifestaba en críticas y mal genio.

El pastor vio que la mujer tenía más talento, aptitud y encanto de los que revelaba. Le sugirió entonces crear una imagen de sí misma como capaz y atractiva. Le dijo en son de broma que «Dios tiene un salón de belleza» y que las técnicas de la fe pueden embellecer el rostro de una persona y dotar a su actitud de gracia y soltura. La instruyó acerca de cómo orar e «imaginizar» en sentido espiritual. De igual modo le recomendó elaborar una imagen mental de la restauración de su antigua complicidad con su esposo, visualizar la bondad de él e imaginar la recuperación de su armonía. Ella debía aferrarse a esa imagen con toda su fe. La preparó de esta manera para una interesante victoria personal.

Durante ese tiempo, el esposo le informó que quería el divorcio. Como ella había aprendido a dominarse, recibió con calma esa solicitud. Se limitó a contestar que estaba dispuesta a satisfacerla si él lo quería, pero le propuso aplazar noventa días la decisión, alegando que el divorcio sería definitivo.

—Si al cabo de noventa días lo quieres aún, cooperaré contigo.

Dijo esto con tanto aplomo que él le lanzó una mirada de curiosidad, porque había previsto un arrebato.

Él salía noche tras noche, y noche tras noche ella se quedaba en casa, aunque lo imaginaba sentado en su viejo sillón. El esposo no estaba ahí, pero ella creaba una representación de él leyendo cómodamente como en los viejos tiempos. Lo visualizaba haciendo un poco de todo en su hogar, como pintar y arreglar a su antigua usanza. Imaginaba incluso que secaba los platos, como hacía cuando estaban recién casados. Se visualizó jugando golf con él y haciendo excursiones como había sido su costumbre tiempo atrás.

Mantuvo esta imagen con una fe constante y, en efecto, una noche él se sentó en su viejo sillón. Ella miró dos veces para confirmar que era cierto y no una imaginización, pese a que una imaginización bien puede ser una realidad, porque el hecho es que su esposo estaba ahí. Él aún salía de vez en cuando, pero cada vez se sentaba más noches en su sillón. Un día empezó a leerle a ella como antes. Y una solcada tarde de sábado le hizo esta pregunta:

—¿Te apetecería jugar una partida de golf?

Los días transcurrieron plácidamente hasta que ella reparó en que se había cumplido el plazo de noventa días, de modo que esa noche dijo con toda tranquilidad:

—Ya han pasado los noventa días, Bill.

—¿A qué te refieres? —preguntó él, confundido.

—¿No lo recuerdas? Acordamos que esperaríamos noventa días para tratar el asunto del divorcio y hoy es el día número noventa.

Él la miró un segundo, se ocultó detrás de su periódico, pasó de página y dijo:

—¡No seas ridícula! No podría vivir sin ti. ¿De dónde has sacado la idea de que iba a dejarte?

La fórmula de la oración creativa resultó ser un mecanismo eficaz. Ella oracionizó e imaginizó y el resultado buscado se realizó. El poder de la oración resolvió su problema y el de él.

Conozco a muchas personas que han aplicado satisfactoriamente esta técnica no sólo en cuestiones personales, sino también en asuntos de negocios. Cuando se pone en juego en una situación con toda sinceridad e inteligencia, los resultados son tan buenos que debería considerarse un método de oración muy eficiente. Quienes lo adoptan con seriedad y lo usan obtienen resultados estupendos.

En el banquete de una convención industrial, en la mesa de honor, se sentó junto a mí un individuo que, aunque algo tosco, era muy simpático. Tal vez se sentía un poco incómodo de estar tan cerca de un predicador, quien obviamente no era su compañía usual. Durante la cena empleó varias palabras teológicas, aunque en combinaciones poco sacras. Se disculpaba después de cada exabrupto, aunque le informé que ya conocía todos esos términos.

Me dijo que de pequeño había asistido a la iglesia pero que se había alejado de ella. A continuación me contó una historia que, pese a que la he oído toda la vida, la gente suelta aún en la actualidad como si fuera nueva:

—De niño, mi padre me obligaba a ir a catequesis y a la iglesia y me saturaba de religión. Así, cuando me marché de casa no lo soportaba más y rara vez he regresado a un templo.

Luego observó que quizá debía volver a la iglesia, porque estaba envejeciendo. Le dije que tendría suerte si encontraba un asiento. Esto le sorprendió porque, dijo, creía que la gente ya no iba a los templos, a lo que repuse que ninguna otra institución en Estados Unidos se frecuenta en mayor número cada semana que la iglesia. Esto le intrigó.

Como era director de una mediana empresa, se puso a decirme cuánto dinero había ganado su compañía el año previo. Le dije que conocía muchas iglesias con ingresos más altos que ésos, lo que definitivamente lo anonadó; noté que su respeto por la iglesia aumentaba al instante. Le hablé entonces de los miles de libros religiosos que la gente compra, muchos más que cualquier otro tipo de lectura.

—Sí, es posible que ustedes sean muy duchos para eso —comentó en tono coloquial.

En ese momento se acercó a nuestra mesa otro individuo, quien me dijo con entusiasmo que le había ocurrido «algo maravilloso». Explicó que, deprimido a causa de una serie de reveses, había decidido tomarse una semana de vacaciones, durante la cual leyó uno de mis libros* que brindan sencillas técnicas de fe. Esto le procuró paz y satisfacción por primera vez en mucho tiempo, lo que lo alentó respecto a su potencial. Pensó entonces que la solución a su problema era la práctica religiosa.

—Así pues —añadió—, apliqué los principios espirituales que usted presenta en su libro. Empecé a creer y afirmar

* *A Guide to Confident Living*, Prentice-Hall, Inc., 1948.

que, con la ayuda de Dios, podría cumplir los objetivos que perseguía con tanto empeño. Tuve la sensación de que todo iba a salir bien y de que, en adelante, nada podría perturbarme. Supe con certeza que todo saldría a pedir de boca. Dormía y me sentía mejor, como si hubiera tomado un tónico. Pero el factor decisivo fue mi nueva comprensión y práctica de las técnicas espirituales.

Cuando este hombre se marchó, mi compañero de mesa, que había escuchado su relato, dijo:

—Jamás había oído nada semejante. Este señor ha hablado de la religión como de algo práctico y alegre. A mí no se me presentó nunca de esa forma. También ha dado a entender que la religión es casi una ciencia que puede utilizarse en bien del trabajo y la salud. Nunca lo había pensado así —y agregó—: pero ¿sabe qué es lo que más me ha impresionado? La expresión facial de ese individuo.

Lo curioso es que cuando mi compañero de mesa dijo esto, su rostro se iluminó con una expresión parecida. Por primera vez consideraba la idea de que la fe no es mera beatería, sino un procedimiento científico para tener una vida satisfactoria. De primera mano observó el funcionamiento práctico del poder de la oración en la experiencia individual.

En lo personal, creo que la oración es una emisión de vibraciones de una persona a otra y a Dios. El universo entero se encuentra en un estado de vibración. Hay vibraciones en las moléculas de una mesa. El aire está lleno de vibraciones. La reacción entre los seres humanos se halla también en un estado de vibración. Cuando tú rezas por alguien, empleas la fuerza inherente al universo espiritual. Transfieres a esa persona una sensación de amor, bondad y apoyo —una comprensión compasiva y eficaz— y al mismo tiempo generas vibraciones en el universo que permiten a Dios hacer que los objetivos solicitados se cumplan. Si experimentas con este principio, conocerás sus extraordinarios efectos.

Por ejemplo, acostumbro rezar por la gente con la que tropiezo. En una ocasión viajaba en un tren por Virginia Occidental cuando se me ocurrió algo muy curioso. Después de mirar a un hombre en un andén que se perdió de vista cuando el tren abandonó la estación, pensé que lo había visto por primera y última vez. Su vida y la mía se habían tocado levemente durante una fracción de segundo. Él siguió su camino y yo el mío. Me pregunté qué sería de su existencia.

Recé por él y emití una oración afirmativa en la que pedí que su vida se llenara de bendiciones. Y después oré también por otras personas que veía desde el ferrocarril. Recé por un hombre que araba el campo y pedí al Señor que le ayudara y le diera una buena cosecha. Vi que una madre tendía ropa y esa hilera de prendas recién lavadas me hizo saber que tenía una familia numerosa. El destello de su cara y la forma en que cogía la ropa de sus hijos me indicaron que era feliz. Recé por ella, que tuviera una vida de dicha, que su esposo le fuera fiel siempre y ella a él. Pedí que fueran una familia religiosa y que sus hijos crecieran fuertes y honorables.

En otra estación vi a un hombre semidormido apoyado en una pared y pedí que despertara, obtuviera alivio y lograra algo en la vida.

Al detenernos en una estación más, vislumbré a un niño precioso, con una pernera del pantalón más larga que la otra, la camisa abierta en el cuello, un suéter demasiado grande, el cabello revuelto y la cara sucia. Chupaba con esmero un helado. Recé por él y cuando el tren empezó a moverse, el pequeño se giró y me obsequió la más maravillosa de las sonrisas. Supe que mi oración le había llegado; me despedí agitando la mano y él hizo lo mismo. Es muy probable que jamás vuelva a ver a ese chico, pero nuestras vidas se tocaron. Hasta ese momento, el día había estado nublado, pero el sol salió de pronto y creo que hubo luz en el corazón de ese niño, lo cual se reveló en su cara. Sé que mi corazón se llenó de dicha. Estoy seguro de que esta experiencia se debió a que el poder divino formó un círculo a través de mí, hacia el muchacho y de vuelta a Dios, fascinados todos por el poder de la oración.

Una de las funciones más importantes de la oración es estimular ideas creativas. La mente contiene todos los recursos necesarios para una vida plena. La conciencia aloja ideas que, al ser liberadas, puestas en perspectiva y ejecutadas del modo apropiado, pueden determinar la exitosa conclusión de cualquier proyecto o tarea. Cuando el Nuevo Testamento dice: «El reino de Dios está entre vosotros» (Lucas 17:21), nos informa que Dios nuestro Creador depositó en nuestra mente y personalidad todas las facultades y aptitudes que necesitamos para llevar una vida constructiva. A nosotros nos corresponde aprovechar y desarrollar esas facultades.

Por ejemplo, un conocido mío trabaja en una empresa en la que es jefe de cuatro ejecutivos. A intervalos regulares, estas personas realizan lo que llaman una «sesión de ideas», con el propósito de aprovechar todas las ideas creativas que rondan en su mente. Celebran esta sesión en una sala sin teléfonos, timbres ni ningún otro aparato de oficina. La doble ventana aísla totalmente y elimina los ruidos de la calle en la mayor medida posible.

Antes de iniciar esa sesión, el grupo pasa diez minutos orando y meditando en silencio. Sus miembros están convencidos de que, entretanto, Dios trabaja creativamente dentro de ellos. Cada uno reza a su manera y afirma que el Señor está a punto de liberar en su cabeza las ideas que la compañía necesita.

Después de ese periodo de silencio, todos hablan, para revelar las ideas que han pasado por su mente. Estas ideas se escriben en tarjetas que se dejan sobre la mesa. En esta etapa no se permite criticar ninguna ocurrencia, porque la discusión podría entorpecer el flujo del pensamiento creativo. Una vez reunidas todas las tarjetas, cada cual se evalúa en una sesión posterior, porque ésta es sólo para aprovechar las ideas estimuladas por el poder de la oración.

Cuando se inauguró esta práctica, un alto porcentaje de las ideas sugeridas carecía de valor; pero conforme las sesiones continuaron, el porcentaje de buenas ideas aumentó. Ahora, muchas de las mejores sugerencias que más tarde han demostrado poseer valor práctico evolucionaron en la «sesión de ideas».

Como explicó uno de esos empleados: «No sólo hemos generado conceptos que se reflejan en el balance general, sino que también hemos obtenido una nueva sensación de confianza. Además, nuestro compañerismo se ha afianzado y contagiado a otros integrantes de la organización».

¿Dónde está el ejecutivo trasnochado que asegura que la religión es teórica y no tiene lugar en los negocios? Hoy, todo empresario exitoso y eficaz empleará los más recientes y probados métodos de producción, distribución y administración. Muchos descubren que uno de los sistemas más eficientes es el poder de la oración.

Personas alertas ven ahora en todas partes que probar el poder de la oración hace que se sientan mejor, trabajen mejor, hagan mejor las cosas, duerman mejor y sean mejores individuos.

Mi amigo Grove Patterson, director del *Blade* de Toledo, es un hombre de vigor notable. Él sostiene que, al menos en parte, su energía deriva de sus métodos de oración. Por ejemplo, le gusta conciliar el sueño rezando, porque cree que en ese momento su subconsciente está más relajado. El subconsciente gobierna en alto grado nuestra vida. Si tú introduces en él una oración cuando estás más relajado, ésta tendrá un efecto imponente. El señor Patterson ríe al decir: «Antes me preocupaba quedarme dormido mientras rezaba. Ahora lo hago a propósito».

Un gran número de métodos singulares para rezar han llamado mi atención, pero uno de los más eficaces es el que Frank Laubach promovió en su excelente libro *Prayer, the Mightiest Power in the World*. Considero que éste es uno de los libros más útiles sobre cómo orar, porque ofrece técnicas novedosas y eficaces. El doctor Laubach cree que la oración genera verdadero poder. Uno de sus métodos consiste en «disparar» oraciones a la gente con la que se cruza en la calle. Llama «rezos relámpago» a este tipo de plegarias. Bombardea a los transeúntes con oraciones en las que emite pensamientos de amor y buena voluntad. Dice que las personas junto a las que pasa en la calle y a quienes «dispara» oraciones suelen girarse, mirarlo y sonreír. Sienten la emanación de una fuerza comparable con la energía eléctrica.

En un autobús, el doctor Laubach «dispara» oraciones a los demás pasajeros. Una vez se sentó detrás de un hombre que parecía muy contrariado. Cuando Laubach subió al autobús, notó que tenía el ceño fruncido. Emitió entonces hacia él oraciones de fe y buena voluntad, e imaginó que lo rodeaban y entraban en su mente. De pronto, el hombre se acarició la parte trasera de la cabeza y, cuando bajó del autobús, una sonrisa había reemplazado su mal gesto. A menudo, el doctor Laubach cree haber cambiado el ambiente de un automóvil o autobús lleno de personas mediante el proceso de «propagar oraciones y amor hacia todas partes».

En el bar de un tren, un hombre un poco ebrio se comportaba de modo maleducado y descortés, hablaba con altanería y se hacía insoportable. A mí me pareció que todos los pasajeros le cobraban antipatía. A corta distancia de él, decidí probar el método de Frank Laubach. Así, recé por él mientras visualizaba lo mejor de su naturaleza y emitía hacia él pensamientos de buena voluntad. De súbito y sin razón aparente, aquel hombre se volvió hacia mí, me desarmó con una sonrisa y alzó la mano en un gesto de saludo. Cambió de actitud y se calmó. Tuve todas las razones para creer que mi oración había llegado hasta él.

Antes de pronunciar un discurso, por regla general rezo por todos los presentes y emito pensamientos de amor y buena voluntad hacia ellos. A veces selecciono entre el público a una o dos personas que parecen deprimidas o hasta hostiles y les dirijo pensamientos de oración y una actitud de buena voluntad. Hace poco, al hablar en la cena anual de la Cámara de Comercio de una ciudad del suroeste, vi que un sujeto parecía hacerme mala cara. Aunque era posible que su expresión no tuviera nada que ver conmigo, transmitía una sensación agresiva. Antes de empezar a hablar, recé por él y le «disparé» una serie de oraciones y pensamientos de buena voluntad, lo que seguí haciendo en el curso de mi conferencia.

Cuando la reunión terminó y estrechaba las manos de quienes me rodeaban, alguien me dio un fuerte apretón, y vi delante de mí a aquel hombre, provisto de una amplia sonrisa.

—Para serle franco, usted no me ha despertado simpatía cuando he llegado —dijo—. No me gustan los pastores, ni he entendido por qué debía ser el orador en la cena de la Cámara de Comercio. He dado por sentado que su discurso sería un fiasco. Pero mientras usted hablaba, ha tocado una cuerda sensible en mí. Me siento una nueva persona. He tenido una extraña sensación de paz. ¡Y le aseguro que usted ya me cae bien!

Este efecto no se debió a mi discurso. Fue la emanación del poder de la oración. Nuestro cerebro aloja alrededor de dos mil millones de ínfimas baterías de almacenamiento. Puede propagar poder mediante pensamientos y oraciones. El poder magnético del cuerpo humano está más que comprobado. Tenemos miles de pequeñas estaciones emisoras y cuando la oración las activa, una fuerza inmensa fluye por una persona y se comunica de un ser humano a otro. Podemos transmitir poder mediante la oración, la cual actúa como una estación emisora y receptora de forma simultánea.

Hace tiempo asesoré a un alcohólico que, cuando ya llevaba seis meses «seco» (como dicen los Alcohólicos Anónimos), debió hacer un viaje de negocios. Un martes a las cuatro de la tarde tuve una sensación persistente de que él estaba en apuros. No podía dejar de pensar en él. Sentí que algo tiraba de mí, así que dejé todo y me puse a rezar por ese amigo. Recé media hora y suspendí mis plegarias cuando la sensación se disipó.

Días después me llamó por teléfono.

—Estuve en Boston toda la semana —dijo— y quiero que sepa que estoy «seco» todavía, aunque en los primeros días pasé por un momento muy difícil.

—¿Fue el martes a las cuatro de la tarde? —le pregunté.

Contestó asombrado:

—Sí, ¿cómo lo ha sabido? ¿Quién se lo ha dicho?

—Nadie —respondí—. Es decir, ningún ser humano.

Le describí mis sensaciones del martes a las cuatro de la tarde y le dije que había rezado media hora por él.

Se quedó estupefacto y explicó:

—Yo estaba en el hotel y me detuve frente al bar. En mi interior se desencadenó entonces una lucha terrible. Pensé en usted porque necesitaba ayuda y me puse a rezar.

Las oraciones que él inició llegaron hasta mí y a mi vez recé por él. Unidos en oración, completamos el círculo, llegamos a Dios y él obtuvo su respuesta bajo la forma de fortaleza para enfrentar esa crisis. ¿Qué hizo después?

Fue a una farmacia, compró una bolsa de dulces y los comió sin parar. Su salvación, como él mismo dijo, fueron «rezos y caramelos».

Una joven casada admitió que estaba llena de odio, envidia y resentimiento contra sus amigos y vecinos. Además, era muy aprensiva; le preocupaba sin cesar que sus hijos se enfermaran, tuvieran un accidente o fallaran en la escuela. Su vida era una lastimosa mezcla de insatisfacción, temor, odio e infelicidad. Le pregunté si alguna vez rezaba. Contestó:

—Sólo cuando me desespero, aunque debo admitir que la oración no significa nada para mí, de modo que no rezo muy a menudo.

Le dije que la práctica de la verdadera oración podía cambiar su vida y le di algunas indicaciones para que emitiera pensamientos de amor y no de odio, pensamientos de seguridad en sí misma y no de temor. Le sugerí que cada día, cuando sus hijos llegaran de la escuela, rezara e hiciera de sus oraciones una afirmación de la bondad protectora de Dios. Escéptica al principio, ella se convirtió después en una de las más entusiastas promotoras y practicantes de la oración que he conocido. Lee con avidez libros y folletos, y aplica una técnica muy eficaz del poder de la oración. Este procedimiento cambió su vida, como lo ilustra la carta siguiente, que me escribió hace poco:

«Siento que mi esposo y yo hemos hecho grandes progresos en las últimas semanas. Mi mayor progreso data de la noche en que usted me dijo que "cada día es un buen día si uno reza". Adopté la costumbre de afirmar al despertar que el día sería bueno, y *puedo decir que no he tenido un mal día desde entonces*. Lo curioso es que mis días no han sido más tranquilos ni menos cargados de pequeñas molestias que antes, pero eso ya no me trastorna. Cada noche inicio mis oraciones enumerando todo lo que agradezco, pequeñas cosas ocurridas durante la jornada y que han contribuido a mi felicidad. Sé que este hábito ha preparado a mi mente para resaltar lo bueno y olvidar lo desagradable. El hecho de que durante seis semanas no haya tenido un solo día malo ni permitido que nada me desmoralizara es maravilloso para mí».

Esta mujer descubrió una fuerza portentosa en el poder de la oración.

Tú puedes hacer lo mismo. Te ofrezco diez reglas para obtener buenos resultados de la oración:

1. Reserva unos minutos cada día para rezar. No digas nada. Sólo piensa en Dios. Esto volverá a tu mente espiritualmente receptiva.

2. Ora después de forma verbal, usando las palabras sencillas de todos los días. Dile a Dios lo que se te ocurra. No te sientas obligado a usar frases estereotipadas. Al hablar con él, emplea tu propio lenguaje. Él lo comprenderá.

3. Reza mientras haces tus actividades cotidianas, en el metro, o autobús, o en tu escritorio. Utiliza oraciones breves; cierra los ojos para aislarte del mundo y concentrarte en la presencia de Dios. Cuanto más hagas esto a diario, más cerca sentirás la presencia del Señor.

4. No siempre reces para pedir algo; hazlo también para afirmar que recibes bendiciones de Dios y dedica la mayor parte de tus oraciones a dar gracias.

5. Reza convencido de que las plegarias sinceras llegan hasta tus seres queridos y los envuelven con el amor y la protección de Dios.

6. Nunca introduzcas un pensamiento negativo en un rezo. Sólo los pensamientos positivos dan resultado.

7. Expresa una disposición permanente a aceptar la voluntad de Dios. Pide lo que necesitas, pero muéstrate resuelto a aceptar lo que él te dé. Quizás esto sea mejor que lo que pediste.

8. Practica la actitud de poner todo en manos del Señor. Pide ser capaz de hacer todo lo posible y de confiarle los resultados a él.

9. Reza por las personas que no te gustan o que te han tratado mal. El resentimiento es el mayor obstáculo contra el poder espiritual.

10. Haz una lista de personas por las cuales pedir. Cuanto más reces por otros, sobre todo si no están directamente relacionados contigo, más resultados obtendrás de la oración.

5. *Cómo crear tu propia felicidad*

¿Quién decide si serás feliz o desdichado? La respuesta: ¡tú!

Una celebridad de la televisión tuvo una vez como invitado en su programa a un anciano muy peculiar. Hacía comentarios totalmente espontáneos e impremeditados, que emergían de una personalidad radiante y feliz. Cada vez que hablaba decía algo tan candoroso, tan atinado, que el público estallaba en carcajadas. Los cautivó a todos. El conductor estaba impresionado y disfrutó del momento tanto como los demás.

Al final le preguntó al anciano por qué era tan feliz.

—Seguro que tiene usted un secreto maravilloso de la felicidad —sugirió.

—No —replicó el viejo—. No tengo ningún secreto. Lo que hago es tan sencillo como sumar dos más dos. Cuando me levanto —explicó—, tengo dos opciones: ser feliz o no. ¿Y qué cree usted que hago? Decido ser feliz. Eso es todo.

Ésta podría parecer una exageración y pintar a ese anciano como superficial, pero Abraham Lincoln, a quien nadie podría acusar de superficial, decía que cada persona es tan feliz como cree serlo. Tú puedes ser desdichado si quieres. Conseguirlo es lo más fácil del mundo; te basta con optar por la infelicidad. Si te repites una y otra vez a ti mismo que las cosas van mal, que nada es satisfactorio, ten la seguridad de que serás desdichado. Si, por el contrario, te dices: «Las cosas van bien. La vida es buena. Elijo la felicidad», puedes estar seguro de que la obtendrás.

Los niños son más aptos para ser felices que los adultos. El adulto capaz de prolongar a la edad madura y la vejez el espíritu de la infancia es un genio, porque preservará el buen ánimo con que Dios dota a los pequeños. La perspicacia de Jesucristo sobre este asunto es notable, porque él nos dice que, para vivir en este mundo, no hay nada mejor que tener el corazón y la mente de un niño. En otras palabras, no permitas que tu espíritu envejezca, se opaque o pierda ímpetu. No te vuelvas demasiado sofisticado.

Elizabeth, mi hija menor, tiene nueve años y ya sabe cuál es la solución de la felicidad. Un día le pregunté:

—¿Eres feliz, cariño?

—Claro que sí —dijo.

—¿Siempre lo eres? —continué.

—Sí —respondió—. Siempre soy feliz.

—¿Y qué te hace feliz? —insistí.

—No lo sé —respondió—. Simplemente soy feliz.

—Debe haber algo que te hace feliz —dije.

—Bueno —repuso—, te diré qué es. Mis amigas me hacen feliz; me gusta jugar con ellas. Mi escuela me hace feliz; me gusta ir a clase —no dije nada, pero eso no lo sacó de mí—. Quiero a mis profesoras. También me gusta ir a la iglesia; me gusta ir a catequesis y quiero a mi profesora. Quiero mucho a mi hermana, Margaret; a mi hermano, John, a mi madre y a mi padre. Ellos me cuidan cuando estoy enferma, me quieren y son buenos conmigo.

Ésta es la fórmula de la felicidad de Elizabeth, y a mí me parece que ahí está todo: sus compañeras de juegos (sus colegas), su escuela (el lugar donde trabaja), la iglesia y la catequesis (donde rinde culto) y sus padres y hermanos (el círculo familiar, sede del amor). Ahí tienes la felicidad y los momentos más satisfactorios de tu vida están relacionados con esos factores.

A un grupo de niños y niñas se les pidió enumerarlo que los hacía más felices. Sus respuestas fueron muy conmovedoras. He aquí la lista de los niños: «El vuelo de una golondrina; mirar agua clara y profunda; el agua al ser surcada por la proa de un barco; un tren rápido a toda velocidad; una grúa de construcción cuando levanta algo pesado; los ojos de mi perro».

Esto es lo que las niñas dijeron que las hacía felices: «La luz de las farolas sobre un río; techos rojos entre los árboles; el humo que sale de una chimenea; terciopelo rojo; la luna cuando se asoma en medio de las nubes». Estas cosas expresan, así sea sólo a medias, ese algo que la belleza del universo posee. Para ser feliz hay que tener un alma limpia, ojos capaces de ver poesía en lo insignificante, un corazón de niño y sencillez espiritual.

Muchos de nosotros producimos nuestra propia infelicidad. Por supuesto que no toda la desdicha es de creación propia, porque las condiciones sociales son responsables de no pocos de nuestros infortunios. Pero es un hecho que, en gran medida, mediante nuestros pensamientos y actitudes extraemos de la vida los ingredientes de la felicidad o la desdicha.

«Cuatro de cada cinco personas no son tan felices como podrían», declara una autoridad ilustre y añade: «La infelicidad es el estado de ánimo más común». Aunque dudo que la felicidad humana esté en un nivel tan bajo, sé que el número de personas con una vida infeliz es mayor del que quisiera. Y ya que uno de los deseos fundamentales de cada ser humano es llegar a ese estado de la existencia conocido como felicidad, algo debe hacerse al respecto. La felicidad no es inalcanzable, ni el proceso de obtenerla complicado. Quienquiera que la desee, que la ansíe y que aprenda a aplicar la fórmula correcta puede conseguirla.

En una ocasión, me senté me senté frente a una pareja de desconocidos en el restaurante de un tren. La dama iba lujosamente vestida, como lo indicaban las pieles, piedras preciosas y prendas que portaba. Pero lo pasaba muy mal. De modo un tanto ruidoso, proclamaba que el coche estaba sucio y expuesto a corrientes de aire, que el servicio era abominable y la comida espantosa. Se quejaba y molestaba por todo.

En cambio, su esposo era un hombre cordial, afable y de trato fácil, obviamente capaz de aceptar las cosas como son. Me pareció que se sentía un poco avergonzado de la displicencia de ella y también decepcionado, porque él la había llevado a ese viaje de placer.

Para cambiar de tema, me preguntó a qué me dedicaba y me informó que él era abogado. Luego cometió un gran error, porque agregó con una sonrisa:

—Mi esposa trabaja en el ramo de la manufactura.

Esto me sorprendió, porque ella no parecía corresponder al tipo industrial o ejecutivo, así que pregunté:

—¿Y qué manufactura?

—Infelicidad —contestó él—. Fabrica su propia infelicidad.

Pese al aire glacial que se dejó sentir en la mesa tras esa desacertada observación, la agradecí, porque describe con exactitud lo que muchas personas hacen: forjar su propia desdicha.

Es una lástima que tantos problemas en la vida diluyan nuestra felicidad, pero es más absurdo aún que destilemos en nuestra mente desdicha adicional. ¡Qué insensatez añadir una tristeza de creación personal a todas las dificultades sobre las que tenemos escaso o nulo control!

Sin embargo, en vez de enfatizar la manera en que la gente produce su desdicha, pasemos a la fórmula para poner fin a ese proceso generador de desgracia. Baste decir que nosotros producimos nuestra propia desdicha teniendo pensamientos de infelicidad y mediante las actitudes que asumimos, como la negativa sensación de que todo va a salir mal o de que los demás no merecen lo que tienen mientras que nosotros no recibimos lo que merecemos.

También nos causamos desdicha impregnando nuestra conciencia de rencor, odio y mala voluntad. El proceso generador de infortunios hace uso siempre de los ingredientes del temor y la preocupación. Cada uno de estos temas se trata en otras partes de este libro; aquí quiero subrayar solamente una enorme porción de la infelicidad del individuo promedio es de creación propia. ¿Qué debemos hacer entonces para producir felicidad en lugar de infelicidad?

Un incidente ocurrido en uno de mis viajes en tren podría ofrecer una respuesta. Una mañana en un antiguo tren, media docena de hombres nos afeitábamos en el baño. Como suele suceder en esos espacios estrechos y abarrotados después de haber pasado una noche en el tren, ningún miembro de ese grupo de desconocidos estaba de buen humor y apenas si hablaba, soltando medias palabras. De repente llegó un individuo que exhibía una amplia sonrisa. Nos saludó a todos con un animado buenos días y recibió a cambio gruñidos poco entusiastas. Mientras se rasuraba, tarareaba —quizá sin darse cuenta— una melodía alegre, lo que sacó de quicio a algunos de los presentes. Por fin, uno de nosotros dijo, no sin sarcasmo:

—¡Qué contento está usted esta mañana! ¿A qué se debe tanta alegría?

—A que tengo por costumbre ser feliz —respondió aquel hombre.

Eso fue lo único que dijo; pero estoy seguro de que todos los que estábamos ahí bajamos de ese tren llevando en nuestra mente esas deslumbrantes palabras: «Tengo por costumbre ser feliz».

Esta frase es en realidad muy profunda, porque resulta indudable que nuestra felicidad o desdicha depende en alto grado de los hábitos mentales que cultivemos. Esa colección clásica de sabios dichos conocida como el libro de Proverbios nos dice que «[...] el de corazón contento tiene un banquete continuo» (Proverbios 15:15). En otras palabras, cultiva un corazón alegre; es decir, si desarrollas el hábito de la felicidad, tu vida será una fiesta incesante, lo que equivale a decir que disfrutarás de ella todos los días. Del hábito de la felicidad se desprende una vida alegre. Y como somos capaces de cultivar hábitos, también lo somos de crear nuestra dicha.

El hábito de la felicidad se desarrolla practicando pensamientos alegres. Haz una lista de pensamientos alegres y repítela en tu mente varias veces al día. Si un pensamiento de infelicidad entrara en tu cabeza, atájalo al instante, expúlsalo de manera consciente y sustitúyelo por uno de felicidad. Cada mañana, antes de levantarte relájate en tu cama e introduce deliberadamente en tu conciencia pensamientos alegres. Pasa por tu mente imágenes de cada una de las experiencias afortunadas que esperas tener durante el día. Saborea ese regocijo. Estos pensamientos se traducirán en hechos. No digas que las cosas no irán bien ese día. Con sólo decirlo, contribuyes a que sea así. Atraerás entonces todos los factores de la tristeza, grandes y pequeños, y terminarás preguntándote: «¿Por qué todas las cosas me salen mal? ¿Qué pasa con todo?».

La razón podría ser estrictamente lo que piensas al iniciar cada día.

Prueba mañana este plan. Cuando te levantes, repite tres

veces en voz alta la siguiente frase: «Éste es el día que hizo el Señor; nos regocijaremos y alegraremos en él» (Salmos 118:24), aunque personalízala: «Me regocijaré y alegraré en él». Repítela con voz fuerte y clara, y un tono y énfasis positivos. Esta máxima procede de la Biblia, por supuesto, y es buena para remediar la desdicha. Si la repites tres veces antes de desayunar y meditas en su significado, establecerás el carácter del día, pues lo empezarás con una psicología de felicidad.

Mientras te vistes, afeitas o desayunas, haz en voz alta comentarios como éstos: «Creo que hoy será un día espléndido. Estoy seguro de que podré resolver todos los problemas que se me presenten. Me encuentro bien en lo físico, mental y emocional. Es maravilloso estar vivo. Agradezco todo lo que he tenido, todo lo que tengo ahora y todo lo que tendré. Nada va a venirse abajo. Dios está aquí, está conmigo y verá a por mí. Le doy las gracias por todo lo bueno que he recibido».

Hace tiempo conocí a un tipo pesimista que siempre le decía a su esposa en el desayuno: «Éste será otro mal día». No lo creía pero, curiosamente, estaba convencido de que si decía que el día iba a ser malo, era muy probable que fuera bueno. Sin embargo, las cosas no resultaron así, lo cual no es de sorprender; porque si visualizas y afirmas una consecuencia desafortunada, tenderás a crearla. Si, por el contrario, cada mañana afirmas que tus actos tendrán buenas consecuencias, te sorprenderá confirmar que las cosas son así con demasiada frecuencia.

No obstante, no basta con aplicar a la mente una terapia de afirmaciones tan acertada como la que acabo de proponer; a lo largo del día debes basar también tus acciones y actitudes en los principios fundamentales de una vida feliz.

Uno de los principios más simples e importantes es el del amor humano y la buena voluntad. Una expresión sincera de bondad y compasión es capaz de producir una dicha inmensa.

El doctor Samuel Shoemaker, quien me honra con su amistad, escribió un emotivo relato sobre un amigo mutuo, Ralston Young, el famoso maletero número 42 de la Grand Central Station de Nueva York. Ralston se gana la vida llevando maletas, aunque su verdadero trabajo es vivir el espíritu de Cristo como empleado de una de las estaciones de trenes más transitadas del mundo. Mientras lleva el equipaje de una persona, intenta compartir con ella un poco de camaradería cristiana. La observa con atención para saber si puede comunicarle valor y esperanza, algo para lo que es especialmente hábil.

Un día, por ejemplo, se le pidió conducir a una anciana hasta su tren. Como ella iba en una silla de ruedas, la bajó por el ascensor. Al abordar éste, vio que había lágrimas en los ojos de la dama. Mientras el ascensor descendía, Ralston cerró los suyos y le preguntó al Señor cómo podía ayudar a esa mujer y Él le dio una idea. Cuando la bajó del ascensor, le dijo con una sonrisa:

—Disculpe mi atrevimiento, señora, pero debo decir que el sombrero que lleva puesto es precioso.

Ella se volvió y respondió:

—Gracias.

—Y podría añadir —continuó él— que su vestido también es muy bonito.

Siendo mujer, esto halagó a la anciana y aunque no se encontraba bien, se animó y preguntó:

—¿Por qué me hace estos cumplidos? Es muy amable.

—Bueno —respondió él—, lo que pasa es que he visto que estaba triste. La he visto llorar y le he preguntado al Señor cómo podía ayudarla. Él me ha dicho: «Háblale de su sombrero». La mención del vestido —agregó— ha sido idea mía.

Ralston Young y el Señor supieron juntos cómo distraer a una mujer de sus dificultades.

—¿No se encuentra bien? —inquirió él.

—No —contestó la anciana—. Tengo dolor todo el rato. A veces creo que no podré soportarlo. ¿Sabe usted lo que significa sentir dolor?

Ralston tenía una respuesta para eso:

—Sí, señora. Hace tiempo perdí un ojo y me duele de día y de noche como si me hubieran herrado.

—Pero —repuso ella—, parece feliz ahora. ¿Cómo lo consigue?

Él contestó mientras la llevaba hasta su asiento en el tren:

—Rezando, señora; rezando.

—¿Le basta con rezar para dejar de sentir dolor? —preguntó ella en voz baja.

—No siempre —respondió Ralston—, pero eso me ayuda a vencerlo o reducirlo. Así que rece siempre, señora; yo rezaré por usted.

Habiendo dejado de llorar para ese momento, ella se giró con una sonrisa encantadora, le dio la mano y le dijo:

—Usted me ha hecho mucho bien.

Un año más tarde, una noche, Ralston Young fue llamado por el sistema de sonido de la Grand Central Station para que se presentara en el módulo de información, donde se encontró con una joven que le dijo:

—Le traigo un mensaje del más allá. Antes de morir, mi madre me pidió que lo buscara y le dijera lo mucho que la ayudó hace un año, cuando la llevó a su tren en su silla de ruedas. Ella lo recordará siempre, aun en la eternidad, porque usted fue muy amable, comprensivo y atento.

La joven rompió a llorar, acongojada.

Ralston la observó en silencio y dijo:

—No llore, señorita. En realidad debería hacer una oración de acción de gracias.

Sorprendida, la chica preguntó:

—¿Por qué habría de hacer eso?

—Porque —dijo él— muchas personas han quedado huérfanas más jóvenes que usted. Usted tuvo a su madre mucho tiempo y la tendrá siempre; algún día volverá a verla. Está cerca de usted ahora y lo estará en todo momento. Tal vez está con nosotros en este instante, mientras hablamos.

Las lágrimas y sollozos de la joven terminaron. La bondad de Ralston tuvo en la hija el mismo efecto que en la madre. En esa enorme estación que cada día atraviesan miles de personas, ambos sintieron la presencia de quien había inspirado en ese maletero ejemplar el deseo de propagar amor.

«Donde hay amor», dijo Tolstói, «está Dios», y podríamos añadir que donde están Dios y el amor hay felicidad. Así, un principio práctico para crear felicidad es practicar el amor.

Un hombre que está siempre muy contento es mi amigo H. C. Mattern, quien, con su igualmente feliz esposa, Mary, viaja por todo Estados Unidos como parte de su trabajo. Él lleva en todo momento consigo una singular tarjeta de presentación, al reverso de la cual está impresa la filosofía que les ha dado alegría a su esposa, a él y a cientos de individuos más que han tenido la suerte de sentir el impacto de su personalidad.

La tarjeta reza como sigue: «He aquí el camino a la felicidad: mantén tu corazón libre de odio y tu mente de preocupaciones. Vive con sencillez; espera poco y da mucho. Llena tu vida de amor. Irradia luz. Olvídate de ti mismo y piensa en los demás. Trátalos como quieres que te traten. Prueba esto una semana y te sorprenderás».

Al leer esas palabras, quizá pienses: «Esto no es nada nuevo» y tienes razón si nunca has intentado aplicarlo. Pero si lo pones en práctica, descubrirás que es el método más novedoso, fresco y admirable para tener una vida feliz y exitosa.

¿De qué te sirve haber conocido esos principios toda la vida si no los has empleado jamás? Esta ineficiencia es trágica. Que un hombre haya vivido en la pobreza teniendo oro a su puerta representa un enfoque poco inteligente de la vida. Esa simple filosofía es el camino a la felicidad. Practica una semana sus principios, como sugiere el señor Mattern; y si no te dan felicidad espontánea, tu desdicha es ciertamente muy profunda.

Claro que para dotar de poder a esos principios de felicidad y hacer que surtan efecto es necesario cimentarlos en una mente dinámica. Ni siquiera con firmes principios espirituales obtendrás buenos resultados si no están imbuidos de poder espiritual. Cuando uno experimenta un cambio dinámico interior, el éxito de las ideas generadoras de felicidad está garantizado. Si aplicas principios espirituales, por torpemente que lo hagas, experimentarás poco a poco un poder espiritual interior. Puedo asegurarte que esto te procurará la mayor descarga de felicidad que hayas tenido en tu vida. Y esa felicidad será permanente mientras lleves una vida centrada en Dios.

En mis viajes por Estados Unidos me he encontrado con un creciente número de individuos muy felices. Se trata de personas que han practicado las técnicas que se describen en este volumen; que yo mismo he presentado en otros libros, escritos y charlas, y que otros autores y oradores han transmitido a sujetos receptivos. Es asombroso que la gente pueda ser tan feliz mediante una experiencia interior de cambio espiritual. Hoy tienen esa experiencia personas de todas partes. De hecho, éste es ya uno de los fenómenos más populares de nuestro tiempo y de continuar desarrollándose y extendiéndose, pronto se considerará atrasados y anticuados a quienes no hayan vivido experiencias espirituales. Tener una vida espiritual es lo de hoy. Ignorar esa transformación generadora de felicidad, de la que ahora disfrutan tantas personas en todos lados, es estar fuera de tono.

Hace tiempo, al terminar una conferencia en cierta ciudad, se me acercó un hombre robusto y de buena apariencia. Me palmeó tan fuerte el hombro que casi me tira al suelo.

—Doctor —dijo con voz retumbante—, ¿nos haría el favor de sumarse a nosotros? Haremos una gran fiesta en casa de los Smith y nos alegraría mucho que usted estuviera presente. Será un festejo extraordinario que no se debería perder.

Fue así como formuló su enjundiosa invitación.

Pero resultaba obvio que ése no era un evento apropiado para un predicador y titubeé. Para no cortarles las alas a todos, comencé a poner pretextos.

—¡Ni pensarlo! —dijo mi amigo—. Será una fiesta más que indicada para usted, y le sorprenderá. Venga con nosotros. Le complacerá como no tiene usted una idea.

De modo que cedí y marché en compañía de ese individuo optimista y chispeante, sin duda una de las personalidades más contagiosas con que me había topado en mucho tiempo. Pronto llegamos a una gran casa oculta entre los árboles y con una amplia entrada hasta la puerta. El ruido que salía de las ventanas delataba que ahí se desarrollaba una gran fiesta y me pregunté en qué había ido a meterme. Tras emitir un grito estridente, mi anfitrión me arrastró a la sala, donde estreché incontables manos mientras él me presentaba a numerosas personas eufóricas, que componían un grupo alegre y jubiloso.

Miré a mi alrededor en busca de una barra, pero no encontré ninguna. Lo único que se servía era café, zumo, *ginger-ale*, sándwiches y helado, aunque en abundancia.

—Seguro estas personas han estado en alguna parte antes de llegar aquí —le comenté a mi amigo.

Esto le intrigó y me dijo:

—¿Han estado en alguna parte? ¡Usted no lo entiende! En efecto, tienen un espíritu muy alegre, pero no porque hayan bebido, como, para mi sorpresa, usted parece creer —dijo—. ¿No se da cuenta de qué es lo que tiene tan contento a este grupo? Ha sido renovado espiritualmente. Ha recibido algo. Ha sido librado de sí mismo. Ha descubierto a Dios como una realidad viviente, auténtica y vigorosa. Sí —agregó—, tiene un espíritu muy alegre, pero no ha salido de ninguna botella; habita en su corazón.

Entonces comprendí. Aquéllas no eran personas tristes e insufribles. Eran los líderes de esa ciudad —hombres de negocios, abogados, médicos, profesores, personas de sociedad y muchas otras de condición humilde— y se lo estaban pasando de maravilla en un festejo en el que hablaban de Dios del modo más natural que quepa imaginar. Conversaban entre sí de los cambios producidos en su existencia por la revitalización de su poder espiritual.

Quienes tienen la ingenua noción de que cuando se es religioso es imposible reír y estar alegre deberían haber estado en esa fiesta.

Salí de allí con un versículo bíblico dándome vueltas en la cabeza: «En él estaba la vida, y la vida era la luz de los hombres» (Juan 1:4). Ésa fue la luz que vi en los rostros de aquellas personas felices. Era una luz interior que se reflejaba en sus caras y que procedía de una efervescencia espiritual que ellas habían hecho suya. Vida significa vitalidad y era obvio que esa gente recibía su vitalidad de Dios. Habían descubierto el poder que da origen a la dicha.

Éste no es un incidente aislado. Me atrevo a afirmar que, si buscas bien, en tu comunidad encontrarás muchas personas iguales a las que acabo de describir. Y si no las encuentras ahí, en la Marble Collegiate Church de Nueva York las encontrarás a montones. Tú puedes beneficiarte de ese mismo espíritu si lees este libro y aplicas sus principios.

Cree en lo que dice esta obra, porque es verdad; si más tarde trabajas en las sugerencias prácticas que contiene, tendrás la experiencia espiritual de la que se deriva esa clase de alegría. Lo sé porque muchas personas a las que ya me he referido y a las que me referiré en capítulos posteriores obtuvieron de ese modo su nueva fuerza vital. Y una vez que cambies por dentro no crearás infelicidad, sino una felicidad de tal tipo y carácter que te preguntarás si vives aún en el mismo mundo. En efecto, el mundo no será el mismo, porque tú no lo eres, y lo que eres determina dónde vives; cuando cambias, tu mundo cambia también.

Si la felicidad está determinada por nuestros pensamientos es indispensable que ahuyentes los que contribuyen a la depresión y el desánimo. Esto se hace, primero, tomando la decisión de hacerlo; segundo, utilizando una técnica simple que le sugerí a un hombre de negocios. Lo conocí en una comida; rara vez he visto tanto pesimismo como el que emanaba de él. Su conversación habría sido deprimente en extremo si hubiera permitido que me afectara. Exudaba desaliento. Al oírlo hablar, se habría creído que todo estaba condenado al desastre. Ese hombre estaba exhausto, desde luego. Problemas acumulados agobiaban su mente, la que buscaba liberarse alejándose de un mundo que sobrepasaba su raquítica energía. Su principal problema era un patrón de pensamientos depresivos. Necesitaba una infusión de luz y de fe.

Así que le dije, no sin cierta dosis de atrevimiento:

—Si quiere sentirse mejor y dejar ese desánimo, puedo darle algo que le ayudará.

—¿Qué podría hacer usted? —resopló—. ¿Acaso hace milagros?

—No —contesté—, pero puedo ponerlo en contacto con alguien que sí los hace, que acabará con su infelicidad y le dará una nueva visión de la vida. Hablo en serio —concluí y nos separamos.

Todo indica que desperté su curiosidad, porque más tarde se puso en contacto conmigo y le regalé un librito mío titulado *Thought Conditioners,** con cuarenta pensamientos generadores de salud y felicidad. Puesto que se trata de un libro de bolsillo, le sugerí que lo llevara consigo para que lo consultara fácilmente durante cuarenta días, e introdujera en su mente uno de esos pensamientos. Asimismo, le sugerí que los aprendiera de memoria, con objeto de que se disolvieran en su conciencia y que visualizara cada uno en su mente como una influencia calmante y curativa. Le aseguré que si seguía este plan, esos pensamientos de salud lo librarían de las enfermizas ideas que consumían su dicha, energía y capacidad creativa.

Esta noción le pareció al principio muy extraña y tenía sus dudas, pero siguió mis instrucciones. Tres semanas después me llamó por teléfono y exclamó:

—¡Sí que da resultado! Es maravilloso. Me ha hecho reaccionar, algo que creía imposible.

Él todavía «reacciona» hasta hoy y es una persona muy feliz. Esto se debe a que aprendió a conducir el poder con el cual crear su propia felicidad. Luego comentó que el primer obstáculo mental al que debió hacer frente fue que no admitía que, pese a lo desalentador de su desdicha, se complacía en sus pensamientos de autocompasión y autocastigo. Sabía que esos pensamientos enfermizos eran la causa de sus

* *Thought Conditioners*, Sermon Publications, Inc. Oficina de distribución, Pawling, Nueva York.

tribulaciones, pero no podía hacer el esfuerzo requerido para cambiar más allá de desearlo. Cuando, como se le instruyó, empezó a insertar sistemáticamente sanos pensamientos espirituales en su mente, primero anheló una vida nueva, después entendió la emotiva verdad de que podía alcanzarla y finalmente comprobó, con más emotividad aún, que la obtenía. El resultado fue que, al cabo de tres semanas de un proceso de superación personal, sobre él «estalló» una dicha nueva.

Hoy existen en Estados Unidos numerosos grupos de personas que han descubierto el camino a la felicidad. Si en cada ciudad, pueblo y aldea hubiera al menos un grupo de esa índole, la vida de ese país cambiaría en poco tiempo. ¿A qué clase de grupo me refiero? Permítaseme explicarlo.

Tras impartir una charla en una ciudad del oeste, una noche volví tarde a mi hotel. Quería dormir un poco, porque a la mañana siguiente tendría que levantarme a las cinco y media para coger un avión. Mientras me preparaba para acostarme, sonó el teléfono y una señora me dijo:

—En mi casa hay cincuenta personas que lo esperan.

Le expliqué que no podía ir, debido a la temprana hora de mi inminente partida.

—¡Caramba! —exclamó—. Dos señores ya han salido a recogerlo. Hemos orado por usted y queremos que venga a orar con nosotros antes de que se marche.

Para mi fortuna, fui con ellos, pese a que dormí muy poco esa noche.

Llegaron a por mí un par de exalcohólicos que habían sido curados por el poder de la fe. Eran dos tipos de lo más alegres y simpáticos que quepa imaginar.

La casa a la que me condujeron estaba repleta. Había gente sentada en las escaleras, en las mesas, en el suelo, e incluso un sujeto estaba encaramado en el piano de cola. ¿Y qué hacían todos? Celebraban una reunión de oración. Me dijeron que en su ciudad había otros sesenta grupos de oración como ése.

Nunca había estado en una reunión así. Aquél era todo menos un grupo aburrido; era un conjunto liberado y feliz de personas sinceras que me conmovieron de un modo muy particular. El espíritu en esa sala era de una enorme fuerza edificante. De pronto, el grupo entonó una canción como no había oído jamás. La sala se llenó de un espíritu festivo maravilloso.

Una mujer se levantó y vi que tenía aparatos ortopédicos en las piernas. Habló:

—Me dijeron que no volvería a caminar. ¿Quieren verme hacerlo?

Y caminó a ambos lados de la sala.

—¿Quién lo hizo? —pregunté.

—Jesús —contestó simplemente.

Otra dama de buena apariencia dijo:

—¿Han visto alguna vez a una víctima de la drogadicción? Yo lo era y fui curada —ahí estaba ella, una joven recatada, guapa y encantadora, y también dijo—: Jesús lo hizo.

Los miembros de una pareja que se había separado me informaron que ya se habían reconciliado y eran más felices que antes.

—¿Cómo sucedió eso? —inquirí.

Y respondieron:

—Jesús lo hizo.

Un hombre dijo que había sido víctima del alcohol y arrastrado al barro a su familia, a la que obligó a vivir en abyecta pobreza mientras él era un fracaso absoluto. Ahora estaba frente a mí, con una personalidad fuerte y saludable. Iba a preguntarle cómo lo había conseguido, pero él asintió y dijo:

—Jesús lo hizo.

El grupo entonó entonces otra canción, tras de lo cual alguien bajó las luces y todos nos cogimos de la mano para formar un gran círculo. Sentí como si tocara un cable eléctrico. La sala rebosaba energía. Sin duda alguna, yo era ahí la persona menos desarrollada espiritualmente. En ese momento supe que Jesucristo estaba en aquella casa y que esas personas lo habían encontrado. Habían sido tocadas por su poder. Él les había dado nueva vida, la cual bullía en medio de una efervescencia incontenible.

Éste es el secreto de la felicidad. Todo lo demás es secundario. Si vives una experiencia así, alcanzarás una felicidad pura y verdadera, lo mejor que el mundo puede ofrecer. Hagas lo que hagas en la vida, no pases esto por alto; es lo más importante.

6. Deja de enfadarte e impacientarte

Muchas personas se complican innecesariamente la vida desperdiciando su capacidad y energía en disgustos e irritaciones.

¿Alguna vez te has enfadado e impacientado? He aquí una imagen de ti cuando lo haces. La palabra *fume* («enfadar») significa hervir, echar humo, despedir vapor, estar agitado o angustiado, bullir. La palabra *fret* («impacientarse») es igualmente descriptiva; remite a un niño enfermo que, durante la noche, lanza enfurruñado algo que fluctúa entre un grito y una queja, interrumpiéndose sólo para volver a empezar, con una cualidad irritante, fastidiosa y perforadora. Aunque se trata de un término que se aplica específicamente a los niños, describe la reacción emocional de muchos adultos.

La Biblia nos recomienda: «No te impacientes [...]» (Salmos 37:1). Éste es un buen consejo para nuestra época. Debemos dejar de enfadarnos e impacientarnos y, en cambio, apaciguarnos si queremos tener fuerza suficiente para vivir con eficacia. ¿Cómo podemos hacer esto?

Un primer paso es que reduzcas tu ritmo, o al menos el *tempo* de tu ritmo. No nos damos cuenta de la celeridad con que vivimos ahora, o de la rapidez con que nos conducimos. Muchas personas destruyen su cuerpo a causa de esa premura, pero, peor todavía, destrozan también su mente y su alma. Alguien puede vivir tranquilamente en lo físico pero mantener un alto *tempo* emocional. Desde este punto de vista, hasta un inválido podría vivir a un ritmo demasiado intenso. El carácter de nuestros pensamientos determina el paso que seguimos. Cuando la mente se precipita de una actitud febril a otra, se vuelve frenética y el efecto es un estado que borda en lo irascible. Debemos bajar el ritmo de la vida moderna si no queremos sufrir las graves consecuencias de su extenuante sobreestimulación y agitación. Esta estimulación desmedida produce venenos en el cuerpo y crea malestar emocional. Provoca fatiga y una sensación de frustración, de manera que todo nos enfada e irrita, desde nuestras dificultades personales hasta el estado de nuestra nación y del mundo. Si el efecto de ese desasosiego emocional es tan pronunciado en su manifestación física, ¿cuánto más no lo será en esa honda esencia interior de la personalidad conocida como alma?

Es imposible tener serenidad de espíritu a un rápido ritmo de vida. Dios no marcha a tal velocidad. No se empeñará en seguirte el paso. Es como si dijera: «Mantén ese ritmo absurdo si debes hacerlo y cuando te agotes te ofreceré un remedio. Pero puedo volver más próspera tu vida si aminoras el paso ahora, si vives y te mueves poniendo tu ser en mí». Dios procede de forma pausada e imperturbable, con una organización perfecta. El único ritmo al que es prudente vivir es el de Dios. Él hace las cosas, las hace bien y las hace sin prisa. No se enfada ni molesta. Es pacífico y, por tanto, eficiente. Esa misma paz se nos ofrece a nosotros: «La paz os dejo, mi paz os doy» (Juan 14:27).

En cierto sentido, la actual generación es digna de lástima, sobre todo en las grandes ciudades, por efecto de la tensión nerviosa, la intensa agitación y el ruido; pero ese mal se extiende también a los distritos rurales, porque la radio y la televisión transmiten tensiones.

Me causó mucha gracia que una anciana, al hablar de esta cuestión, dijera: «¡La vida es tan diaria!». Este comentario dice mucho sobre las presiones, responsabilidades y tensiones de la vida cotidiana. La insistente y persistente demanda que ésta impone sobre nosotros nos agobia.

Uno se pregunta si esta generación de estadounidenses no está ya tan habituada a la tensión que muchos están en el desafortunado estado de no sentirse a gusto sin ella. La profunda quietud de los bosques y los valles que tan bien conocieron nuestros antepasados es un estado que esas personas ya no acostumbran. El *tempo* de su vida es tal que en muchos casos no pueden acudir a las fuentes de paz y tranquilidad que el mundo físico ofrece.

Una tarde de verano mi esposa y yo fuimos a dar un largo paseo por el bosque. Estábamos alojados en la preciosa Lake Mohonk Mountain House, situada en uno de los parques naturales más bonitos de Estados Unidos, con treinta kilómetros cuadrados de laderas vírgenes en medio de las cuales se despliega un lago como una gema en el bosque. La palabra *mohonk* significa «lago en el cielo». Hace siglos, un gran levantamiento de la corteza terrestre lanzó al cielo estos riscos descomunales. Al salir del denso bosque se llega a un noble promontorio desde donde se dominan valles grandiosos que se extienden entre colinas, cruzados por rocas y tan antiguos como el sol. Estos bosques, montañas y valles constituyen lo que debería ser un retiro garantizado de todas las confusiones de este mundo.

Esa tarde hubo una combinación de chubascos de verano y horas soleadas. Nos empapamos, lo que nos disgustó un poco, porque la ropa se nos pegaba al cuerpo. Pero después nos dijimos que a nadie le va mal empaparse con agua limpia de lluvia, que la lluvia refresca la cara y que en cualquier momento te puedes sentar a secarte al sol. Caminamos bajo los árboles, hablamos y al final guardamos silencio.

Escuchábamos atentamente la quietud. En realidad, el bosque no está quieto nunca. En él está en marcha siempre una actividad intensa, pero la naturaleza no hace ruidos estridentes, por vasta que sea su operación. Los sonidos de la naturaleza son armoniosos y callados.

Esa preciosa tarde la naturaleza tendió su mano de quietud curativa sobre nosotros y sentimos cómo nuestra tensión se desvanecía.

Justo cuando caíamos bajo ese hechizo, llegó hasta nosotros el apagado rumor de lo que parecía música. Era una música nerviosa, agitada y muy movida. En ese momento, emergieron de la arboleda tres muchachos, dos mujeres y un hombre, el cual llevaba una radio.

Eran tres jóvenes de ciudad que habían ido a pasear al bosque y que, trágicamente, llevaban consigo su ruido. También eran jóvenes amables, porque hicieron alto y sostuvimos con ellos una grata conversación. Pensé pedirles que apagaran esa cosa y escucharan la música de la espesura, pero no creí que fuera mi deber instruirlos y, al cabo de un rato, ellos siguieron su camino.

Nosotros comentamos lo mucho que se perdían atravesando esa paz sin prestar oído a una música tan antigua como el mundo, una armoniosa melodía que ningún hombre ha igualado jamás: el susurro del viento entre los árboles, las dulces notas de las aves que cantan con el corazón; la experiencia total de la música de las esferas.

Hay quietud por gozar en los bosques y amplias llanuras de Estados Unidos, en sus valles, sus montañas majestuosas y ahí donde el mar se resuelve en espumas sobre las suaves playas. Es preciso aprovechar las propiedades curativas de todo esto. Recuerda las palabras de Jesús: «Venid vosotros aparte a un lugar desierto, y descansad un poco» (Marcos 6:31).

Mientras escribo estas palabras y te doy este buen consejo, pienso que más de una vez yo mismo he tenido que recordarme que debo practicar esa verdad, lo que enfatiza que todos debemos disciplinarnos de modo continuo en la quietud si queremos disfrutar de sus beneficios.

Un día de otoño, mi esposa y yo hicimos un viaje a Massachusetts para visitar a nuestro hijo John, en la Deerfield Academy. Le dijimos que llegaríamos a la once de la mañana y nos enorgullece la vieja costumbre estadounidense de la puntualidad. Por tanto, como íbamos un poco atrasados, recorríamos a gran velocidad ese paisaje otoñal. Mi esposa dijo de súbito:

—¿Has visto esa cuesta radiante, Norman?

—¿Qué cuesta? —pregunté a mi vez.

—La que acabamos de pasar del otro lado —explicó—. ¡Mira solamente qué árbol tan bonito!

—¿Qué árbol?

Ya lo había dejado un kilómetro atrás.

—Éste es uno de los días más espléndidos de mi vida —dijo ella—. ¿Quién habría imaginado en octubre colores tan asombrosos como los de estas laderas de Nueva Inglaterra? De hecho —añadió—, esto me hace muy feliz.

Este comentario me impresionó tanto que detuve el coche y retrocedimos cuatrocientos metros a pie, hasta un lago al fondo del cual se alzaban gigantescas colinas cubiertas por los colores del otoño. Nos sentamos, las contemplamos y meditamos. Con su genio y habilidad, Dios había pintado esa escena con las variadas tonalidades que sólo él puede mezclar. Sobre las tranquilas aguas de ese lago se extendía una visión reflejada de su gloria, porque la cuesta se reproducía en aquel espejo de una manera inolvidable.

Por un momento nos quedamos sin habla, hasta que mi esposa rompió el silencio con la única frase apropiada para la ocasión: «Junto a aguas de reposo me pastoreará» (Salmos 23:2). Llegamos a Deerfield a las once, pero no estábamos cansados. De hecho, nos sentíamos muy reconfortados.

Para reducir la tensión que parece dominarnos en todas partes, tú puedes empezar bajando tu propio ritmo. Para hacer eso deberás moderarte y aquietarte. No te enfades. No te impacientes. Practica la serenidad. Practica «la paz de Dios, que sobrepasa todo entendimiento» (Filipenses 4:7). Percibe después la callada sensación de energía que mana de ti.

Un amigo mío que se vio obligado a tomar un descanso a causa de la «presión» me escribió: «He aprendido muchas lecciones durante este retiro forzoso. Ahora sé mejor que nunca que en el silencio tomamos conciencia de la presencia divina. La vida puede complicarse. Pero "el agua turbia", dice Lao Tsé, "se aclara si se deja en reposo"».

Un médico dio un enigmático consejo a un paciente, un hombre de negocios enérgico e impulsivo que, presa de exaltación, le dijo que tenía mucho trabajo y debía hacerlo rápido.

—Cada noche llego a casa con el portafolio lleno de trabajo —dijo con una inflexión nerviosa.

—¿Por qué lleva trabajo a casa? —preguntó tranquilamente el médico.

—Porque tengo que hacerlo —respondió a disgusto el ejecutivo.

—¿Nadie más puede hacerlo o ayudarle? —continuó el médico.

—No —dijo con brusquedad el paciente—. Soy el único que puede hacerlo. Tiene que ejecutarse de inmediato; sólo yo puedo hacerlo como se debe y pronto. Todo depende de mí.

—Si le receto algo, ¿lo practicará? —inquirió el doctor.

Por increíble que parezca, la receta era ésta: el paciente debía tomarse dos horas todos los días hábiles para dar un largo paseo. Además, debía tomarse medio día a la semana y pasarlo en un cementerio.

Estupefacto, el ejecutivo preguntó:

—¿Por qué habría de pasar medio día en un cementerio?

—Porque —contestó el médico— quiero que lo recorra y mire las lápidas de quienes están ahí de forma permanente. Quiero que medite en el hecho de que muchos de los que están ahí pensaban igual que usted: que el mundo descansaba sobre sus hombros. Medite en el hecho solemne de que, cuando llegue ahí para siempre, el mundo seguirá su marcha y que, por importante que usted sea, otros podrán hacer el trabajo que hace ahora. Le sugiero que se siente en una de esas tumbas y repita esta frase: «Porque mil años delante de tus ojos son como el día de ayer, que pasó, y como una de las vigilias de la noche» (Salmos 90:4).

El paciente entendió la idea. Aflojó el paso. Aprendió a delegar autoridad. Adquirió una apropiada noción de su importancia. Dejó de impacientarse y enfadarse. Se apaciguó. Y, podría añadirse, ahora trabaja mejor que antes. Desarrolla una organización más competente y admite que su empresa está en mejores condiciones.

A un distinguido fabricante le aquejaba una aguda tensión; de hecho, estaba demasiado nervioso. Como explicó él mismo, cada mañana saltaba de la cama y se aceleraba de inmediato. Tal era su prisa que desayunaba huevos pasados por agua porque son fáciles de tragar. Este ritmo frenético lo dejaba hecho polvo para el mediodía. Caía exhausto cada noche.

Resulta que su casa se ubica en medio de una arboleda. Incapaz de dormir, una mañana se levantó muy temprano y se sentó junto a la ventana. Un pájaro que emergía de su sueño nocturno llamó su atención. Notó que las aves duermen con la cabeza bajo las alas y las plumas recogidas a su alrededor.

Cuando ésta despertó, sacó el pico de debajo de sus plumas, lanzó una soñolienta mirada en torno suyo y estiró todo lo que pudo una pata mientras tendía sobre ella un ala hasta que la abrió en abanico. Recogió esa pata y esa ala y repitió el proceso con la otra, tras de lo cual volvió a meter la cabeza bajo las plumas para dormir deleitosamente unos minutos más, hasta que sacó la cabeza de nuevo. Esta vez miró ansiosamente a su derredor, echó atrás la cabeza, sacudió con fuerza las alas y patas dos veces; entonces entonó una estremecedora y melodiosa canción de alabanza al día, una vez hecho lo cual bajó de un salto de la rama, bebió un poco de agua fría y se puso a buscar alimento.

Mi nervioso amigo se dijo: «Si es así como las aves se levantan, con relativa calma y lentitud, ¿por qué no habría de ser ése un buen método para que yo comience el día?». Y, en efecto, aplicó esa misma secuencia, incluso con el canto, pues descubrió que éste era un factor especialmente beneficioso, un mecanismo de liberación.

«No sé cantar», explicó entre risas, «pero me sentaba a hacerlo en una silla. Entonaba principalmente himnos y canciones alegres. ¡Imagíneme a mí cantando!, pero lo hacía. Mi esposa creyó que había perdido la cabeza. Mi única diferencia con el pájaro es que yo hacía también un poco de oración, aunque después, igual que él, sentía ganas de algo de alimento y deseaba desayunar bien, huevos con beicon, por ejemplo. Me tomaba el tiempo necesario para consumirlos y luego me iba a trabajar con un estado de ánimo relajado. Por supuesto que esto me ayudaba a comenzar el día con menos tensión y a pasarlo de forma serena y relajada».

Un exintegrante de un galardonado equipo universitario de remo me contó que su hábil entrenador solía recordarles: «Para ganar esta o cualquier otra carrera, remad despacio».

Señalaba que remar rápido suele causar que se pierda el paso y que cuando esto ocurre el equipo tiene que hacer un esfuerzo extraordinario para recuperar el ritmo y ganar. Entretanto, otros equipos lo rebasan. Éste es en realidad un consejo prudente: «Para avanzar rápido, rema despacio».

A fin de remar o trabajar lentamente y mantener el paso firme para ganar, una víctima del *tempo* acelerado hará bien en adoptar la coordinada paz de Dios en su mente y su alma, y podría decirse que en sus nervios y sus músculos también.

¿Alguna vez has considerado la importancia de tener la paz de Dios en tus músculos, en tus articulaciones? Quizás éstas no dolerán tanto cuando tengan en ellas la paz de Dios. Tus músculos trabajarán colaborando entre sí cuando la paz del Dios que los creó gobierne sus acciones. Habla todos los días con tus músculos, articulaciones y nervios y diles: «No os impacientéis» (Salmos 37:1). Relájate en una cama o sillón, piensa en cada uno de tus músculos más importantes, de la cabeza a los pies, y diles: «La paz de Dios te está tocando». Luego «siente» esa paz en todo el cuerpo. A su debido tiempo, tus músculos y articulaciones te prestarán atención.

Afloja el paso, porque lo que realmente deseas —sea lo que sea— estará ahí cuando llegues si lo persigues sin estrés ni presiones. Si, procediendo bajo la guía de Dios y a su *tempo* tranquilo y apacible, eso no está allí, es que no debía estarlo. Si te lo pierdes, quizás así debía ser. Por tanto, busca decididamente desarrollar un ritmo normal, natural, ordenado por Dios. Practica y preserva la quietud mental. Aprende el arte de desprenderte de toda exaltación nerviosa. Para lograrlo, haz un alto a intervalos y afirma: «Renuncio en este momento a mi exaltación nerviosa; ya se aleja de mí. Estoy en paz». No te enfades. No te impacientes. Practica la serenidad.

Para alcanzar este eficiente modo de vida, recomiendo la práctica de pensamientos tranquilizadores. Cada día ejecutamos una serie de actos diseñados para cuidar apropiadamente de nuestro cuerpo: nos duchamos, cepillamos nuestros dientes, hacemos ejercicio. De igual manera, deberíamos dedicar tiempo y esfuerzo a mantener nuestra mente en un estado saludable. Una forma de hacer esto es sentarse en silencio y hacer pasar por la mente una serie de pensamientos tranquilizadores. Por ejemplo, haz pasar por tu cabeza el recuerdo de una montaña imponente, un valle neblinoso, un río de truchas salpicado por el sol o la plateada luz de la luna sobre las aguas.

Al menos una vez cada veinticuatro horas y de preferencia en el momento más agitado del día, interrumpe deliberadamente lo que estés haciendo y practica la serenidad durante diez o quince minutos.

Hay ocasiones en que es esencial que frenemos decididamente nuestra precipitación y enfaticemos que la única manera de parar es parar.

Habiendo viajado a cierta urbe para cumplir el compromiso de una conferencia y una vez que fui recibido en la estación del tren por una comisión, se me trasladó, a toda prisa, a una librería, en la que hice la presentación de una obra y di autógrafos. Más tarde fui a otra presentación, donde hice lo mismo. Luego me llevaron corriendo a una comida. Tras consumirla apresuradamente, se me condujo, de prisa, a una reunión, terminada la cual llegué volando al hotel, donde me cambié de ropa para ser arrastrado a una recepción en la que me reuní con varios cientos de personas y bebí tres vasos de ponche. A continuación me devolvieron vertiginosamente al hotel, donde me indicaron que tenía veinte minutos para arreglarme para la cena. Mientras me vestía, sonó el teléfono y alguien me dijo:

—¡Apresúrese! Debemos llegar a tiempo a la cena.

Balbuceé agitado:

—¡Bajo en un segundo!

Salí a toda prisa de la habitación y estaba tan alterado que apenas pude meter la llave en la cerradura. Me toqué velozmente, para confirmar que me hubiera vestido por completo y corrí al ascensor. De pronto me detuve. Estaba sin aliento. Me pregunté: «¿A qué se debe todo esto? ¿Qué sentido tiene esta prisa incesante? ¡Es ridículo!».

Declaré entonces mi independencia y me dije: «No me importa ir a esa cena. No me importa dar una charla. No estoy obligado a ir a esa cena ni a pronunciar un discurso». Así que regresé lenta y pausadamente a mi cuarto, donde me di el tiempo necesario para abrir la puerta. Llamé por teléfono al sujeto que estaba abajo y le dije:

—Si usted quiere ir a cenar, adelante. Si desea reservarme un asiento, llegaré en un rato, pero ya no voy a correr.

Me desprendí de mi abrigo, me senté, me quité los zapatos, subí los pies a la mesa y así me quedé. Entonces abrí la Biblia y leí lentamente en voz alta el salmo 121: «Alzaré mis ojos a los montes; ¿de dónde vendrá mi socorro?». Tras cerrar el libro, sostuve una breve conversación conmigo mismo: «Ya es hora de que lleves una vida más lenta y relajada», a lo que agregué: «Dios está aquí y su paz me toca».

«No me hace falta cenar», razoné. «He comido demasiado de todas formas. Además, es probable que la cena no vaya a ser tan buena y si me tranquilizo ahora podré hablar mejor a las ocho».

De modo que permanecí ahí, donde descansé y oré quince minutos. Nunca olvidaré la sensación de paz y dominio personal que tuve cuando salí de ese cuarto. Experimenté la magnífica sensación de haber vencido algo, de haber tomado el control emocional de mí mismo, y cuando llegué al comedor, los demás ya habían terminado el primer plato. Lo único que me perdí fue la sopa, la cual, según el consenso general, no fue una gran pérdida.

Este incidente representó una experiencia asombrosa de la presencia curativa de Dios. Alcancé esos valores por el solo hecho de detenerme, leer tranquilamente la Biblia, orar con sinceridad y mantener durante unos momentos algunos pensamientos apaciguadores.

Muchos médicos creen que numerosas dificultades físicas podrían evitarse o superarse si se practicara la filosofía y metodología de no enfadarse ni impacientarse.

Un neoyorquino eminente me contó que su doctor le sugirió acudir a la clínica de nuestra iglesia «porque», dijo el médico, «usted debe desarrollar una tranquila filosofía de la vida. Sus recursos energéticos se han agotado».

—Mi doctor dice que ya he llegado al límite. Indica que estoy demasiado tenso y alterado, que me enfado y exalto en exceso. Y sostiene que la única cura eficaz es desarrollar lo que él llama una tranquila filosofía de la vida —concluyó.

Mi visitante se levantó, dio un par de vueltas y preguntó:

—¿Pero cómo diablos puedo hacer tal cosa? Decirlo es mucho más fácil que hacerlo.

Este agitado caballero añadió entonces que su doctor le había hecho ciertas sugerencias para desarrollar esa tranquila filosofía de la vida. Tal como las describió, eran muy sabias.

—Pero luego —explicó— me sugirió venir a verlos a ustedes en esta iglesia, porque cree que si aprendo a usar de forma práctica la fe religiosa, alcanzaré serenidad y mi presión arterial bajará, lo que me hará sentir mejor físicamente. Aunque sé que la prescripción de mi médico es razonable —se quejó—, ¿cómo puede un hombre de cincuenta años y de una naturaleza tan inquieta como la mía, cambiar de pronto los hábitos de siempre y desarrollar esa tranquila filosofía de la vida?

En efecto, eso parecía un problema porque él era un manojo de nervios. Daba vueltas sin cesar, golpeaba la mesa, hablaba con voz muy aguda. Daba la impresión de ser un hombre totalmente perturbado y confundido. Era obvio que pasaba por un mal momento, pero también revelaba el estado interno de su personalidad y, de acuerdo con esto, nos daba oportunidad de ayudarlo mediante el recurso de comprenderlo mejor.

Mientras escuchaba sus palabras y observaba su actitud, entendí de nuevo por qué Jesucristo sigue ejerciendo una notable influencia sobre los hombres. Se debe a que tiene la respuesta a problemas como éste, lo que comprobé cambiando de súbito la conversación. Sin previo aviso, me puse a recitar textos bíblicos como «Venid a mí todos los que estáis cansados y lleváis cargas pesadas, y yo os haré descansar» (Mateo 11:28); «La paz os dejo, mi paz os doy; yo no os la doy como el mundo la da. No se turbe vuestro corazón, ni tenga miedo» (Juan 14:27), y «Tú guardarás en completa paz a aquel cuyo pensamiento en ti persevera» (Isaías 26:3).

Recité estas palabras lenta, pausada y reflexivamente. Mientras lo hacía, noté que mi visitante se calmaba. La quietud se apoderó de él y después ambos guardamos silencio, durante lo que parecieron ser varios minutos. Quizá no fue tanto, pero al final él respiró hondo.

—¡Qué curioso! —dijo—. Me siento mucho mejor. ¿No es extraño? Supongo que se debe a esas palabras.

—No, no sólo a esas palabras —repliqué—, pese a que tienen un extraordinario efecto sobre la mente, pero ha ocurrido algo más profundo. Él lo ha tocado a usted hace un minuto, el Médico de las manos milagrosas. Él ha estado presente en esta sala.

Mi visitante no mostró sorpresa alguna ante esa afirmación, sino que la aceptó de muy buena gana, con una convicción que se reflejaba en su rostro.

—Cierto. Claro que ha estado. Lo he sentido. Veo a qué se refiere usted. Ahora comprendo; Jesucristo me ayudará a desarrollar una tranquila filosofía de la vida.

Este hombre descubrió lo que cada vez más descubren ahora: que una fe sencilla y la práctica de principios, junto con técnicas del cristianismo brindan paz y quietud, y en consecuencia un nuevo poder al cuerpo, la mente y el espíritu. Éste es el antídoto perfecto contra el enfado y la impaciencia. Ayuda a una persona a sosegarse y, por tanto, a utilizar nuevos recursos de fuerza.

Por supuesto que fue necesario enseñarle a ese individuo un nuevo patrón de pensamiento y acción. En parte, esto se logró sugiriéndole libros de expertos en cultura espiritual. Por ejemplo, lo preparamos para asistir a la iglesia y para hacer de esto una terapia. Se le instruyó en el uso científico de la oración y la relajación. Y gracias a esta práctica, al final se convirtió en un hombre sano. Quienquiera que desee seguir este programa y practique sinceramente estos principios todos los días puede, creo yo, desarrollar paz y poder interior. Muchas de esas técnicas se exponen a lo largo de este libro.

Para obtener control emocional, practicar a diario técnicas sanadoras es lo más importante. El control emocional no puede adquirirse de forma mágica ni fácilmente. No se puede desarrollar leyendo un libro, pese a que esto tienda a ser útil. El único método realmente eficaz es trabajar en ello de manera regular, persistente y científica, así como desarrollar una fe creativa.

Te sugiero que empieces con un procedimiento tan elemental como mantenerte quieto. No des vueltas. No te retuerzas las manos. No golpees, grites, discutas ni camines de un lado a otro. No te permitas caer en un estado de nerviosismo. Como producto de la exaltación, los movimientos físicos se acentúan. Por tanto, comienza por lo más simple: cesar el movimiento físico. Mantente quieto, siéntate, acuéstate. Y no alces la voz.

Para desarrollar un control pacífico es necesario pensar en cosas tranquilizadoras, porque el cuerpo responde notablemente al tipo de pensamientos que pasan por la mente. Pero también es cierto que la mente puede aquietarse si el cuerpo se aquieta primero. Esto quiere decir que una actitud física puede inducir las actitudes mentales deseadas.

En un discurso relaté el incidente siguiente, ocurrido en una reunión a la que asistí. Un caballero que me oyó narrar esta historia quedó muy impresionado por ella y se la tomó muy en serio. Probó la técnica sugerida, e informó que le ha sido muy útil para controlar su enfado e irritación.

Estaba en una junta que derivó en una discusión áspera. Los ánimos se exaltaron y algunos de los participantes se pusieron muy nerviosos. Se hicieron comentarios mordaces. De súbito, uno de los presentes se puso de pie, se quitó despacio el abrigo, se abrió el cuello y se echó sobre un sillón. Todos nos mostramos sorprendidos y alguien le preguntó si se encontraba mal.

—No —respondió—, me encuentro bien. Pero estoy empezando a enfadarme y he aprendido que es difícil que uno se enfade cuando está acostado.

Todos reímos y la tensión se disipó. Más tarde, nuestro estrambótico amigo nos explicó que había «probado un pequeño truco» consigo mismo. Era de muy mal genio y descubrió que cuando se encolerizaba apretaba los puños y alzaba la voz; así, adoptó la costumbre de extender poco a poco los dedos, para no permitir que se cerraran. En proporción con el aumento de su tensión o enfado, bajaba la voz y hablaba con el menor volumen posible.

—No se puede sostener una discusión con murmullos —dijo con una sonrisa.

Este principio puede ser eficaz para controlar exaltaciones emocionales, la impaciencia y la tensión, como han descubierto muchos mediante la experimentación. Así, un primer paso para adquirir tranquilidad es disciplinar tus reacciones físicas. Te sorprenderá lo rápido que esto puede reducir la vehemencia de tus emociones; una vez eliminada la intensidad emocional, el enfado y la impaciencia disminuyen. Ahorrarás una cantidad pasmosa de fuerza y energía. Te sentirás mucho menos cansado.

Otro procedimiento eficaz consiste en mostrarse impasible o apático, incluso indiferente. Hasta cierto punto, practica la parsimonia. Las personas de este talante tienen menos probabilidades de incurrir en arrebatos emocionales. Los individuos muy eficientes harían bien en cultivar estas reacciones, al menos en cierto grado.

Naturalmente, uno no quiere perder la agudeza y sensibilidad de un individuo altamente eficiente. Pero practicar una actitud flemática conduce de una personalidad nerviosa a una emocionalmente equilibrada.

A continuación se detalla una técnica de seis puntos que, como he descubierto en lo personal, resulta muy útil para reducir la tendencia a enfadarse e impacientarse. He sugerido su uso a incontables personas que la practican y consideran de gran valor.

1. Relájate en una silla. Aflójate por completo en ella. Comienza por los dedos de los pies y avanza hasta lo alto de la

cabeza imaginando que cada parte de tu cuerpo se relaja. Afirma esta relajación diciendo: «Mis dedos de los pies están relajados... mis dedos de las manos... mis músculos faciales».

2. Concibe tu mente como la superficie de un lago bajo una tormenta, sacudida por las olas y en revuelo. Pero más tarde el oleaje se calma y la superficie del lago aparece plácida e inmutable.

3. Dedica dos o tres minutos a pensar en las escenas más bonitas y tranquilizadoras que hayas contemplado hasta la fecha, como una montaña al atardecer, un valle sumergido en el silencio de las primeras horas de la mañana, un bosque al mediodía o un claro de luna sobre aguas onduladas. Vuelve a vivir en tu memoria lo que has experimentado en esos escenarios.

4. Repite lenta y silenciosamente, extrayendo la melodía de cada una, una serie de palabras que expresen paz y quietud, como *a*) tranquilidad (pronuncia muy despacio y con intención); *b*) serenidad; *c*) calma. Piensa en otras palabras de este tipo y repítelas.

5. Haz una lista mental de los momentos de tu vida en los que has sido consciente del amoroso cuidado de Dios y recuerda cómo, en los instantes en que estabas inquieto y angustiado, él se hizo cargo del asunto y se ocupó de ti. Recita después en voz alta estos versos de un himno clásico: «Tu fuerza me ha protegido por siempre y NUNCA dejará de guiarme».

6. Repite lo siguiente, con un poder increíble para relajar y aquietar la mente: «Tú guardarás en completa paz a aquel cuyo pensamiento en ti persevera» (Isaías 26:3). Repítelo en varias ocasiones durante el día, cada vez que dispongas de un momento. Hazlo en voz alta de ser posible, para que al final de tu jornada lo hayas dicho varias veces. Concibe estas palabras como sustancias vitales y activas que impregnan tu mente y esparcen un bálsamo curativo en cada área de tu

pensamiento. Éste es el mejor remedio de que se tenga noticia para liberar a la mente de tensiones.

Al aplicar las técnicas sugeridas en este capítulo, tu tendencia a impacientarte y enfadarte se reducirá de modo gradual. En proporción directa con tu progreso, la energía que hasta ahora te ha quitado este desafortunado hábito, en adelante te permitirá acrecentar tu aptitud para enfrentar las responsabilidades de la vida.

7. Espera lo mejor y consíguelo

—¿Por qué a mi muchacho no le va bien en ninguno de los empleos que obtiene? —preguntó un atribulado padre en relación con su hijo, de treinta años de edad.

Era difícil, en efecto, comprender el fracaso de ese joven, porque parecía tenerlo todo. De buena familia, sus oportunidades educativas y de negocios eran superiores a las del promedio. No obstante, tenía una trágica inclinación a fracasar. Todo lo que tocaba le salía mal. Hacía un gran esfuerzo, pero por algún motivo fallaba. De pronto encontró la solución, simple pero eficaz. Tras practicar ese nuevo secreto durante un tiempo, se libró de su tendencia a fracasar y se volvió apto para el éxito. Su personalidad se concentró y sus facultades cuajaron.

Tiempo después, en una comida no pude evitar admirar a ese hombre dinámico en la cima de su evolución.

—Me asombras —le comenté—. Hace unos años fracasabas en todo y ahora has convertido una idea original en un excelente negocio. Eres un líder de tu comunidad. Explícame ese notorio cambio en ti.

—En realidad es muy simple —respondió—. Aprendí la magia de creer. Descubrí que si se espera lo peor, se obtiene lo peor y que si se espera lo mejor, se obtiene lo mejor. Todo fue producto de practicar un versículo de la Biblia.

—¿Y cuál es ese versículo?

—«Si puedes creer, al que cree todo le es posible» (Marcos 9:23). Crecí en un hogar religioso —explicó— y oí ese versículo muchas veces, pero nunca tuvo efecto en mí. Un día escuché un sermón en nuestra iglesia en el que usted enfatizaba esas palabras. En un golpe de introspección, me di cuenta de que la clave que me faltaba era que mi mente no había sido educada para creer, para pensar positivamente, para tener fe en Dios o en mí. Seguí su sugerencia de ponerme en manos de Dios y practiqué las técnicas de fe que usted detalló. Me enseñé a pensar positivamente respecto a todo. Junto con eso, trato de vivir con rectitud —sonrió y añadió—: Dios y yo establecimos una alianza. Cuando hice mía esa costumbre, las cosas empezaron a cambiar casi de inmediato. Adopté el hábito de esperar lo mejor, no lo peor, y es así como mis asuntos han resultado últimamente. Supongo que es casi un milagro, ¿no? —dijo al concluir su fascinante historia.

Pero eso no fue un milagro en absoluto. Lo que sucedió fue que ese joven aprendió a usar una de las leyes más eficaces del mundo, reconocida por la psicología y la religión por igual: debes cambiar tus hábitos mentales para que seas capaz de creer en lugar de descreer. Debes aprender a confiar, no a dudar. De esta manera, trasladarás todo al reino de lo posible.

Esto no significa que creyendo vayas a conseguir forzosamente todo lo que necesitas o crees necesitar, porque quizás eso no sería bueno para ti; cuando depositas tu confianza en Dios, él guía tu mente para que no quieras cosas que no son buenas para ti o incompatibles con su voluntad. Significa, en cambio, que cuando aprendes a creer, lo que hasta ese momento ha sido aparentemente imposible transita al área de lo posible. Cada gran reto se convierte al fin en una posibilidad.

El famoso psicólogo William James decía: «Creer en el éxito al comienzo de una tarea incierta es el factor [entiéndase: *el factor*] que asegura el resultado satisfactorio de un proyecto». Aprender a creer es de capital importancia. Es el elemento básico para tener éxito en cualquier empresa. Cuando esperas lo mejor, liberas en tu mente una fuerza magnética que, por efecto de una ley de atracción, tiende a acercarte lo mejor. Pero si esperas lo peor, liberas en tu mente un poder de repulsión que tiende a alejar de ti lo mejor. Resulta increíble que esperar sostenidamente lo mejor ponga en marcha fuerzas que provocan su materialización.

Una interesante ilustración de esto fue descrita hace años por Hugh Fullerton, en otro tiempo un famoso reportero deportivo, mi preferido cuando yo era pequeño. Un artículo suyo que no he olvidado nunca concernía a Josh O'Reilly, entonces gerente del San Antonio Club, de la liga de Texas. O'Reilly contaba con una nómina de excelentes jugadores, siete de los cuales tenían un promedio de bateo de más de trescientos, de manera que todo el mundo pensaba que su equipo ganaría fácilmente el campeonato en curso. Sin embargo, el club tuvo una crisis y perdió diecisiete de sus primeros veinte partidos. Los jugadores sencillamente no acertaban a nada y cada uno de ellos empezó a acusar a los otros de representar una maldición para el equipo.

En un partido contra el Dallas Club, una mala escuadra ese año, sólo un jugador de San Antonio logró golpear la pelota y, curiosamente, fue el lanzador. El equipo de O'Reilly fue arrollado ese día. Después del partido, sus miembros se reunieron en los vestidores para compartir su desconsuelo. O'Reilly sabía que tenía un conjunto de estrellas y se dio cuenta de que su problema era que pensaban de forma negativa. No confiaban en que podrían batear. No esperaban ganar.

Esperaban ser vencidos. No pensaban en la victoria sino en la derrota. Su patrón mental no era de confianza sino de duda. Este negativo proceso mental los inhibía, paralizaba sus músculos, rompía su ritmo e impedía un libre flujo de energía en el equipo.

En ese entonces, un tal pastor Schlater cobró popularidad en el barrio. Aseguraba ser capaz de curar a quienes tuvieran fe y se dice que obtenía resultados asombrosos. Multitudes se apiñaban para oírlo y la mayoría confiaba en él. Quizás era el hecho de que la gente creyera en sus facultades lo que permitía a Schlater alcanzar resultados.

O'Reilly pidió a cada uno de sus jugadores que le prestaran sus dos mejores bates y les rogó que permanecieran en los vestidores hasta que regresara. Puso los bates en una carretilla y partió con ellos. Se ausentó una hora. Cuando retornó, radiante, informó a sus atletas que el pastor Schlater había bendecido los bates y los había vuelto invencibles. Esto pasmó y deleitó a los jugadores.

Al día siguiente batieron a Dallas, consiguiendo treinta y siete batazos y veinte carreras. Ganaron el campeonato a fuerza de palizas y Fullerton dijo más tarde que, durante años, beisbolistas del suroeste pagaron altas sumas por un «bate de Schlater».

Más allá del poder personal de este último, el hecho es que en la mente de esos beisbolistas sucedió algo portentoso. Su patrón de pensamientos cambió. Dejaron de pensar en términos de duda para hacerlo en otros de confianza. No esperaban lo peor, sino lo mejor. Esperaban batazos, carreras, victorias y los conseguían. Se volvieron capaces de obtener lo que querían. Sus bates seguían siendo los mismos de siempre, estoy seguro, no así la mente de quienes los usaban. Ahora ellos sabían que eran capaces de acumular batazos. Ahora sabían que eran capaces de hacer carreras. Sabían que podían ganar. Un nuevo patrón de pensamientos cambió la mente de esos hombres de tal modo que el poder creativo de la fe fue capaz de operar.

Quizás a ti no te haya ido muy bien hasta ahora en el juego de la vida. Tienes el bate pero no le das a la pelota. Fallas una y otra vez y tu promedio de bateo es lamentablemente bajo. Permíteme hacerte una sugerencia; te aseguro que te será útil. Baso mi certeza en el hecho de que miles de personas la han probado, con magníficos resultados. Las cosas serán muy diferentes para ti si pruebas de verdad este método.

Lee el Nuevo Testamento y advierte cuántas veces se refiere a la fe. Selecciona una docena de las mejores frases sobre este tema, las que más te gusten y memorízalas. Deja que esos conceptos entren en tu mente consciente. Dilos una y otra vez, sobre todo antes de acostarte. Mediante un proceso de ósmosis espiritual, pasarán de tu conciencia a tu subconsciente, así, con el tiempo, modificarán y reorientarán tu patrón básico de pensamientos. Este proceso te enseñará a creer y confiar, lo que, a su debido tiempo, hará posible que triunfes. Poseerás un nuevo poder para conseguir lo que Dios y tú decidáis, aquello que realmente quieres de la vida.

La fuerza más vigorosa de la naturaleza humana es la técnica de poder espiritual que la Biblia enseña. Muy sagazmente, en ella se enfatiza el método por el cual una persona puede hacer algo de sí misma. Fe, creencia, pensamiento positivo, fe en Dios, fe en los demás, fe en ti mismo, fe en la vida. Ésta es la esencia de la técnica que ella enseña. «Si puedes creer», dice, «al que cree todo le es posible» (Marcos 9:23). «Si tuviereis fe [...] nada os será imposible» (Mateo 17:20). «Hágase en vosotros según vuestra fe» (Mateo 9:29). Cree para afianzar en ti la verdad de que la fe mueve montañas.

Los escépticos que ignoran esta poderosa ley del efecto del pensamiento positivo dudarán quizá de mis afirmaciones sobre los magníficos resultados que se obtienen al emplear esta técnica.

Las cosas mejoran cuando esperas lo mejor en lugar de lo peor, debido a que, una vez libre de la desconfianza de ti, es posible que pongas en tu empeño todo tu ser y nada puede interponerse en el camino de quien concentra todo su ser en un problema. Cuando abordas una dificultad desde una postura de unidad personal, esa dificultad, que es en sí misma una muestra de desunión, tiende a desmoronarse.

Cuando aplicas toda la concentración de tu fuerza —física, emocional y espiritual—, la conjunción de esas facultades es irresistible si se emplea de la forma apropiada.

Esperar lo mejor significa poner todo tu corazón (es decir, la esencia de tu personalidad) en lo que deseas lograr. La gente fracasa en la vida no por falta de aptitud, sino de entusiasmo. No espera sinceramente el éxito. No pone su corazón en eso, lo cual quiere decir que no se entrega plenamente. Los resultados no se confían a quien se niega a entregarse para conseguirlos.

Una importante clave del éxito en esta vida para alcanzar lo que más deseas es que te liberes por completo y pongas en tu trabajo u otro proyecto todo lo que hay en ti. En otras palabras, hagas lo que hagas, pon en ello todo lo que tienes. Pon cada parte de ti. No te quedes con nada. La vida no puede negarse a quien lo da todo por ella. Pero, por desgracia, la mayoría no hace eso. De hecho, lo hacen muy pocas personas y ésta es una trágica causa de fracaso; o si no de fracaso, de que sólo alcancemos la mitad de lo que nos propusimos.

Un famoso entrenador canadiense, Ace Percival, afirma que la mayoría de las personas, sean atletas o no, son «escatimadoras», lo cual quiere decir que siempre guardan una reserva. No invierten en la contienda el cien por ciento de sí mismas. Por esa causa, nunca logran el máximo de lo que son capaces.

El famoso comentarista deportivo Red Barber me dijo una vez que había conocido a pocos atletas que se entregaban por completo.

No seas un escatimador. Dalo todo. Haz esto y la vida no te negará nada.

Un renombrado trapecista instruyó a sus estudiantes a desempeñarse en el trapecio. Tras haber dado todas las explicaciones e indicaciones sobre esa habilidad, les pidió que demostraran su aptitud.

Uno de ellos miró en lo alto la percha insegura sobre la que debía actuar y se atemorizó de repente, al grado de inmovilizarse. Tuvo una visión aterradora en la que caía al suelo. Sintió tanto miedo que no podía mover un solo músculo.

—¡No puedo hacerlo! ¡No puedo hacerlo! —jadeaba.

El instructor le rodeó los hombros con un brazo y le dijo:

—Sí puedes, muchacho y te diré cómo —dijo entonces una máxima de inestimable importancia, uno de los comentarios más sabios que haya escuchado jamás—: lanza tu corazón a la barra y tu cuerpo lo seguirá.

Copia esta frase. Escríbela en una tarjeta y guárdala en tu bolsillo. Ponla bajo el vidrio de tu escritorio. Fíjala en tu pared. Pégala en el espejo del baño. Mejor todavía, escríbela en tu mente, si de verdad quieres hacer algo en la vida. Está llena de poder. «Lanza tu corazón a la barra y tu cuerpo lo seguirá».

El corazón es el símbolo de la actividad creativa. Enciende tu corazón con el lugar donde quieres ir y lo que quieres ser. Fija esto tan profundamente en tu inconsciente que no aceptes un no por respuesta y toda tu personalidad seguirá a tu corazón donde éste la lleve. «Lanza tu corazón a la barra» significa lanzar tu fe sobre las dificultades, lanzar tus afirmaciones sobre cada barrera, lanzar tu visualización sobre tus obstáculos. En otras palabras, lanza tu esencia espiritual a la barra y tu ser material seguirá el surco de la victoria promovido por tu mente inspirada en la fe. Espera lo mejor, no lo peor, y cumplirás el deseo de tu corazón. Es lo que está en tu corazón, sea bueno o malo, fuerte o débil, lo que encuentras al final. El clásico estadounidense Ralph Waldo Emerson dijo: «Cuídate de lo que quieres, porque lo obtendrás».

Que esta filosofía posee valor práctico lo ilustra la experiencia de una joven con la que me entrevisté hace unos años. Ella solicitó una cita para que la recibiera en mi oficina a las dos de la tarde. Estuve tan ocupado ese día que me retrasé un poco, así que entré a la sala donde ella me esperaba a las dos y cinco. Era obvio que estaba molesta, porque tenía los labios firmemente cerrados.

—Son las dos y cinco; nuestra cita era a las dos de la tarde —dijo—. Admiro la puntualidad.

—Y yo también. Siempre soy puntual, pero espero que disculpe mi inevitable retraso —repliqué con una sonrisa.

Ella no estaba en actitud de sonreír, así que dijo con tono resuelto:

—Tengo un problema muy importante que plantearle; quiero una respuesta y la espero —y entonces soltó—: se lo diré sin rodeos: me quiero casar.

—Bueno —repuse—, ése es un deseo muy normal y no tendría motivo para no ayudarle.

—Pero quiero saber por qué no he podido casarme hasta ahora —continuó—. Cada vez que entablo una amistad con un hombre, lo siguiente que sé de él es que desaparece del panorama y veo desvanecerse otra oportunidad —y añadió con toda franqueza—: ya no soy joven. Usted dirige una clínica de problemas personales para estudiar a la gente, cuenta con cierta experiencia y ahora yo le expongo mi problema. Dígame, ¿por qué no me puedo casar?

La examiné para ver si era el tipo de persona con quien se puede hablar con sinceridad, porque sería preciso decir ciertas cosas si ella hablaba en serio. Entonces decidí que era del calibre suficiente para tomar la medicina requerida para remediar sus dificultades personales, así que le dije:

—Analicemos la situación. Es obvio que usted tiene una mente sana y una personalidad sólida, y que, si se me permite decirlo, es una dama muy guapa.

Todo esto era cierto. La halagué de todas las formas honestamente posibles, pero añadí:

—Creo saber cuál es su problema, y es éste: usted me ha llamado la atención por haber llegado a nuestra cita cinco minutos tarde. Ha sido muy severa conmigo. ¿Se le ha ocurrido alguna vez que esa actitud constituye un grave defecto? Creo que su esposo la pasaría muy mal si usted lo vigilara tanto. De hecho, lo dominaría tanto que, aun si se casaran, su vida marital sería insatisfactoria. El amor no puede vivir bajo la dominación.

»La forma en que usted aprieta los labios revela una actitud dominante. Pero le puedo asegurar que al hombre promedio no le gusta ser dominado, al menos hasta cierto punto —y agregué—: creo que usted sería muy atractiva si eliminara de su rostro esas líneas demasiado firmes. Debería poseer cierta suavidad, algo de ternura y esas líneas están demasiado marcadas para ser tenues —observé entonces su vestido, evidentemente muy caro, pero que no le quedaba muy bien, y se lo dije—: tal vez no me corresponda a mí señalarlo y espero que no le importe, pero usted podría hacer que la caída de ese vestido fuera un poco mejor».

Aunque mi descripción había sido torpe, ella no se lo tomó mal; soltó una carcajada y dijo:

—Ciertamente usted no utiliza lenguaje de moda, pero capto su idea.

—Quizá serviría que se arreglara un tanto el cabello. Está un poco... suelto. Y podría añadir un perfume de aroma agradable, sólo un poco. Pero lo que realmente importa es que adopte una nueva actitud que cambie las líneas de expresión de su rostro y le dé esa cualidad indefinible conocida como dicha espiritual. Estoy seguro de que eso liberará belleza y encanto en usted —le sugerí.

—Bueno —soltó ella—, jamás pensé recibir esta combinación de consejos en la oficina de un pastor.

—No —dije entre risas—, supongo que no, pero hoy en día nosotros tenemos que cubrir un problema humano en toda su extensión.

Le hablé entonces de un antiguo profesor mío de la Ohio Wesleyan University, «Rolly» Walker, quien decía: «Dios tiene un salón de belleza». Él explicaba que, al llegar a la universidad, algunas mujeres eran muy guapas, pero que cuando treinta años después visitaban el campus, su belleza había desaparecido. El romántico encanto de su juventud no perduraba. Por otro lado, a la universidad llegaban también mujeres poco agraciadas, pero que treinta años después eran bellas. «¿A qué se debía esa diferencia?», preguntaba. «A que estas últimas llevaban escrita en su rostro la belleza de una vida espiritual», y añadía: «Dios tiene un salón de belleza».

La joven pensó unos minutos en mis palabras y dijo:

—Hay mucha verdad en lo que usted dice. Voy a hacer la prueba.

La fuerza de su personalidad demostró en esto su eficacia, porque, en efecto, ella hizo la prueba.

Pasaron varios años y la olvidé. Más tarde en cierta ciudad, después de pronunciar un discurso, se me acercó una dama encantadora acompañada de un hombre de buena apariencia y un niño de unos diez años. Sonriente, la señora preguntó:

—¿Le parece que cae bien ahora?

—¿Que cae bien? —pregunté a mi vez, confundido.

—Mi vestido —dijo—. ¿Cree que ya tiene una buena caída?

Respondí perplejo:

—Sí, creo que la tiene, pero ¿por qué me lo pregunta?

—¿No me reconoce? —inquirió.

—Trato a muchas personas —dije—. Francamente, no; no creo haberla visto nunca.

Ella me recordó nuestra conversación de años antes, la cual acabo de referir.

—Le presento a mi esposo y a mi hijo. Lo que usted me dijo en aquellos días era absolutamente cierto —aseguró con sinceridad—. Cuando fui a verlo, era la persona más frustrada e infeliz que pueda imaginar, pero puse en práctica los principios que me sugirió y surtieron efecto.

Su esposo intervino:

—Nunca ha habido en el mundo persona más dulce que Mary —y debo decir que esta descripción era justa. Saltaba a la vista que ella había visitado «el salón de belleza de Dios».

Esa mujer no sólo experimentó una moderación y relajación de su espíritu, sino que también usó de manera apropiada una gran cualidad que poseía, su firmeza, para obtener lo que deseaba. Esto la condujo al punto de estar dispuesta a cambiar para cumplir sus sueños. Poseía la cualidad mental necesaria para ser exigente consigo misma, aplicar técnicas espirituales y desarrollar una fe simple pero profunda de lo que su corazón deseaba y que podía alcanzarse mediante los procedimientos creativos y positivos adecuados.

Así que la fórmula consiste en saber qué quieres, confirmar que sea lo correcto, cambiar para que llegue naturalmente a ti y tener fe siempre. Con la fuerza creativa de la fe tú estimulas el particular conjunto de circunstancias que cumplirá tu más preciado deseo.

Los estudiosos del pensamiento dinámico moderno advierten cada vez más el valor práctico de las ideas y enseñanzas de Jesús, en especial de verdades como el *dictum* «Hágase en vosotros según vuestra fe» (Mateo 9:29). Llegarás tan lejos, no más, como te lleve tu fe en ti mismo, tu fe en tu trabajo, tu fe en Dios. Si crees en tu trabajo; si crees en ti mismo y en las oportunidades que tu país te ofrece; si crees en Dios y trabajas, estudias y te esfuerzas demasiado; en otras palabras, si «lanzas tu corazón a la barra», podrás llevar tu vida, servicio y realización a donde quieras. Cada vez que tengas una barra —es decir una barrera— ante ti, detente, cierra los ojos, visualiza todo lo que está encima de ella y nada de lo que está abajo y lanza imaginariamente «tu corazón» hacia ella, sabiendo que recibirás el impulso que necesitas para saltarla. Cree en que experimentarás ese aumento de fuerza y recibirás un poder elevador que te sorprenderá. Si en lo hondo de tu mente visualizas lo mejor y empleas los poderes de la fe y la energía, conseguirás lo mejor.

Naturalmente, en este proceso de alcanzar lo mejor es importante que sepas a dónde quieres ir en la vida. Sólo podrás alcanzar tu meta, volver realidad tus mejores sueños y llegar a donde quieres ir si sabes cuál es tu objetivo. Tu expectativa debe tener un propósito claro. Muchas personas no llegan a ninguna parte simplemente porque no saben a dónde quieren ir. No tienen un fin preciso. Tú no podrás esperar lo mejor si no tienes en mente un objetivo.

Un joven de veintiséis años me consultó a causa de que estaba insatisfecho con su trabajo. Tenía la ambición de ocupar un lugar más alto en la vida y quería saber cómo mejorar sus circunstancias. Sus motivos parecían desinteresados y completamente meritorios.

—Bueno, ¿adónde quieres ir? —le pregunté.

—No sé exactamente —respondió vacilante—. Nunca lo he pensado bien. Sólo sé que quiero estar en un lugar distinto al que estoy ahora.

—¿Qué es lo que sabes hacer mejor? ¿Cuáles son tus puntos fuertes?

—No lo sé —contestó—. Tampoco he pensado en eso.

—Pero ¿qué te gustaría hacer si te dieran a escoger? ¿Qué quisieras hacer en realidad? —insistí.

—No sabría decirlo —dijo débilmente—. En realidad no sé qué me gustaría hacer. Nunca lo he pensado. Supongo que debería resolver esta cuestión.

—Bueno —le dije—, quieres estar en un lugar distinto pero no sabes cuál es. No sabes qué puedes o qué te gustaría hacer. Tendrás que organizar tus ideas si realmente quieres llegar a algún lado.

Éste es el error de muchas personas. No llegan a ninguna parte porque tienen una idea muy vaga de a hacia dónde quieren ir, qué quieren hacer. Sin objetivos no se llega a ningún fin.

Tras hacer un completo análisis y poner a prueba las capacidades de este muchacho, descubrimos algunas cualidades que él no sabía que poseía. Pero como era indispensable proporcionarle una dinámica que lo impulsara, le enseñamos las técnicas de la fe práctica. Él sigue hoy el camino del éxito.

Ya sabe a dónde quiere ir y cómo llegar. Sabe qué es lo mejor, espera alcanzarlo y lo hará; nada podrá detenerlo.

Pregunté al distinguido director de un periódico, una personalidad ejemplar:

—¿Cómo llegó usted a ser director de este diario tan importante?

—Quería serlo —respondió.

—¿Eso es todo? —proseguí—. Quiso serlo y lo es.

—Quizá no sea todo, pero fue una parte esencial del proceso —explicó—. Creo que si uno quiere llegar a algún lado, debe decidir con claridad dónde quiere estar o qué desea conseguir. Debe confirmar que su objetivo sea correcto y fotografiarlo después en su mente y conservarlo ahí. Si trabaja mucho y cree en eso, pensar en ello le dará tanta fuerza que el éxito estará asegurado. Uno tiende firmemente a ser lo que su mente imagina, siempre y cuando preserve esa imagen con fuerza suficiente y el objetivo sea razonable —sacó de su cartera una gastada tarjeta y agregó—: yo repito esta cita todos los días. Se ha vuelto mi pensamiento dominante.

La copié y te la brindo ahora: «Un hombre independiente, positivo, optimista y que hace su trabajo con la certeza de que tendrá éxito magnetiza su condición. Atrae los poderes creativos del universo».

Es un hecho que quien piensa con positividad, independencia y optimismo magnetiza su condición y libera poder para alcanzar su meta, de tal forma que espera lo mejor en todo momento. Nunca pienses lo peor. Saca eso de tu pensamiento, relégalo. Que no haya en tu mente idea alguna de que sucederá lo peor. Evita considerar el concepto de lo peor, porque todo lo que introduces en tu cabeza puede crecer ahí. Por tanto, introduce en ella lo mejor y sólo eso. Nútrelo, concéntrate en ello, enfatízalo, visualízalo, oracionalízalo, rodéalo de fe. Conviértelo en tu obsesión. Espera lo mejor y el poder espiritual de la mente creativa, auxiliado por el poder de Dios, producirá lo mejor.

Puede ser que mientras lees este libro llegues a la conclusión de que piensas lo peor y juzgues que ni siquiera todos los pensamientos del mundo afectarán a tu situación. La respuesta a esa objeción es que sencillamente eso no es cierto. Aun si piensas lo peor, lo mejor está en potencia en ti. Sólo tienes que buscarlo, liberarlo y elevarte con ello. Esto, sin duda, requiere valor y carácter, pero el principal requisito es la fe. Cultiva la fe y tendrás el valor y el carácter que necesitas.

Una mujer se vio obligada por la adversidad a aceptar un trabajo de ventas, un tipo de actividad para el que carecía de preparación. Se comprometió a vender aspiradoras de casa en casa, pero asumió una actitud negativa ante sí misma y su trabajo. No creía ser capaz de hacerlo. «Sabía» que fracasaría. Temía acercarse a una casa pese a que se dirigiera a ella para hacer una demostración previamente solicitada. Creía que no podría hacer la venta. No es de sorprender que fracasara en un alto porcentaje de sus entrevistas.

Un día visitó por casualidad a una señora más amable que el común de la gente, a quien confió su historia de fracaso e impotencia. Esta señora la escuchó con paciencia y le dijo sin más: «Si usted espera el fracaso, obtendrá el fracaso; si espera el éxito, estoy segura de que tendrá éxito». Y continuó: «Voy a darle una fórmula que creo que le ayudará. Le hará pensar de otra manera, le dará una nueva seguridad y le ayudará a cumplir sus metas. Repítala antes de cada visita. Si cree en ella, le maravillará lo que hará por usted. Es ésta: "Si Dios es por nosotros, ¿quién contra nosotros?" (Romanos 8:31), aunque personalícela para que diga: "Si Dios es por *mí*, ¿quién contra *mí*? Si Dios está conmigo, sé que con su ayuda podré vender aspiradoras". Él sabe que tanto usted como sus hijos necesitan seguridad y apoyo; si practica el método que acabo de sugerirle, recibirá la fuerza para obtener lo que quiere».

La mujer aprendió a utilizar esta fórmula. Se acercaba a cada casa confiando en que haría una venta, afirmando e imaginando de manera activa resultados positivos, no negativos. A medida que empleaba este principio, adquiría nuevo valor, nueva fe y una confianza más firme en su aptitud. Ahora ella declara: «Dios me ayuda a vender aspiradoras», ¿y quién podría negarlo?

El principio de que la mente tiende a recibir lo que espera es cierto y real. Quizá sea cierto debido a que lo que esperas es lo que realmente quieres. Si no quieres algo lo suficiente para crear una atmósfera de factores positivos mediante tu deseo dinámico, es probable que te rehúya. El secreto es hacer algo de todo corazón. Si persigues creativamente de todo corazón —es decir, con todo lo que constituye tu personalidad— tu más preciado deseo, tu búsqueda no será en vano.

Permíteme ofrecerte siete palabras como fórmula de una gran ley: *el poder de la fe hace maravillas*. Estas siete palabras están llenas de fuerza dinámica y creativa. Guárdalas en tu mente consciente. Deja que se sumerjan en tu inconsciente para que te ayuden a vencer cualquier dificultad. Consérvalas en tus pensamientos, dilas una y otra vez. Dilas hasta que tu mente las acepte, hasta que creas en ellas: *el poder de la fe hace maravillas*.

No tengo duda de la eficacia de este concepto, porque lo he visto funcionar tan a menudo que mi entusiasmo por el poder de la fe es ilimitado.

Tú puedes vencer cualquier obstáculo. Puedes alcanzar las cosas más grandiosas por el poder de la fe. ¿Y cómo desarrollas el poder de la fe? La respuesta es: impregna tu mente de las grandes palabras de la Biblia. Si dedicas una hora al día a leerla y aprendes de memoria sus principales pasajes, permitiéndoles reacondicionar tu personalidad, el cambio en ti y en tu experiencia será poco menos que milagroso.

Una sección en particular hará eso por ti. El capítulo once de Marcos bastará. Encontrarás el secreto en las siguientes palabras, una de las fórmulas más importantes que contiene ese libro: «Tened fe en Dios [eso es un hecho, ¿no?]. Porque de cierto os digo que cualquiera que dijere a *este* monte [en específico]: Quítate [es decir, apártate] y échate en el mar [o sea, fuera de la vista, porque todo lo que se arroja al mar desaparece para siempre; el *Titanic* yace en el fondo del océano, el cual está cubierto de barcos; lanza al mar lo que se opone a ti, es decir tu "montaña"], y no dudare en su corazón [¿por qué se usa en esta frase la palabra "corazón"? Porque significa que no debes tener dudas en tu subconsciente, en tu esencia interior; una duda así es menos superficial que en la mente consciente; esta última es un cuestionamiento normal y racional, y la que debe evitarse es una duda fundamental], sino creyere que será hecho lo que dice, lo que diga le será hecho» (Marcos 11:22-23).

Ésta no es una teoría que se me haya ocurrido a mí. Así lo enseña el libro más confiable conocido por el hombre. De generación en generación y por más que se avance en el camino del conocimiento y la ciencia, la Biblia es leída por más personas que cualquier otro libro. No sin razón, la humanidad confía en ella más que en cualquier otro documento que se haya escrito hasta ahora y la Biblia nos dice que el poder de la fe hace maravillas.

Sin embargo, el motivo de que a algunas personas no les sucedan grandes cosas es que no son específicas al aplicar el poder de la fe. Se nos dice: «Cualquiera que dijere a *este* monte». Es decir, no dirijas tus esfuerzos a la cadena montañosa entera de tus dificultades; ataca sólo una cosa que podría agobiarte. Sé específico. Enfrenta una por una.

Si quieres algo, ¿qué tienes que hacer para conseguirlo? En primer lugar, pregúntate: «¿Debo quererlo?». Pon honestamente a prueba esa pregunta en la oración para estar seguro de que debes quererlo y tenerlo. Si respondes afirmativamente a ella, no temas pedirle eso a Dios. Y si él, siendo más perspicaz, cree que no lo debes tener, no te preocupes: no te lo dará. Sin embargo, si se trata de una cosa buena, pídesela y cuando lo hagas, no dudes en tu corazón. Sé específico.

La validez de esta ley quedó grabada en mí gracias a algo que me dijo un amigo mío, un hombre de negocios del Medio Oeste, caballero robusto, extrovertido, sociable y amable, un gran cristiano de verdad. Este individuo imparte el curso de Biblia más importante de su estado. Además, en la ciudad donde vive, dirige una planta que emplea a cuarenta mil personas.

Su escritorio está lleno de materiales religiosos, entre ellos algunos de mis sermones y folletos. Su planta, una de las más grandes de Estados Unidos, se dedica a la fabricación de refrigeradores.

Él es uno de esos individuos toscos y sinceros que poseen la capacidad de tener fe. Cree que Dios está en su oficina con él.

Me dijo:

—Predica una gran fe; no una fe pequeña pasada por agua. No temas que no sea lo bastante científica. Yo soy científico —aseveró—. Uso la ciencia en mi empresa todos los días y empleo la Biblia a diario. La Biblia surtirá efecto. Todo en la Biblia surte efecto si crees en ello.

Cuando lo nombraron gerente general de esa planta, en la ciudad se rumoró esto: «Ahora que él es el gerente, tendremos que llevar nuestras Biblias al trabajo». Días después, mi amigo llamó a su oficina a algunos de los que habían hecho ese comentario. Acostumbrado a usar un lenguaje que ellos comprendían, les dijo:

—Ya me he enterado de que andáis diciendo en la ciudad que ahora que soy el gerente tendréis que traer vuestras Biblias al trabajo.

—No quisimos decir eso —murmuraron avergonzados.

Él añadió:

—Bueno, ¿sabéis?, ésa es una... excelente idea, pero no quiero que traigáis Biblias bajo el brazo. Traedlas en vuestro corazón y en vuestra mente. Si venís aquí con un espíritu de fe y buena voluntad en vuestro corazón y en vuestra mente, nos va a ir muy bien, creedme.

»Esa fe —dijo— tiene que ser específica, del tipo que mueve este monte particular».

De repente me preguntó:

—¿Alguna vez te ha dolido un dedo del pie?

Esto me cogió por sorpresa, así que antes de que pudiera responder él continuó:

—Una vez me dolía mucho un dedo del pie y fui a ver a los médicos de esta ciudad, excelentes doctores, quienes me dijeron que no tenía nada. Pero estaban equivocados, porque me dolía. Así, conseguí un libro de anatomía y leí acerca de los dedos de los pies. Éstos son en realidad una estructura simple, apenas unos cuantos músculos, ligamentos y una estructura ósea. Me dio la impresión de que cualquiera que supiera algo sobre los dedos de los pies podía curar el mío, pero no encontré a nadie que lo hiciera y no dejaba de dolerme. Así que un día me senté, le eché un vistazo y dije: «Señor, te devuelvo este dedo. Tú lo hiciste. Yo hago refrigeradores y sé todo lo que debe saberse sobre un refrigerador. Cuando vendemos uno, garantizamos el servicio al cliente. Si no funciona bien y los agentes de servicio no pueden repararlo, lo devuelven a la planta y nosotros lo reparamos, porque sabemos cómo hacerlo». Y agregué: «Señor, tú hiciste este dedo. Tú lo fabricaste y parece que tus agentes de servicio, los médicos, no saben cómo arreglarlo. Así que, si no te importa, me gustaría que lo repararas lo antes posible, porque me duele mucho».

—¿Y cómo está ese dedo ahora? —pregunté.

—Perfecto —contestó él.

Quizás ésta sea una historia simple, y me reí cuando mi amigo la contó, pero también estuve a punto de llorar, porque mientras ese hombre relataba este caso de una oración específica vi en su rostro una expresión maravillosa.

Sé específico. Pídele a Dios lo correcto; pero, como un niño, no dudes. La duda obstruye el flujo del poder; la fe lo permite. El poder de la fe es tan inmenso que no hay nada que Dios todopoderoso no pueda hacer por nosotros, con nosotros o a través de nosotros si le permitimos canalizar su poder mediante nuestra mente.

Así que haz rodar esas palabras por tu lengua. Dilas una y otra vez hasta que se graben en tu mente, hasta que lleguen a tu corazón, hasta que tomen posesión de tu esencia: «cualquiera que dijere a este monte: Quítate y échate en el mar, y no dudare en su corazón, sino creyere que será hecho lo que dice, lo que diga le será hecho» (Marcos 11:22-23).

Hace unos meses sugerí estos principios a un viejo amigo, un hombre que espera perpetuamente lo peor. En el momento de nuestra conversación, jamás lo había oído decir otra cosa sino que nada saldría bien. Asumía esta actitud negativa frente a todo proyecto o problema. Tras expresar una férrea incredulidad en los principios que se esbozan en este capítulo, ofreció hacer la prueba para demostrar que yo estaba equivocado en mis conclusiones. Él es un hombre sincero y probó religiosamente estos principios en relación con varios asuntos, al grado de llevar una tarjeta de resultados. Hizo esto durante seis meses. Al final de ese periodo me informó que el ochenta y cinco por ciento de los asuntos bajo estudio habían dado resultados satisfactorios.

—Aunque lo creía imposible —me dijo—, ahora estoy convencido, porque es un hecho evidente, de que si esperas lo mejor recibes un extraño tipo de poder para crear las condiciones que produzcan los resultados deseados. En adelante cambiaré mi actitud mental y esperaré lo mejor, no lo peor. Mi prueba indica que esto no es una mera teoría, sino una manera científica de enfrentar las situaciones de la vida.

Podría añadir que aun el alto porcentaje que él obtuvo podría aumentar en la práctica y, desde luego, la práctica en el arte de confiar es tan esencial como en el de tocar un instrumento musical o utilizar un palo de golf. Nadie ha dominado nunca ninguna habilidad sino a través de la práctica intensiva, persistente e inteligente. Asimismo, cabe señalar que mi amigo inició este experimento con un espíritu de duda, lo que tendió a afectar adversamente a sus primeros resultados.

Al encarar todos los días los problemas de la vida, te sugiero que afirmes lo siguiente: «Creo en que Dios me da poder para conseguir lo que quiero».

Jamás menciones lo peor. Nunca pienses en eso. Expúlsalo de tu conciencia. Al menos diez veces al día afirma: «Espero lo mejor, y con la ayuda de Dios lo lograré».

De esta forma, tus pensamientos se volverán hacia lo mejor y dispondrán su realización. Esta práctica concentrará todas tus capacidades en obtener lo mejor. Te atraerá lo mejor.

8. No creo en la derrota

Si tienes pensamientos derrotistas, te exhorto a que te deshagas de ellos, porque cuando piensas en la derrota tiendes a atraerla. Adopta la actitud de «No creo en la derrota».

Me gustaría relatarte en este capítulo el caso de algunas personas que han puesto en práctica esa filosofía con excelentes resultados, y explicarte las técnicas y fórmulas que han usado con tanto éxito. Si lees estos casos con atención, crees como esas personas, piensas positivamente y pones en marcha dichas técnicas, tú también podrás superar obstáculos que en el presente podrían parecerte irresolubles.

Espero que no seas como el «hombre obstáculo» del que me hablaron. Le llamaban hombre obstáculo porque, cualquiera que fuera la sugerencia que se le hiciera, al instante su mente se remitía a todos los obstáculos posibles en relación con ella. Sin embargo, en una ocasión encontró la horma de su zapato y aprendió una lección que le ayudaría a abandonar su actitud negativa. Tal cosa sucedió como sigue.

Los directores de la empresa en la que él trabajaba tenían bajo estudio un proyecto que implicaría gastos considerables, así como evidentes riesgos y posibilidades de éxito. En las conversaciones acerca de este proyecto, el hombre obstáculo invariablemente decía, siempre con aire de suficiencia (como hacen todos los de su clase, quizás una pantalla para ocultar sus dudas interiores):

—¡Un momento! Consideremos los obstáculos implicados.

Otro ejecutivo que solía hablar poco pero a quien sus colegas respetaban por sus logros y aptitudes, lo mismo que por cierta cualidad indomable que lo caracterizaba, preguntó entonces:

—¿Por qué enfatizas constantemente los obstáculos de esta propuesta y no sus posibilidades?

—Porque —contestó el hombre obstáculo—, para ser inteligente, uno debe ser siempre realista y es un hecho que hay ciertos obstáculos relacionados con este proyecto. ¿Qué actitud adoptarías tú frente a esos obstáculos, si se me permite la pregunta?

El otro ejecutivo respondió sin titubear:

—¿Que qué actitud adoptaría frente a ellos? Bueno, simplemente los superaría y después me olvidaría de ellos.

—Pero —dijo el hombre obstáculo— eso es fácil decirlo, mas no hacerlo. Dices que los superarías y los olvidarías después. ¿Puedo preguntarte si acaso dispones de alguna técnica para librar y olvidar obstáculos que el resto de nosotros desconozcamos?

Una sonrisa apareció lentamente en el rostro del ejecutivo cuando dijo:

—Mira, muchacho: me he pasado la vida librando obstáculos y hasta la fecha no sé de uno solo que no pueda superarse, siempre y cuando se tengan la fe y la agallas suficientes y se esté dispuesto a trabajar. Y ya que quieres saber cómo se consigue esto, te lo enseñaré —metió la mano en un bolso y sacó su cartera. Dentro había una tarjeta en la que estaban escritas unas palabras. Tendió la cartera al otro lado de la mesa y dijo—: lee esto. Ésa es mi fórmula y no me vengas con que no da resultado. Sé por experiencia que eso no es cierto.

El hombre obstáculo cogió la cartera y, con una mirada de extrañeza, leyó las palabras para sí.

—Léelas en voz alta —lo instó el dueño de la cartera.

Esto es lo que él leyó, con voz lenta y vacilante:

—«Todo lo puedo en Cristo que me fortalece» (Filipenses 4:13).

El dueño de la cartera la guardó de nuevo en su bolsillo y dijo:

—He vivido mucho y enfrentado numerosas dificultades, pero puedo decir que hay poder, verdadero poder, en esas palabras y que con ellas es posible vencer cualquier obstáculo.

Dijo esto con firmeza y todos supieron que hablaba en serio. Esa positividad, junto con las realidades de su experiencia, que todos conocían (porque él era un hombre ilustre que había vencido muchas adversidades), y el hecho de que no se sintiera para nada superior que nadie, volvió convincentes sus palabras para quienes estaban alrededor de la mesa. Comoquiera que sea, no hubo más comentarios negativos. El proyecto fue puesto en marcha y, pese a sus riesgos y dificultades, resultó todo un éxito.

La técnica que usaba ese ejecutivo se basa en la verdad básica de todo impedimento, la cual es: no le temas. Cree que Dios está contigo y que en combinación con él podrás hacerlo.

Así pues, lo primero que debe hacerse con un obstáculo es hacerle frente y no quejarse, sino atacarlo cara a cara. No te arrastres por la vida sintiéndote derrotado. Enfrenta los obstáculos que se te presenten y resuélvelos. Descubrirás que no son ni la mitad de lo difíciles que creías.

Un amigo residente en Inglaterra me envió un libro de Winston Churchill titulado *Maxims and Reflections*. Churchill habla en él acerca del general británico Tudor, quien comandó una división del quinto ejército británico que resistió el gran asalto alemán de marzo de 1918. Pese a que tenía todo en su contra, el general Tudor sabía cómo vencer un obstáculo aparentemente inmutable e invencible. Su método fue simple: le hizo frente, dejó que el obstáculo se viniera abajo y se abrió paso por él.

He aquí lo que dijo Churchill sobre el general Tudor. Es una frase formidable y llena de poder: «La impresión que me causó Tudor fue la de una inamovible estaca de acero clavada en el hielo».

El general Tudor sabía cómo encarar un obstáculo. Todo se reduce a hacerle frente y no ceder ante él; finalmente se desmoronará. Tú lo desmoronarás. Algo tiene que destruirse y no serás tú; será el obstáculo.

Esto lo puedes hacer cuando tienes fe en Dios y en ti mismo. La fe es la principal cualidad que necesitas. Con ella basta. De hecho, es más que suficiente.

Si utilizas la fórmula propuesta por ese ejecutivo, desarrollarás esa potente fe en Dios y en ti. Aprenderás a conocerte y a conocer tu aptitud, tu capacidad para hacer cosas. En la medida en que tu actitud pase de negativa a positiva, adquirirás el toque maestro. Entonces podrás decirte con seguridad y en cualquier circunstancia: «No creo en la derrota».

Considera el caso de Gonzales, quien ganó hace años el campeonato nacional de tenis en una batalla agotadora. Era prácticamente un desconocido y a causa del clima húmedo no pudo perfeccionar su juego antes del torneo. Al analizar a Gonzales, el comentarista deportivo de un periódico metropolitano dijo que sus técnicas tenían ciertos defectos y opinó que era probable que algunos campeones que lo precedieron fueran de mayor nivel, pese a lo cual le acreditó un excelente servicio y una hábil volea. No obstante, el factor que le valió el campeonato, señaló ese comentarista, fue su resistencia, y el hecho adicional de que «no se dejó vencer nunca por las desalentadoras vicisitudes de la partida».

Ésta es una de las líneas más sutiles que yo haya leído jamás en un artículo deportivo: «No se dejó vencer nunca por las desalentadoras vicisitudes de la partida».

Esto significa que cuando la partida parecía ir en contra de Gonzales, él no se dejaba invadir por el desaliento ni permitía que lo dominaran pensamientos negativos, lo que le habría hecho perder la fuerza que necesitaba para ganar. Esta cualidad mental y espiritual lo convirtió en campeón. Él fue capaz de enfrentar obstáculos, plantarse frente a ellos y vencerlos.

La fe aporta resistencia. Contiene una dinámica que nos mantiene en marcha cuando es difícil avanzar. Cualquiera puede mantenerse en marcha cuando las cosas van bien, pero se precisa de un ingrediente extra para seguir luchando cuando todo parece estar en nuestra contra. «No dejarse vencer nunca por las desalentadoras vicisitudes de la partida» es un magnífico secreto.

Tú podrías objetar: «Pero usted no conoce mis circunstancias. Mi situación es diferente a la de los demás y he caído tan bajo como un ser humano puede caer».

De ser así, eres afortunado; porque si has caído tan bajo como es posible caer, ya no puedes caer más. En ese punto, sólo puedes seguir una dirección y ésta es hacia arriba, de modo que tu circunstancia es alentadora. Sin embargo, te prevengo contra el juicio de que estás en una situación en la que nadie ha estado nunca. Esa situación no existe.

En términos prácticos, existen apenas unas cuantas historias humanas, las cuales han sido representadas ya. Éste es un hecho que no debes olvidar nunca: hay personas que han vencido todas las dificultades concebibles, incluso aquella en la que tú te encuentras ahora y que te parece totalmente irremediable. Lo mismo les pareció a otros, pero ellos encontraron una salida, una forma de superarla, un modo de vencerla o un camino para atravesarla.

Una de las ilustraciones más estimulantes de este hecho es el caso de Amos Parrish, quien dos veces al año reúne a cientos de altos ejecutivos de grandes almacenes y a expertos en moda en dos grandes cursos prácticos celebrados en el Grand Ballroom del Waldorf-Astoria Hotel de Nueva York. En esos cursos, el señor Parrish ofrece consejos a vendedores y sus colegas sobre tendencias de negocios, comercialización, métodos de ventas y otras cuestiones importantes para la conducción de sus empresas. Pero habiendo asistido a varias de esas sesiones, estoy convencido de que los principales valores que el señor Parrish transmite a sus clientes son la valentía y el pensamiento positivo, una profunda creencia en sí mismos y la seguridad de que pueden superar todas las dificultades.

Él mismo parece un ejemplo viviente de la filosofía que enseña. De pequeño era enfermizo y tartamudo, sensible y víctima del complejo de inferioridad. Se pensó que no sobreviviría, en virtud de su débil condición física, pero un día tuvo una experiencia espiritual. La fe nació en su mente y desde entonces supo que, con la ayuda de Dios y el empleo de sus facultades, podría triunfar.

Parrish desarrolló una idea excepcional de un servicio para hombres de negocios, que ellos estiman tanto que están dispuestos a pagar grandes sumas para asistir dos veces al año a una sesión de dos días, bajo la sabiduría de negocios e inspiración de Amos. Para mí, es una experiencia muy emotiva sentarme en medio de una gran multitud en el salón de baile de un hotel y escuchar a «A. P.», como se le llama afectuosamente, hablar del pensamiento positivo ante tan importantes hombres y mujeres de negocios.

A veces él tiene enormes dificultades con su tartamudez, pero jamás se desanima. Habla francamente de ella y con sentido del humor. Un día, por ejemplo, intentó pronunciar la palabra Cadillac. Trató de hacerlo varias veces sin lograrlo, hasta que por fin lo consiguió con un gran esfuerzo. Comentó entonces: «No puedo decir C-C-C-Cadillac y menos todavía comprar uno». El público estalló en carcajadas, pero noté que lo miraba con afecto. Todos salen de una reunión en la que él ha hablado con la convicción de que también ellos pueden convertir sus obstáculos en ventajas.

Reitero que no hay dificultad que no puedas vencer. Un sabio filósofo negro me dijo una vez cuando le pregunté cómo superaba sus dificultades: «¿Que cómo supero un problema? Bueno, primero intento rodearlo; si no puedo rodearlo, trato de pasar por debajo de él; si no puedo pasar por debajo de él, intento pasar por encima y si no puedo pasar por encima sencillamente lo atravieso». Y añadió: «Dios y yo lo atravesamos».

Toma en serio la fórmula del ejecutivo que ya se ha dado en este capítulo. Deja de leer un momento este libro y repítela para ti cinco veces; en cada ocasión concluye con esta afirmación: «Creo en eso». He aquí esa fórmula otra vez: «Todo lo puedo en Cristo que me fortalece» (Filipenses 4:13). Pronúnciala cinco veces al día y liberará en tu mente un poder indomable.

Tu subconsciente, que siempre protesta ante cualquier cambio, podría decirte: «Tú no crees en eso». Pero recuerda que, en cierto sentido, él es un mentiroso de lo peor. Coopera contigo en tus percepciones equivocadas sobre tus aptitudes y también te las devuelve. Tú has creado una actitud negativa en tu subconsciente y él te devuelve ese error. Así que plántate frente a él y dile: «Sí creo en eso. Insisto en creer en ello». Si hablas con él con tal positividad, a su debido tiempo se convencerá. Una razón de eso es que ya lo nutres de pensamientos positivos. En otras palabras, por fin le dices la verdad. Tras cierto periodo, él te devolverá la verdad a ti, la cual es que, con la ayuda de Jesucristo, no hay obstáculo que no puedas sortear.

Un método eficiente para dotar a tu subconsciente de un carácter positivo es eliminar, de tu pensamiento y tu habla, ciertas expresiones a las que podríamos denominar «pequeñas negativas». Estas llamadas «pequeñas negativas» plagan la conversación de la persona promedio y aunque cada una de ellas parece inofensiva, su efecto total es condicionar la mente de modo negativo. Cuando se me ocurrió esta idea de las «pequeñas negativas», me puse a analizar mis hábitos de conversación y lo que descubrí me impactó. Me di cuenta de que decía frases como «Me temo que llegaré tarde», «Me pregunto si se me ha averiado un neumático», «No creo ser capaz de hacer eso» o «Jamás terminaré este trabajo, de tan extenso que es». Si algo salía mal, tendía a decir: «Ya me lo esperaba». O si veía unas nubes en el cielo, comentaba con pesimismo: «Sabía que iba a llover».

Éstas son sin duda «pequeñas negativas» y un pensamiento grande es, desde luego, más fuerte que uno pequeño, aunque nunca hay que olvidar que «robles fuertes, de bellotas crecen»; así que si tu conversación se llena de «pequeñas negativas», éstas podrían terminar por invadir tu mente. Es increíble que acumulen fuerza tan pronto, de manera que, sin darte cuenta, podrían convertirse en «grandes negativas». Decidí trabajar en ellas y desterrarlas de mi conversación. Descubrí que la mejor forma de hacerlo era decir deliberadamente palabras positivas acerca de todo. Cuando no cesas de afirmar que las cosas van a salir bien, que puedes hacer el trabajo, que no se te dañará un neumático y que llegarás a tiempo, hablar de buenos resultados invoca la ley de los efectos positivos, y los buenos resultados se presentan. Las cosas salen bien.

En un anuncio panorámico vi este eslogan de una marca de aceite para motor: «Un motor limpio siempre genera potencia». De igual forma, una mente libre de negativas producirá «positivas»; es decir, una mente limpia aportará potencia. Por lo tanto, depura tus pensamientos y hazte con un motor mental limpio, pues no olvides que, al igual que un motor limpio, una mente limpia siempre genera potencia.

Así que vence tus obstáculos y vive la filosofía «No creo en la derrota» cultivando en tu conciencia un patrón de ideas positivas. Nuestra manera de actuar ante los impedimentos está directamente determinada por nuestra actitud mental. De hecho, en la mayoría de los casos nuestros obstáculos son de carácter mental.

«¡Ah!», podrías objetar; «los míos no son mentales, son reales».

Pero aun si eso es cierto, tu actitud hacia ellos es mental. Una actitud sólo puede ser producto de un proceso mental, y lo que piensas de tus obstáculos determina en gran medida cómo actuarás ante ellos. Si tu actitud mental es que no puedes superar un obstáculo, no lo superarás, porque no crees poder hacerlo. Pero podrías aferrarte a la idea de que ese obstáculo no es tan grande como pensabas. Si te adhieres a la idea de que no es invencible, por débil que sea este pensamiento positivo, en cuanto pienses así inaugurarás el proceso que permitirá sortear ese obstáculo. Si una dificultad te ha postrado desde hace mucho tiempo, quizá se deba a que durante semanas, meses o hasta años te has dicho que no puedes hacer nada al respecto. Has enfatizado tanto tu ineptitud que tu mente ha aceptado poco a poco la conclusión en la que has insistido y cuando ella se convence, tú también lo haces, porque eres lo que piensas.

Cuando, por el contrario, empleas el nuevo y creativo concepto de «Todo lo puedo en Cristo», desarrollas una nueva inclinación mental. Si enfatizas y vuelves a enfatizar esa actitud positiva, al final convencerás a tu conciencia de que puedes hacer algo respecto a tus dificultades. Cuando tu mente se convenza, empezarás a obtener grandiosos resultados. De repente descubrirás que tienes un poder que no habías reconocido.

En cierta ocasión jugué a golf con un individuo que era no sólo un excelente golfista, sino también un filósofo. Mientras recorríamos el campo, este deporte le inspiró ciertas gemas de sabiduría, una de las cuales le agradeceré siempre.

Lancé una pelota a la maleza. Cuando llegamos a por ella, dije, un tanto consternado:

—¡Vaya! En qué mala posición he quedado. Me será muy difícil salir de aquí.

Mi amigo sonrió y preguntó:

—¿No he leído acaso sobre el pensamiento positivo en algunos de sus libros? —acepté eso, avergonzado—. Yo no pensaría en términos negativos de su posición —continuó—. ¿Cree que conseguiría un buen golpe si la pelota estuviera en la calle, sobre el césped corto? —respondí que, en efecto, así lo creía—. Bueno —añadió—, ¿por qué cree que podría hacerlo mejor allí que aquí?

—Porque —contesté— el césped de la calle es corto y la pelota rueda mejor allí.

Él propuso entonces algo muy curioso:

—Pongámonos a gatas y examinemos la situación. Veamos cuál es precisamente la posición de esta pelota.

Una vez que nos pusimos a gatas, agregó:

—Observe que la altura relativa de la pelota es aquí casi la misma que tendría en la calle, con la única diferencia de que aquí la pelota está sumergida en la hierba entre 12.5 y 15 centímetros —tras decir esto, hizo algo más extraño aún—. Advierta la calidad y carácter de este césped —cogió una hoja y me la tendió—. Mastíquelo —lo hice y él preguntó—: ¿acaso no está tierno?

—¡Claro que sí! —contesté—. Sin duda que este césped está tierno.

—Bueno —prosiguió—, un golpe sencillo con su palo número cinco cortará el césped casi como un cuchillo.

A continuación me obsequió la frase que recordaré mientras viva, como espero que tú lo hagas también.

—La maleza es sólo mental. En otras palabras —añadió—, es maleza porque usted cree que lo es. Ha decidido en su mente que aquí hay un obstáculo que le causará problemas. Pero la capacidad para vencer ese obstáculo también está en su mente. Si se visualiza sacando esa pelota de la maleza, porque cree que puede hacerlo, su mente transferirá flexibilidad, ritmo y fuerza a sus músculos y usted utilizará ese palo de tal forma que la pelota se elevará en un fantástico lanzamiento. Lo único que tiene que hacer es fijar la vista en esa pelota y decirse que la elevará sobre la hierba con un golpe limpio. Líbrese de toda rigidez y tensión. Golpee con energía. No olvide que la maleza es sólo mental.

Recuerdo hasta la fecha la emoción, la sensación de poder y deleite que tuve por efecto del impecable disparo con que lancé la pelota hasta el borde del campo.

Ésta es una gran verdad para recordar en relación con los problemas difíciles: «La maleza es sólo mental».

Los obstáculos que enfrentas son reales. No son imaginarios, pero tampoco tan difíciles como parecen. Tu actitud mental es el factor más importante. Cree que Dios todopoderoso ha puesto en ti el poder para elevarte sobre la maleza manteniéndote atento a la fuente de tu poder. Afirma que con él puedes hacer cualquier cosa. Cree que este poder te libra de la tensión y fluye a través de ti. Si crees esto, conquistarás una sensación de victoria.

Lanza ahora otra mirada al obstáculo que te incomoda. Descubrirás que no es tan grande como pensabas. Di para ti: «La maleza es sólo mental. Si pienso en la victoria, la alcanzaré». Recuerda esta fórmula. Escríbela en una hoja, guárdala en tu cartera, pégala en el espejo donde te afeitas cada mañana, ponla encima del fregadero de la cocina o colócala en tu tocador o escritorio; sigue mirándola hasta que su verdad llegue a las profundidades de tu conciencia, hasta que impregne toda tu actitud mental, hasta que se vuelva una obsesión positiva: «Todo lo puedo en Cristo que me fortalece».

Lo que parece una proposición difícil es, como ya he señalado, fácil o difícil en proporción con lo que pensamos acerca de ella. Podría afirmarse que tres hombres han marcado vitalmente el proceso mental de los estadounidenses: Emerson, Thoreau y William James. Si analizaras la mentalidad estadounidense hasta la fecha, comprobarías que las enseñanzas de esos tres filósofos se combinaron para crear el genio particular del estadounidense que no se deja vencer por ningún obstáculo y que enfrenta los «imposibles» con una eficiencia asombrosa.

Una doctrina fundamental de Emerson es que la personalidad humana puede ser tocada por el poder divino y, en consecuencia, liberar grandeza. William James señaló que el factor más importante en toda tarea es creer que se tendrá éxito en su ejecución. Thoreau dijo que el secreto del éxito es preservar en la mente la imagen de un resultado exitoso.

Otro sabio estadounidense fue Thomas Jefferson, quien, como Franklin, fijó para orientarse una serie de reglas. Franklin tenía trece reglas diarias; Jefferson sólo diez. Una de ellas era ésta, que considero inapreciable: «Tómate todas las cosas por el lado amable». Es decir, enfrenta un trabajo o dificultad usando el método de menor resistencia. La resistencia causa fricción en mecánica, la cual debe vencerse o reducirse. La actitud negativa es un método de fricción. Por eso la negatividad desarrolla tanta resistencia. El método positivo es la técnica del «lado amable». Está en armonía con el flujo del universo. No sólo encuentra menor resistencia, sino que también estimula fuerzas de asistencia. Desde temprana edad hasta el fin de tu vida, la aplicación de esta filosofía te permitirá alcanzar resultados exitosos en áreas en las que de otra forma encontrarías el fracaso.

Una mujer nos envió a su hijo de quince años. Dijo que quería «enderezarlo». Le contrariaba mucho que él no obtuviera nunca en sus estudios una calificación superior a setenta.

—La inteligencia de este chico tiene un gran potencial —declaró con orgullo.

—¿Cómo lo sabe? —interrogué.

—Porque es mi hijo —contestó—, y yo me gradué en la universidad con honores.

El chico llegó muy apenado, así que le pregunté:

—¿Cuál es tu problema, muchacho?

—No lo sé, doctor. Mi madre me ha mandado a verlo.

—Bueno —comenté—, no pareces muy entusiasmado. Tu madre dice que nunca sacas más de setenta de calificación.

—Así es —dijo—, eso es todo lo que obtengo, pero —añadió— eso no es lo peor; a veces recibo calificaciones más bajas.

—¿Crees ser inteligente, muchacho? —indagué.

—Mi madre dice que lo soy, pero no sé; me siento bastante tonto. Señor Peale —dijo muy serio—, sí estudio, de verdad.

En casa leo todo una vez, luego cierro el libro y trato de recordarlo. Repito esto tres veces, pero después pienso que si tres veces no bastan para meterme el conocimiento en la cabeza, ¿cómo lo voy a lograr? Llego a la escuela pensando que he aprendido; pero cuando el profesor me hace una pregunta, me levanto y no recuerdo nada. Más tarde llegan los exámenes —dijo—; me congelo y sudo, y no puedo pensar en las respuestas. No sé por qué —continuó—. Sé que mi madre fue una magnífica estudiante. Supongo que yo no lo seré nunca.

Por supuesto, este negativo patrón de pensamientos, combinado con un sentimiento de inferioridad estimulado por la actitud de su madre, abrumaba a este joven. Su mente se paralizaba. Su madre no le había dicho nunca que el sentido de ir a la escuela y estudiar era experimentar la extraordinaria sensación de adquirir conocimientos. No era lo bastante sensata para alentarlo a competir consigo mismo, en vez de con los demás. E insistía sin cesar en que él debía igualar su éxito en los estudios. No es de sorprender que, bajo esta presión, él se inmovilizara mentalmente.

Le hice algunas sugerencias que resultaron útiles.

—Antes de leer tus lecciones, haz una pausa y reza así: «Señor, sé que soy inteligente y puedo cumplir con mi deber». Luego relájate y lee el libro, sin forzarte. Imagina que estás leyendo un cuento. No lo leas dos veces, a menos que quieras. Cree que lo entiendes a la primera lectura. Visualiza el material como si se humedeciera y germinara. A la mañana siguiente, al dirigirte a la escuela, di para ti: «Tengo una madre fabulosa. Ella es muy buena y dulce, pero seguro fue un ratón de biblioteca para haber obtenido tan buenas calificaciones. ¿Y quién quiere ser un ratón de biblioteca? Yo no tengo interés en graduarme con honores. Sólo quiero aprobar dignamente mis estudios».

»En clase, cuando el profesor te haga una pregunta, reza rápido antes de contestar. Cree en que el Señor ayudará a tu mente a rendir en ese momento. Cuando realices un examen, afirma en una oración que Dios libera tu mente y que recibirás las respuestas correctas».

El chico siguió estas ideas, ¿y qué calificación promedio crees que obtuvo en el siguiente semestre? ¡Noventa! Estoy seguro de que, habiendo descubierto la increíble funcionalidad de la filosofía «No creo en la derrota», este muchacho empleará el gran poder del pensamiento positivo en todos los aspectos de su vida.

Podría citar tantos ejemplos de cómo estos procedimientos han cambiado la vida de la gente, que este libro llegaría a un tamaño inmanejable. Además, estos casos y experiencias de la vida diaria no son teóricos, sino eminentemente prácticos. Mi correspondencia abunda en testimonios de personas que, habiendo oído o leído mis relatos de victoriosas experiencias de vida, se han sentido motivadas a narrar ocurrencias similares en su existencia.

Una de esas personas es un caballero que se refirió a su padre en los siguientes términos. (Conozco a otras personas que también han aplicado el plan expuesto en esta carta, con espléndidos resultados.)

«Mi padre era comercial. Durante un tiempo vendió muebles, después herramientas y a veces productos de piel. Cambiaba de línea cada año.

»Lo oía decirle a mi madre que ése sería su último viaje de papelería o lámparas, o lo que vendiera en ese momento. Que al año siguiente todo sería distinto y viviríamos con gran prosperidad. Le habían dado la oportunidad de trabajar para una empresa con un producto que se vendía por sí solo. Pero cada vez era lo mismo. Los productos que él vendía no tenían mucha demanda. Siempre estaba tenso, siempre tenía miedo, pero sin perder la esperanza.

»Un día, un compañero le dio una copia de una oración de tres frases. Le dijo que la recitara justo antes de visitar a un cliente. Papá hizo la prueba y los resultados fueron casi milagrosos. En la primera semana cerró ventas en ochenta y cinco por ciento de sus visitas y en cada semana posterior los efectos fueron estupendos. A veces ese porcentaje llegaba a noventa y cinco, y durante dieciséis semanas consecutivas papá logró ventas con todos los clientes que visitó.

»Compartió esa oración con otros vendedores, y en todos los casos ésta dio excelentes resultados.

»La oración que mi padre usaba es la siguiente:

Creo que Dios me guía siempre.
Creo que siempre elijo la dirección correcta.
Creo que Dios abre siempre un camino donde no lo hay».

El director de una pequeña empresa con muchas dificultades para establecerse me contó que una técnica inventada por él mismo le ayudó muchísimo. Él tendía a magnificar pequeños contratiempos hasta convertirlos en barreras aparentemente insuperables. Sabía que atacaba sus problemas con una actitud derrotista y tenía el suficiente sentido común para darse cuenta de que tales obstáculos no eran tan difíciles como se los figuraba. Mientras contaba esta historia, me pregunté si acaso no padecía la curiosa manía psicológica conocida como voluntad de fracaso.

Sin embargo, empleó un recurso que reacondicionó su actitud mental y que tiempo después tuvo un efecto notable en su negocio. Puso sobre su escritorio una gran cesta con una tarjeta que decía: «Con Dios, todas las cosas son posibles». Cada vez que se le presentaba un problema, el cual su antiguo mecanismo de defensa convertía en una gran dificultad, echaba en la cesta la hoja en que lo había anotado y lo dejaba reposar ahí uno o dos días. «Cuando sacaba el papel, el problema ya no me parecía nada difícil», explicó.

Dramatizaba con ese acto la actitud mental de poner el problema en manos de Dios. En consecuencia, recibía poder para resolverlo de forma normal y, por lo tanto, exitosa.

Al terminar este capítulo, di la siguiente línea en voz alta: «No creo en la derrota». Sigue afirmando eso hasta que esta idea domine tus actitudes subconscientes.

9. *Cómo abandonar el hábito de la preocupación*

No hay razón de que estés preocupado a cada momento. Reducida a su forma más simple, ¿qué es la preocupación? Un hábito mental insano y destructivo. No naciste con él; lo adquiriste. Y como puedes cambiar todos tus hábitos y actitudes adquiridas, puedes echar de tu mente la preocupación. Como la acción directa y decidida es esencial en este proceso de eliminación, sólo hay un momento adecuado para lanzar un ataque eficaz contra la angustia: ahora. Así que iniciemos de una vez la labor que te permitirá dejar tu hábito de preocuparte.

¿Por qué hemos de tomarnos tan en serio el problema de la preocupación? Por el motivo claramente enunciado por el doctor Smiley Blanton, eminente psiquiatra: «La ansiedad es la gran plaga moderna».

Un psicólogo famoso afirma que «el miedo es el enemigo más disgregador de la personalidad humana», mientras que un médico renombrado declara que «la preocupación es el más sutil y destructivo de los males humanos». Otro médico nos dice que miles de personas enferman a causa de la «ansiedad reprimida». Estos individuos han sido incapaces de expulsar sus ansiedades, las que se han vertido al interior de su personalidad, provocando múltiples formas de mala salud. En inglés, la cualidad destructiva de la preocupación procede del hecho de que la palabra que la designa (*worry*) proviene de un antiguo término anglosajón que significa «asfixia». Si alguien pusiera sus dedos alrededor de tu garganta y te la apretara, interrumpiendo así el flujo de la energía vital, haría una dramática demostración de lo que te haces a ti mismo cuando te preocupas de modo sostenido y habitual.

Se dice que la preocupación es un frecuente factor de artritis. Los médicos que han analizado las causas de esta enfermedad aseveran que al menos algunas de las siguientes circunstancias se cuentan, casi siempre, entre los factores de artritis: desastre financiero, frustración, tensión, aprensión, soledad, pesar, mala voluntad duradera y preocupación habitual.

Un equipo clínico estudió a ciento setenta y seis ejecutivos estadounidenses de cuarenta y cuatro años de edad, en promedio, y descubrió que la mitad de ellos tenía presión arterial alta, enfermedades del corazón o úlceras. En todos los casos, la preocupación fue un factor sobresaliente.

Al parecer, es improbable que la persona que se angustia demasiado viva tanto como la que aprende a vencer sus ansiedades. La revista *Rotarian* publicó en fecha reciente un artículo titulado «¿Cuánto tiempo puedes vivir?», cuyo autor sostiene que la cintura es la medida de la extensión de tu vida. Asimismo, revela que si quieres vivir mucho, debes observar las reglas siguientes: 1) mantener la calma, 2) ir a la iglesia y 3) eliminar la preocupación.

Por su parte, una encuesta señala que quienes son miembros de una iglesia viven más que quienes no lo son (así que más vale que te afilies a una si no quieres morir joven). De acuerdo con ese mismo artículo, los casados viven más que los solteros, lo cual quizá se deba a que una pareja de casados puede dividir la ansiedad; cuando eres soltero, tienes que asumirla solo.

Un científico experto en longevidad estudió a cuatrocientas cincuenta personas que vivieron hasta los cien años.

Descubrió que vivieron más y mejor por las siguientes razones: 1) se mantenían ocupadas, 2) aplicaban moderación en todas las cosas, 3) ingerían comidas simples y ligeras, 4) le encontraban mucha gracia a la vida, 5) se acostaban y levantaban temprano, 6) estaban libres de preocupaciones y temores, en especial del temor a la muerte, y 7) tenían una mente serena y fe en Dios.

¿No oyes a menudo decir a la gente: «Casi me enfermo de preocupación», y agregar entre risas: «Pero supongo que uno nunca se enferma de angustia»? Falso. La preocupación puede enfermar.

El doctor George W. Crile, famoso cirujano estadounidense, dijo: «Tememos no sólo en nuestra mente, sino también en nuestro corazón, cerebro y vísceras, así que sea cual sea la causa de nuestro temor, el efecto se percibe siempre en las células, tejidos y órganos del cuerpo».

El doctor Stanley Cobb, experto en neurología, alega que la preocupación está íntimamente ligada a los síntomas de la artritis reumatoide.

Un médico declaró en fecha reciente que en Estados Unidos existe una epidemia de miedo y ansiedad. «Todos los doctores», afirmó, «tienen casos directamente atribuibles al temor, agravados por la preocupación y la sensación de inseguridad».

Pero no te desanimes, porque tú puedes vencer tus preocupaciones. Hay un remedio que te brindará un alivio infalible y te ayudará a dejar el hábito de preocuparte. El primer paso es simplemente creer que puedes hacerlo. Todo lo que crees poder hacer, lo puedes hacer, con la ayuda de Dios.

He aquí entonces un procedimiento práctico que te ayudará a eliminar de tu experiencia la preocupación excesiva.

Vacía tu mente todos los días, de preferencia antes de acostarte, para evitar que tu conciencia retenga preocupaciones mientras duermes. Durante el sueño, los pensamientos tienden a sumergirse más profundamente en el subconsciente. Los cinco minutos previos al momento de acostarse son de extraordinaria importancia, porque en ese breve periodo la mente es más receptiva a la sugestión. Tiende a absorber las últimas ideas que se han alojado en la conciencia en estado de vigilia.

Este proceso de saneamiento mental es importante para vencer la preocupación porque, de no eliminarse, los pensamientos de temor pueden obstruir la mente e impedir el flujo del poder mental y espiritual. No obstante, esos pensamientos pueden ser eliminados y no se acumularán si esto se hace a diario. Para desecharlos, utiliza un proceso de imaginación creativa. Piensa que, en los hechos, vacías tu mente de toda ansiedad y temor. Imagina que todos tus pensamientos de angustia se van como el agua que escurre de una bañera cuando quitas el tapón. Repite la siguiente afirmación durante este proceso: «Con la ayuda de Dios, vacío ahora mi mente de toda ansiedad, todo temor, toda sensación de inseguridad». Repite cinco veces esto con lentitud y añade: «Creo que mi mente está vacía ya de toda ansiedad, todo temor y toda sensación de inseguridad». Repite esto cinco veces a la vez que conservas la imagen de que tu mente está siendo desprovista de esos conceptos. Después da gracias a Dios por librarte del miedo y acuéstate.

Al iniciar este proceso curativo, el método anterior debe emplearse a media mañana, media tarde y antes de acostarse. Con ese propósito, permanece cinco minutos en un lugar tranquilo. Sigue religiosamente este proceso y pronto notarás beneficiosos resultados.

Ese procedimiento puede reforzarse si imaginas que entras a tu mente y sacas una por una tus preocupaciones. Los niños son más imaginativos que los adultos. Un niño responde al juego de aliviar un dolor con un beso o de deshacerse de un temor sacándolo literalmente de sí. Este simple proceso le da resultado porque su mente cree que, en efecto, ése es el fin del problema. El acto dramático para él es un hecho y, por tanto, el final del asunto. Visualiza tus temores como si los echaras de tu mente y, a su debido tiempo, esta imagen se hará realidad.

La imaginación es una fuente de temor, pero también podría aliviarlo. La «imaginería» es el uso de imágenes mentales para producir resultados objetivos y constituye un procedimiento asombrosamente eficaz. La imaginación no se reduce al uso de la fantasía. La palabra *imaginación* deriva de la idea de las imágenes. Es decir, tú puedes formarte una imagen de temor, o de liberación del miedo. Esas «imágenes» (lo que imaginas) pueden volverse realidad si se las preserva en la mente con la fe suficiente.

En consecuencia, si guardas una imagen de ti libre de preocupaciones, el proceso de saneamiento a la larga eliminará de tu cabeza el temor anormal. Sin embargo, no basta con que vacíes tu mente, porque no durará así mucho tiempo. Debe ocuparse con algo; no puede permanecer en un estado hueco. Así, después de desalojar tu mente, llénala otra vez. Llénala de pensamientos de fe, esperanza, valor y expectación. Haz en voz alta afirmaciones como éstas: «Ahora Dios llena mi mente de valor, paz y serena seguridad. Dios me protege de todo daño. Dios protege a mis seres queridos de todo daño. Dios me guía ahora a las decisiones correctas. Dios verá por mí en esta situación».

Media docena de veces al día llena tu mente de pensamientos como ésos hasta que rebose de ellos. A su debido tiempo, estos pensamientos de fe expulsarán de ella la angustia. El temor es el pensamiento más poderoso con una excepción: la fe. La fe vence siempre al temor. La fe es el poder contra el que el temor no puede prevalecer. Día a día, mientras llenas tu mente de fe, no quedará más espacio para el miedo. Ésta es una gran verdad que nadie debe olvidar. Domina la fe y automáticamente dominarás el temor.

Así, el proceso es: vacía tu mente y cauterízala con la gracia de Dios; luego llénala de fe y dejarás el hábito de preocuparte.

Llena tu mente de fe y, a su debido tiempo, la fe acumulada echará fuera al temor. Sin embargo, esta sugerencia no servirá de nada si no la practicas. Y el momento para empezar a practicarla es ahora, mientras piensas en esto y estás convencido de que el procedimiento número uno para dejar el hábito de preocuparte es vaciar tu mente de temor todos los días y llenarla de fe. Así de simple. Aprende a ser un practicante de la fe hasta que te vuelvas un experto. Entonces el temor no podrá vivir en ti.

Es imposible exagerar la importancia de que liberes a tu mente del miedo. Si temes algo durante un largo periodo, contribuirás a que suceda. La Biblia contiene una línea que es una de las sentencias más terribles jamás enunciadas, terrible en su verdad: «Porque el temor que me espantaba me ha venido» (Job 3:25). Claro que lo hará, porque si temes algo de forma continua, crearás en tu mente las condiciones propicias para que ocurra. Alentarás una atmósfera que podría echar raíces y crecer. Atraerás aquello que temes.

Pero no te alarmes. La Biblia también reitera en muchas ocasiones otra gran verdad: «Y me ha acontecido aquello en lo que más creía». No lo dice con tantas palabras, pero una y otra vez nos dice que si tenemos fe «nada es imposible» para nosotros y que «según tu fe, así se haga». Por consiguiente, si pasas del temor a la fe dejarás de crear el objeto de tu temor y, en cambio, harás realidad el objeto de tu fe. Rodea tu mente de pensamientos sanos, pensamientos de fe y no de temor, entonces producirás resultados de fe en vez de resultados de temor.

Contra el hábito de la preocupación es preciso hacer uso de la estrategia. Un ataque frontal contra la masa principal de la inquietud, con la expectativa de vencerla, podría resultar difícil. Un plan más hábil sería vencer una por una las fortificaciones exteriores y acercarse gradualmente a la posición central.

Para decirlo de otro modo, podría ser bueno que cortaras las pequeñas ramas más distantes de tu temor y después trabajaras para destruir el tronco de tu angustia.

En mi granja, para mi gran tristeza, fue preciso tirar un árbol grande. Talar un árbol viejo y grandioso genera un gran pesar. Los leñadores llegaron con una sierra eléctrica y supuse que empezarían cortando el tronco cerca del suelo. En cambio, instalaron escaleras y cortaron primero las ramas más pequeñas, luego las grandes y al final la copa del árbol, hasta dejar únicamente el enorme tronco. En unos momentos, mi árbol quedó muy corto, como si no hubiera tardado cincuenta años en crecer.

«Si lo hubiéramos cortado al ras antes de podar sus ramas, al caer habría dañado los árboles cercanos. Es más fácil manipular un árbol cuanto más se lo pueda reducir», explicó el leñador.

El vasto árbol de la preocupación que durante largos años ha crecido en tu personalidad puede trabajarse mejor si lo reduces lo máximo posible. De este modo, es aconsejable que recortes tus pequeñas preocupaciones y expresiones de ansiedad. Por ejemplo, reduce en tu conversación el número de palabras relacionadas con la ansiedad. Las palabras pueden ser producto de la preocupación, pero también crearla. Cuando en tu mente surja un pensamiento de preocupación, elimínalo de inmediato con un pensamiento y expresión de fe. Por ejemplo, si piensas: «Temo perder el tren», toma precauciones oportunas para llegar a tiempo. Cuanto menos te preocupes, más probable es que realices oportunamente esa previsión, porque la mente despejada es sistemática y capaz de regular el tiempo.

A medida que cortes esas pequeñas preocupaciones, poco a poco reducirás el tronco de la desazón. Tu acrecentado poder te permitirá eliminar la desazón básica, es decir, el hábito de preocuparte.

Mi amigo el doctor Daniel A. Poling hace una sugerencia valiosa. Dice que cada mañana, antes de levantarse, repite tres veces esta palabra: «Creo». De este modo, al empezar el día condiciona su mente a la fe y esto permanece. Su mente acepta la convicción de que por la fe él resolverá los problemas y dificultades que se le presenten durante la jornada. Él comienza cada día con pensamientos positivos en su mente. «Cree» y es muy difícil contener a un hombre que cree.

Mencioné la técnica de «Creo» del doctor Poling en un programa radiofónico y recibí una carta de una señora que me contó que nunca había tenido mucha fe en su religión, la cual resultó ser la judía. Me dijo que su hogar estaba lleno de discusiones, peleas, angustias e infelicidad. Relató que su esposo bebía demasiado y se pasaba sentado todo el día, sin hacer nada. Se quejaba de que no encontraba trabajo. Su suegra vivía con ella y me escribió, «se queja de sus achaques todo el rato».

Me dijo que el método del doctor Poling le impresionó tanto que decidió probarlo. Así, al despertar a la mañana siguiente afirmó: «Creo, creo, creo». Refería emocionada en su carta: «Sólo han pasado diez días desde que puse en marcha este plan y anoche mi esposo llegó a casa diciéndome que había conseguido un empleo en el que ganará ochenta dólares a la semana y que dejará de beber. Creo que habla en serio. Mejor todavía, mi suegra prácticamente ha dejado de quejarse de sus achaques. Es casi como si en esta casa hubiera ocurrido un milagro. Da la impresión de que mis preocupaciones están a punto de desaparecer».

En efecto, esto tiene una apariencia casi mágica, pero ese milagro les sucede cada día a las personas que pasan de pensamientos negativos de temor a pensamientos y actitudes positivos de fe.

Mi buen amigo el ya difunto pintor Howard Chandler Christy tenía muchas y muy buenas técnicas contra la preocupación. Difícilmente he conocido a alguien tan lleno de alegría y gusto por la vida como él. Poseía una cualidad indomable y su felicidad era contagiosa.

En mi iglesia se acostumbra a pintar el retrato del pastor en algún momento de su acto. El retrato se cuelga en la casa del pastor hasta su muerte, cuando es devuelto a la iglesia y colocado en una galería con las imágenes de sus predecesores. El consejo de ancianos y diáconos suele mandar a pintar ese cuadro cuando, a su juicio, el pastor manda a su mejor aspecto (mi retrato se pintó hace varios años).

Mientras posaba para el señor Christy, le pregunté:

—¿Nada te preocupa nunca, Howard?

Él rio.

—Jamás. No creo en eso.

—¡Vaya! —exclamé—, ésa es una razón muy sencilla para no inquietarse. De hecho, parece demasiado simple: no se cree en eso y, por lo tanto, no se hace. ¿Nunca te has preocupado por nada? —reiteré.

Él contestó:

—Bueno, sí, una vez lo intenté. Me di cuenta de que todos parecían preocupados y pensé que tal vez me estaba perdiendo de algo, así que un día decidí hacer la prueba. Reservé un día en particular y dije: «Ése será mi día para preocuparme». Resolví que investigaría ese asunto de la preocupación y sólo me angustiaría para ver qué se sentía.

»La noche anterior me acosté temprano para dormir bien y estar descansado para hacer un buen trabajo de preocupación al día siguiente. Por la mañana me levanté, desayuné fuerte (porque uno no se puede angustiar como se debe con el estómago vacío) y empecé a preocuparme. Bueno, hice un gran esfuerzo para conseguirlo hasta el mediodía, pero no lo logré. No tenía sentido para mí, así que lo dejé».

Soltó una de sus carcajadas contagiosas.

—Pero —dije yo— has de tener otro método para vencer la preocupación.

En efecto, lo tenía y quizá sea el mejor de todos.

—Cada mañana dedico quince minutos a llenar mi mente de Dios —explicó—. Cuando tu mente está llena de Él, no queda espacio para la preocupación. Cada día lleno mi mente de Dios y paso de maravilla el día entero.

Howard Christy era un gran artista con el pincel, pero era un artista igualmente grande con la vida, porque podía coger una gran verdad y reducirla a su esencia: la de que de la mente sólo sale lo que antes has metido en ella. Si la llenas de pensamientos de Dios, no de temor, no pensarás en otra cosa que en el valor y la fe.

La preocupación es un proceso destructivo mediante el cual la mente se llena de pensamientos contrarios al amor de Dios. Básicamente, a eso se reduce la preocupación. La cura consiste en llenar la mente de pensamientos del poder de

Dios, su protección y su bondad. Así pues, dedica quince minutos diarios a llenar tu mente de Dios. Haz que rebose de la filosofía de «Creo» y no te quedará espacio para alojar pensamientos de inquietud y falta de fe.

Muchas personas no vencen dificultades como la preocupación porque, a diferencia de Howard Christy, permiten que les parezcan complicadas y no las atacan con una técnica simple. Pero por increíble que parezca, nuestros problemas personales más difíciles suelen ceder a una metodología que no es nada complicada. Esto se debe a que no basta con saber qué hacer con las dificultades; también debemos saber cómo hacerlo.

El secreto es idear un método de ataque y no dejar de trabajar en él. Para nuestra mente es útil hacer algo que dramatice la gestación de un contraataque efectivo. De esta forma aplicamos al problema fuerzas espirituales de modo comprensible y utilizable.

Uno de los mejores ejemplos de esta estrategia contra la preocupación es un plan que desarrolló un hombre de negocios. Él era una persona que se angustiaba mucho. De hecho, se ponía nervioso y se enfermaba con gran facilidad. Su forma particular de preocuparse era que siempre dudaba de que hubiera dicho o hecho lo correcto. Rumiaba siempre las decisiones que ya había tomado y no le satisfacían. Era un experto en autopsias, se trataba de un hombre muy inteligente, graduado con honores de dos universidades. Le sugerí que inventara un método simple que le permitiera dejar atrás cada día, cuando éste hubiese terminado, olvidarlo y avanzar al futuro. Le expliqué la cautivadora eficacia de la simple dramatización de una verdad espiritual.

Siempre es cierto que las mejores inteligencias son muy aptas para la sencillez, es decir, que tienen la capacidad para idear planes simples con los cuales poner en operación verdades profundas y este hombre hizo justo eso en relación con sus preocupaciones. Noté que mejoraba y se lo comenté.

—¡Ah, sí! —dijo—, por fin descubrí el secreto y me ha funcionado muy bien.

Agregó que si alguna vez pasaba a verlo a su oficina hacia el fin de su jornada de trabajo, me enseñaría cómo había dejado el hábito de preocuparse. Un día me llamó por teléfono y me invitó a cenar. Fui a buscarlo a su oficina poco antes de que cerraran. Ahí explicó que había abandonado el hábito de la preocupación elaborando un «pequeño ritual» que ejecutaba cada noche antes de salir de su oficina. Éste era tan singular que dejó en mí una impresión duradera.

Ambos cogimos nuestra chaqueta, nuestro sombrero y nos dirigimos a la puerta, junto a la que estaba un cubo de basura y, encima de él, en el muro, un calendario. No era uno de esos calendarios en los que se ve una semana o un mes, o tres meses; era un calendario de un solo día. Solamente se podía ver una fecha, en letras grandes. Él dijo:

—Ahora llevaré a cabo mi ritual nocturno, que me ha ayudado a dejar mi hábito de preocuparme.

Arrancó del calendario la hoja de ese día. Hizo con ella una pelotita y vi con fascinación que sus dedos se abrían despacio y tiraba ese «día» a la basura. Después cerró los ojos y sus labios se movieron, y supe que oraba, así que guardé un respetuoso silencio. Cuando terminó de rezar, dijo en voz alta:

—Amén... Bueno, ya ha acabado el día de hoy. Vamos, salgamos a divertirnos.

Mientras caminábamos por la calle le pregunté:

—¿Te importaría contarme lo que has dicho mientras rezabas?

Él rio y repuso:

—No creo que la apruebes como oración.

Pero insistí y cedió:

—He dicho algo como esto: «Señor, tú me has dado este día. No te lo he pedido, pero me ha alegrado que me lo dieras. He hecho con él todo lo que he podido; tú me has ayudado y te lo agradezco. He cometido algunos errores. Esto ha sucedido cuando no he seguido tu consejo y lo lamento. Perdóname. Pero también he tenido algunas victorias y éxitos. Estoy muy agradecido de que me hayas guiado. Pero ahora, Señor, con sus éxitos o errores, victorias o derrotas, el día ha llegado a su fin, y lo admito, así que te lo devuelvo. Amén».

Puede ser que ésta no sea una oración ortodoxa, pero es indudable que resultó eficaz. Mi amigo dramatizaba de este modo la conclusión del día y lanzaba la mirada al futuro, con la expectativa de hacer mejor las cosas al día siguiente. Cooperaba con el método de Dios. Cuando el día llega a su término, el Señor lo oscurece bajando el telón de la noche. Con este método, los pasados errores y fracasos de ese individuo, sus pecados de obra y omisión, dejaban de influir en él de manera gradual. Él era liberado de las preocupaciones que se habían acumulado en todos sus ayeres. Mediante esta técnica practicaba una de las fórmulas más eficaces contra la preocupación, la cual se describe en estas palabras: «[...] pero una cosa hago: olvidando ciertamente lo que queda atrás, y extendiéndome a lo que está delante, prosigo a la meta, al premio del supremo llamamiento de Dios en Cristo Jesús» (Filipenses 3:13-14).

Quizás a ti se te ocurran otras técnicas sencillas contra la angustia y a mí me gustaría saber de ellas una vez que demuestren su eficacia tras una cuidadosa aplicación. Creo que todos los interesados en la superación personal estudiamos juntos en el gran laboratorio espiritual de Dios. Juntos inventamos métodos prácticos para una vida plena. Personas de todas partes tienen la amabilidad de escribirme acerca de sus métodos y resultados; por mi parte intento ser útil poniendo esos métodos probados a disposición de otras personas a través de libros, sermones, columnas periodísticas, la radio, la televisión y otros medios. De esta manera se promueve la colaboración de muchos individuos que poseen conocimientos prácticos para vencer no sólo la preocupación, sino también otros problemas personales.

Para concluir este capítulo en una forma que te permita ponerte a trabajar en el abandono del hábito de angustiarte, enumeraré a continuación una fórmula de diez puntos para dejar de preocuparse:

1. Di para ti: «La preocupación es sólo un pésimo hábito mental. Y puedo cambiar cualquier hábito con la ayuda de Dios».

2. Te has vuelto ansioso por practicar la preocupación. Ahora puedes librarte de ella practicando el hábito contrario, y más potente, el de la fe. Con toda la fuerza y perseverancia que puedas reunir, practica la fe.

3. ¿Cómo se practica la fe? Antes de levantarte, que lo primero que hagas cada mañana sea decir tres veces en voz alta «Creo».

4. Reza con la siguiente fórmula: «Pongo este día, mi vida, a mis seres queridos y mi trabajo en las manos del Señor. No hay daño en las manos de Dios, sólo bien. Pase lo que pase, si estoy en las manos del Señor lo que ocurra será voluntad suya, y será bueno».

5. Di algo positivo sobre todas las cosas de las que has dicho algo negativo. Habla positivamente. Por ejemplo, no digas: «Este día va a ser terrible»; por el contrario afirma: «Este día será maravilloso». No digas: «Nunca podré hacer eso»; afirma: «Lo haré con la ayuda de Dios».

6. No participes jamás en conversaciones cuyo tema sea una preocupación. Inyecta fe en todo lo que dices. Quienes transmiten pesimismo en sus palabras pueden contagiar de negatividad a un grupo entero. Hablar bien y no mal de las cosas impedirá esa atmósfera depresiva y hará que todos se sientan felices y optimistas.

7. Una razón de que te preocupes tanto es que tu cabeza está literalmente impregnada de pensamientos aprensivos, derrotistas y sombríos. Para contrarrestar esto, marca cada pasaje en la Biblia que hable de fe, esperanza, felicidad, gloria y resplandor. Apréndelos de memoria. Dilos una y otra vez hasta que esos pensamientos creativos impregnen tu subconsciente. Éste te devolverá entonces lo que le diste, es decir, optimismo, no preocupación.

8. Cultiva la amistad de personas optimistas. Rodéate de amigos con pensamientos positivos generadores de fe y que contribuyan a un ambiente creativo. Esto te mantendrá estimulado con actitudes de fe.

9. Mira a cuántas personas puedes ayudar a curarse de su hábito de preocupación. Cuando ayudas a otro a vencer la ansiedad, obtienes mayor poder sobre ella dentro de ti.

10. Piensa en cada día que vives en unión y compañía de Jesucristo. Si, en efecto, él estuviera a tu lado, ¿te angustiarías o temerías? Di para ti: «Él está conmigo». Afirma en voz alta: «Siempre estoy contigo». Luego cambia y di: «Está conmigo ahora». Repite esta afirmación tres veces al día.

10. Poder para resolver tus problemas personales

Ahora me gustaría hablar de ciertas personas afortunadas que encontraron la solución a sus problemas.

Ellas siguieron un plan simple pero práctico y, en todos los casos, obtuvieron resultados positivos y exitosos. Esas personas no son en absoluto diferentes a ti. Tuvieron los mismos problemas y dificultades que tú, pero encontraron una fórmula que les ayudó a obtener respuestas a las difíciles preguntas que enfrentaban. Si aplicas esta fórmula, obtendrás resultados similares.

Permíteme contarte primero la historia de una pareja de esposos, amigos míos desde hace mucho tiempo. Bill había trabajado arduamente durante años hasta llegar muy cerca de la cima de la compañía en la que trabajaba. Era uno de los candidatos a ocupar la presidencia de la empresa, posición a la que estaba seguro de que se le ascendería tras la jubilación del presidente en turno. No parecía haber motivo para que su ambición no se cumpliera, pues sus aptitudes, formación y experiencia lo calificaban para ello. Además, se le había hecho creer que él sería el elegido.

No obstante, cuando se realizó el nombramiento, él fue ignorado. La presidencia recayó en un ejecutivo extranjero.

Llegué a su ciudad justo después de que se le hubiera asestado ese golpe. Mary, su esposa, estaba de ánimo muy vengativo. En la cena en la que nos reunimos describió amargamente todo lo que les quería decir «a ésos». Su intensa desilusión, humillación y frustración se concentraban en una ira ardiente que derramó sobre nosotros.

Por el contrario, Bill estaba tranquilo. Obviamente herido, decepcionado y perplejo, pero se lo había tomado con valentía. Siendo en esencia un caballero, no era de sorprender que no hubiese asumido una reacción colérica o violenta. Mary quería que renunciara de inmediato. Lo instó a «ponerlos en su lugar» antes de que se marchara.

Él se mostraba renuente a emprender esa acción y dijo que lo mejor era quizá que cooperara con su nuevo jefe y le ayudara en todo lo posible.

Desde luego que esta actitud sería difícil de adoptar, pero él había trabajado tanto tiempo en esa compañía que no se sentiría a gusto en otra parte, además de lo cual pensaba que podía seguir siendo útil a la organización en un puesto secundario.

Mary se volvió hacia mí y me preguntó qué haría yo. Le dije que, igual que ella, me sentiría herido y desilusionado, pero que evitaría que el odio se entrometiera, porque la animosidad no sólo corroe el alma, sino también desorganiza los procesos mentales.

Sugerí que precisábamos de la guía divina, de una sabiduría más allá de nosotros en esa situación. Era tal el contenido emocional del problema que quizás éramos incapaces de reflexionar en el asunto de manera racional y objetiva.

Por lo tanto, sugerí que guardáramos silencio unos minutos y permaneciéramos en una actitud de comunión y oración, para dirigir nuestros pensamientos a aquel que dijo: «Porque donde están dos o tres congregados en mi nombre, allí estoy yo en medio de ellos» (Mateo 18:20). Señalé que éramos tres y que si perseguíamos el espíritu de estar reunidos en «su» nombre, él se presentaría para apaciguarnos e indicarnos qué hacer.

No fue fácil para la esposa de Bill aceptarlo; pero como en el fondo era una persona inteligente y madura, se sumó al plan.

Tras unos minutos de silencio, propuse que nos cogiéramos de la mano y aunque estábamos en un restaurante público pronuncié en voz baja una oración. En ella pedí guía, solicité serenidad de espíritu para Bill y Mary e incluso rogué a Dios que bendijera al nuevo presidente de la compañía. También pedí que Bill fuera capaz de adecuarse a la nueva dirección y de prestar un servicio más eficiente que antes.

Terminada la oración, permanecimos un momento en silencio hasta que Mary dijo con un suspiro:

—Supongo que, en realidad, es así como debemos hacer esto. Cuando supe que tú vendrías a cenar con nosotros, temí que fueras a recomendarnos adoptar una posición cristiana ante este asunto. Francamente, no tenía ganas de hacerlo. Hervía por dentro, pero ahora me doy cuenta de que la respuesta a este problema ha de encontrarse mediante este enfoque. Voy a probarlo a toda costa, por difícil que pueda ser.

Esbozó una sonrisa débil, pero ya no estaba enfadada.

Como tenía contacto ocasional con mis amigos, me enteré de que aunque no todo había salido conforme a lo deseado, ellos habían terminado por acomodarse satisfactoriamente a las nuevas circunstancias. Fueron capaces de vencer su desilusión y mala voluntad.

Bill me confió incluso que el nuevo presidente de la compañía le simpatizaba y que hasta cierto punto le agradaba trabajar con él. Me dijo que el presidente solía consultarle y parecía hacerle caso.

Mary era amable con su esposa, al grado incluso de cooperar con ella.

Pasaron dos años. Un día llegué a su ciudad y les llamé por teléfono.

—¡Estoy tan emocionada que apenas puedo hablar! —me dijo Mary.

Comenté que cualquier cosa que pudiera ponerla en ese estado debería tener una importancia inusual.

Ella ignoró esta observación y exclamó:

—¡Ha ocurrido algo maravilloso! El presidente de la compañía de Bill ha sido elegido para dirigir otra, en la que ocupará un puesto especial, y —preguntó— ¿adivina qué? ¡Acaban de avisarle a Bill que él es el nuevo presidente de su compañía! ¡Ven de inmediato para que demos gracias los tres juntos!

Más tarde, cuando nos reunimos, Bill dijo:

—¿Sabes? Comienzo a darme cuenta de que, después de todo, el cristianismo no es mera teoría. Nosotros resolvimos un problema de acuerdo con los claros principios de la ciencia espiritual. Tiemblo al pensar —agregó— en el terrible error que habríamos cometido si no hubiéramos abordado este problema con la fórmula contenida en las enseñanzas de Jesús.

»¿Quién diablos —preguntó— es el responsable de la absurda idea de que el cristianismo no es práctico? Jamás dejaré de atacar un solo problema justo en la forma en que nosotros tres resolvimos éste».

Ya han pasado varios años y Mary y Bill han tenido otros problemas, pero en todos han aplicado la misma técnica, invariablemente con buenos resultados. Mediante el método de «ponerse en manos de Dios» han aprendido a resolver sus dilemas a su entera satisfacción.

Otra eficaz técnica para resolver problemas es el simple recurso de concebir a Dios como socio. Una de las verdades básicas que enseña la Biblia es que Dios está con nosotros. De hecho, el cristianismo parte de ese concepto, porque cuando Jesucristo nació fue llamado Emmanuel, que significa «Dios con nosotros».

El cristianismo enseña que en todas las dificultades, problemas y circunstancias de esta vida, Dios está cerca. Podemos hablar con él, apoyarnos en él, obtener su ayuda y recibir el inestimable beneficio de su interés, sostén y socorro. Prácticamente todos creemos que esto es cierto y muchos han experimentado la realidad de esta fe.

Sin embargo, para obtener soluciones a tus problemas es necesario que des un paso más, porque deberás practicar la idea de la presencia divina. Cree en que Dios es tan real y verdadero como tu esposa, colega o mejor amigo. Habla con él; cree que él oye tus problemas y piensa en ellos. Da por hecho que, a través de tu conciencia, imprime en tu mente las ideas apropiadas y los discernimientos necesarios para resolver tus conflictos. Cree decididamente que no habrá error en esas soluciones, sino que serás guiado a acciones ajustadas a una verdad que desemboca en resultados correctos.

Un hombre de negocios me detuvo un día después de una reunión en el Club Rotario de una ciudad del oeste en la que yo había pronunciado un discurso. Me dijo que algo que había leído en una de mis columnas periodísticas había «revolucionado» por completo su actitud y salvado su negocio.

Naturalmente me sentí interesado y complacido de que una insignificancia que había expresado hubiera producido un resultado tan espléndido.

—Pasé una temporada tan mala en mi empresa —me dijo— que empecé a preguntarme seriamente si sería capaz de salvarla. Una serie de circunstancias desafortunadas, complementadas con las condiciones del mercado, procedimientos regulatorios y altibajos de la economía nacional, afectaron gravemente a mi sector. Entonces leí ese artículo suyo en el que usted propone la idea de tomar a Dios como socio. Creo incluso que empleó la frase «proceder a una fusión con Dios».

»Cuando la leí por primera vez, tal idea me pareció descabellada. ¿Cómo diantres podía un hombre, un ser humano, tomar como socio a Dios? Además, siempre había concebido a Dios como un ser inmenso, tan grande que yo era apenas un insecto a su vista, pese a lo cual usted decía que debería tomarlo como socio. Esta idea parecía ridícula. Un amigo me regaló entonces un libro suyo, en el que encontré ideas similares por todos lados. Usted narraba historias reales de personas que habían seguido ese consejo. Todas ellas parecían personas razonables, pese a lo cual no quedé convencido. Siempre había tenido la idea de que los predicadores eran teóricos e idealistas, que no sabían nada de negocios y cuestiones prácticas. De modo que, por así decirlo, lo declaré improcedente —dijo con una sonrisa.

»Sin embargo, un día sucedió algo curioso. Llegué tan deprimido a la oficina que pensé que lo mejor que podía hacer era volarme la tapa de los sesos para librarme de todos esos problemas que parecían rebasarme por completo. Pero en ese instante se presentó en mi mente la idea de tomar a Dios como socio. Cerré la puerta, me senté y apoyé la cabeza en mis brazos sobre el escritorio. Le confieso que no había orado más de una docena de veces en igual número de años, pero ese día recé. Le dije al Señor que había oído acerca de la idea de tomarlo como socio, aunque en realidad no sabía qué significaba eso ni cómo se hacía. Le dije que estaba en el hoyo, que no pensaba en otra cosa que en ideas alarmistas y que estaba confundido, desconcertado y muy desanimado. Le dije: "Señor, no puedo ofrecerte gran cosa como socio, pero por favor ven a mí y ayúdame. No sé cómo me puedes ayudar, pero quiero que me auxilies. Así, hoy pongo mi empresa, a mí mismo, a mi familia y mi futuro en tus manos. Todo lo que digas será bueno. Ni siquiera sé cómo me dirás qué hacer, pero estoy listo para escuchar y seguir tus consejos, si tú me los comunicas".

»Bueno —continuó—, ésa fue mi oración. Cuando terminé de rezar, me incorporé en mi escritorio. Supongo que esperaba que ocurriera un milagro, pero no pasó nada. Sin embargo, de repente me sentí descansado y tranquilo. Tuve una sensación de paz. Ni ese día ni esa noche sucedió nada fuera de lo ordinario, pero al día siguiente llegué a la oficina sintiéndome más feliz y radiante que de costumbre. Estaba seguro de que todo saldría bien. Es difícil explicar por qué me sentía así, si nada había cambiado. De hecho, podría decirse que incluso las cosas habían empeorado, aunque yo era diferente, al menos un poco.

»Esta sensación de paz fue duradera y me hizo sentir mejor. Rezaba todos los días y hablaba con Dios como lo habría hecho con un socio. No eran rezos de iglesia, sólo una charla entre hombres. Un día en que estaba en mi oficina, de pronto brotó en mi mente una idea, como una rebanada que salta de la tostadora. Me dije: "¿Pero qué sabes acerca de esto?", porque era algo que no se me había ocurrido nunca, mas supe al instante que era el método a seguir. Ignoro por qué nunca antes había pensado en eso. Supongo que mi mente estaba demasiado paralizada; mi cabeza había dejado de funcionar.

»Seguí de inmediato mi corazonada —hizo una pausa—. No, no fue una corazonada, era mi socio el que me había hablado. Puse al instante en operación esa idea y las cosas empezaron a mejorar. En mi mente fluían nuevas ideas y pese a las malas condiciones volví a estabilizar mi negocio. Ahora la situación ha mejorado de forma considerable y ya estoy fuera de peligro».

Entonces dijo:

—No sé nada de religión ni de hacer el tipo de libros que usted escribe, o de hecho cualquier otro tipo de libro, pero permítame decirle esto: siempre que tenga la oportunidad de hablar con hombres de negocios, dígales que, si toman a Dios como socio, obtendrán más buenas ideas de las que son capaces de utilizar y podrán convertirlas en beneficios. Y no me refiero sólo a dinero, aunque un modo de obtener un buen rendimiento de la inversión es disponer de ideas guiadas por Dios. Dígales que el método de asociarse con Dios es la mejor manera de resolver sus problemas.

Este incidente es sólo una de muchas demostraciones de la espléndida forma en que opera la ley de la relación entre Dios y los seres humanos en lo relativo a asuntos prácticos. Nunca podré enfatizar demasiado la eficacia de esta técnica para resolver problemas. Ha producido resultados fabulosos en los muchos casos sometidos a mi consideración.

En el muy importante rubro de la resolución de problemas personales, resulta valioso darse cuenta, antes que nada, de que el poder de resolverlos es inherente a ti. Segundo, hay que elaborar y ejecutar un plan. La ausencia de planes espirituales y emocionales es una de las más obvias razones de que muchos individuos no resuelvan de forma exitosa sus problemas personales.

Un ejecutivo me confió que él se vale para ello de las «facultades de emergencia del cerebro humano». Sostiene, no sin razón, que el ser humano posee facultades extra por aprovechar en situaciones de emergencia. En la conducción ordinaria de la vida, esas facultades de emergencia permanecen latentes; pero en circunstancias extraordinarias la personalidad es capaz, si es necesario, de ofrecer una facultad extra cuando se le invoca.

Quien desarrolla una fe funcional no permite que esas capacidades permanezcan dormidas, sino que, en proporción con su fe, pone en juego muchas de ellas en sus actividades normales. Esto explica que algunas personas muestren mayor fuerza que otras, tanto en los requerimientos diarios como en una crisis; han convertido en hábito su apoyo en capacidades que, de lo contrario, sólo emplearían en caso de una necesidad drástica.

Cuando surge una situación difícil, ¿sabes cómo enfrentarla? ¿Cuentas con un plan preciso para resolver imprevistos demasiado complicados? Muchas personas recurren al método «A ver si acierto» y, lamentablemente, la mayoría de las veces no aciertan. No puedo subrayar demasiado la importancia de hacer un uso planeado de tus principales facultades al resolver problemas.

Además de que dos o tres oren juntos conforme a la técnica de «entregarse a Dios», de asociarse con él y de hacer un plan para aprovechar las facultades internas de emergencia, hay todavía una excelente técnica más: la de practicar actitudes de fe. Yo llevaba muchos años leyendo la Biblia cuando por fin se me ocurrió que lo que ella trataba de decirme era que, si tenía fe —de verdad—, podría vencer todas mis dificultades, enfrentar cualquier situación, superar cada derrota y resolver todos los inquietantes problemas de mi existencia. El día que comprendí eso fue uno de los más trascendentes, si no es que el más importante, de mi vida. Es indudable que muchas de las personas que leerán este libro jamás han tenido la idea de vivir con fe. Pero espero que la acojan ahora, porque la técnica de la fe es, sin la menor duda, una de las verdades más poderosas entre las relacionadas con la exitosa conducción de la vida humana.

A lo largo de la Biblia se enfatiza una y otra vez la verdad de que «si tuviereis fe como un grano de mostaza [...] nada os será imposible» (Mateo 17:20). La Biblia dice esto en sentido absoluto, objetivo, cabal y literal. No es una ilusión ni una fantasía. No es una ilustración, símbolo ni metáfora, sino una verdad rotunda: la «fe como un grano de mostaza» resolverá tus problemas, todos y cada uno de ellos, si la adoptas y practicas. «Conforme a vuestra fe os sea hecho» (Mateo 9:29). El requisito es la fe y en proporción directa con la que tú tengas y uses, conseguirás resultados. Poca fe te dará pocos resultados, una fe mediana te dará resultados medianos y mucha fe te dará magníficos resultados. No obstante, Dios omnipotente es tan generoso que si únicamente tienes la cantidad de fe simbolizada por un grano de mostaza, eso logrará cosas asombrosas al resolver tus problemas.

Por ejemplo, permíteme relatarte la emocionante historia de mis amigos Maurice y Mary Alice Flint. Conocí a los Flint a propósito de la reseña en la revista *Liberty* de mi libro *A Guide to Confident Living*. Maurice Flint era entonces un lío, un completo desastre. No sólo le iba mal en su trabajo; también como persona. Estaba lleno de miedos, rencores y era uno de los individuos más negativos que hubiera conocido nunca. Aunque poseía una fina personalidad y un corazón maravilloso, sencillamente había estropeado su vida, como él mismo era el primero en reconocer.

Él leyó esa sinopsis de mi libro, el cual enfatiza la idea de la «fe como un grano de mostaza». En ese tiempo, Maurice vivía en Filadelfia con su esposa y sus dos hijos. Llamó por teléfono a mi iglesia en Nueva York, pero por algún motivo no pudo contactar con mi secretaria. Menciono esto para señalar que, para entonces, ya había cambiado de actitud, porque normalmente no se tomaba la molestia de llamar dos veces a ninguna parte, pues ejercía el lamentable hábito de renunciar a todo tras haber hecho un débil esfuerzo; sin embargo, esta vez perseveró hasta que logró comunicarse y obtener la información sobre el horario de las ceremonias en nuestra iglesia. El domingo siguiente hizo con su familia el trayecto de Filadelfia a Nueva York para asistir al templo, aun bajo un clima despiadado.

Tiempo después me contó con detalle la historia de su vida y me preguntó si pensaba que él podía hacer algo con ella. Sus problemas de dinero, de deudas, del futuro y, sobre todo, relacionados consigo mismo eran tan complejos y él estaba tan agobiado de dificultades, que creía que su estado era completamente irremediable.

Le aseguré que si conseguía enderezarse, sincronizar sus actitudes mentales con el patrón de pensamiento de Dios y utilizar la técnica de la fe, podría resolver todos sus problemas.

Una actitud que su esposa y él tuvieron que desechar fue el rencor. Estaban levemente molestos con todos y en un grado extremo con varios. Vivían en condiciones tan deplorables que, en medio de sus pensamientos enfermizos, razonaron que la culpa no era suya, sino de los «turbios negocios» en los que otras personas los habían involucrado. Cada noche al acostarse, conversaban en la cama de cómo insultarían a sus «enemigos». Y en seguida trataban de conciliar el sueño y descansar en medio de esa insana atmósfera, pero era en vano.

Maurice Flint se adhirió firmemente a la idea de la fe, que lo atrapó como nada lo había hecho nunca. Su reacción fue débil, por supuesto, porque su voluntad estaba en desorden. Al principio era incapaz de pensar con fuerza o energía, debido a su persistente hábito de negatividad, pero se apegó con valor, e incluso con desesperación, a la idea de que si tienes «fe como un grano de mostaza, nada será imposible».

Absorbió la fe con la fuerza que tenía. Y su capacidad para tener fe aumentó poco a poco mientras la practicaba.

Una noche entró a la cocina, donde su esposa lavaba los platos, y le dijo:

—La idea de la fe es fácil de entender el domingo en la iglesia, pero no aquí. Se me escapa por completo. Así que se me ha ocurrido que si llevaba un grano de mostaza en el bolsillo, podría tocarlo cuando la idea empieza a desvanecerse y esto me ayudaría a tener fe —preguntó entonces a su esposa—: ¿tenemos granos de mostaza, o sólo son algo que se menciona en la Biblia? ¿Hay granos de mostaza en la actualidad?

Ella se rio y dijo:

—Tengo unos aquí, en un frasco —sacó uno y se lo dio—. Pero ¿no te das cuenta, Maurice —añadió Mary Alice— que no es necesario que tengas un grano de mostaza de verdad? Es sólo el símbolo de una idea.

—No sé nada de eso —replicó él—. En la Biblia dice «un grano de mostaza» y eso es lo que quiero. Tal vez necesite el símbolo para tener fe —miró la semilla en la palma de su mano y dijo asombrado—: ¿ésta es toda la fe que necesito? ¿Una cantidad tan pequeña como este diminuto grano de mostaza? —lo mantuvo un momento ahí y luego se lo metió en el bolsillo, diciendo—: si puedo tocar esto durante el día, me mantendrá trabajando en la idea de la fe.

Sin embargo, la semilla era tan pequeña que la perdió y cogió una nueva del frasco, sólo para perderla también. Un día en que perdió un grano más se le ocurrió esta idea: ¿no era posible meter la semilla en una pelota de plástico? Podría llevar esa pelota en el bolsillo o en la leontina siempre, para que le recordara que, si tenía «fe como un grano de mostaza», nada sería imposible para él.

Preguntó a un supuesto experto en plásticos cómo podía insertar un grano de mostaza en una pelota sin que produjera burbujas. El «experto» dijo que tal cosa era imposible, por la mera razón de que no se había hecho nunca, la que, desde luego, no era ninguna razón en absoluto.

Para ese momento, Flint tenía ya fe suficiente para creer que, si tenía fe «como un grano de mostaza», podría meter un grano en una pelota de plástico. Se puso a trabajar en eso, le dedicó varias semanas y al final tuvo éxito. Elaboró varias piezas de joyería de fantasía —un collar, un broche, un llavero, una pulsera— y me las envió. Eran bonitas y en cada una de ellas relucía una esfera traslúcida con un grano de mostaza dentro. Todas iban acompañadas por una tarjeta que decía: «Recordatorio del grano de mostaza». Asimismo, ahí se indicaba cómo usar esa pieza, que el grano de mostaza le recordaba al usuario que «si tenía fe, nada es imposible».

Maurice me preguntó si pensaba que esos artículos podrían comercializarse. No soy experto en tales materias, así que se los mostré a Grace Oursler, integrante del consejo editorial de la revista *Guideposts*. Ella se los llevó a su vez a nuestro mutuo amigo Walter Hoving, presidente de la Bonwit Teller Department Store, uno de los principales ejecutivos del país, quien advirtió al instante las posibilidades de ese proyecto. Imagina mi asombro y deleite cuando, en los periódicos de Nueva York, días después apareció un anuncio a dos columnas que decía: «Símbolo de fe: un verdadero grano de mostaza encerrado en un brillante dota a una pulsera de verdadero significado». El anuncio incluía el pasaje de las Escrituras: «Si tuviereis fe como un grano de mostaza [...] nada os será imposible» (Mateo 17:20). Estos artículos se vendieron como pan caliente. Hoy, a cientos de grandes almacenes y establecimientos en todo el país se les dificulta encontrarlos entre sus existencias.

Los señores Flint son dueños ahora de una fábrica situada en una ciudad del Medio Oeste que produce los recordatorios del grano de mostaza. ¡Qué curioso! Un hombre fracasado va a la iglesia, oye un texto de la Biblia y crea un gran negocio. Quizá tú harías bien en escuchar más atentamente la próxima vez la lectura de la Biblia y el sermón en la iglesia. De este modo podrías obtener una idea que reconstruya no sólo tu vida, sino también tu empresa.

En este caso, la fe dio origen a una compañía fabricante y distribuidora de un producto que ha ayudado y ayudará a miles y miles de personas. Ese producto se ha vuelto tan eficaz y popular que ya ha sido copiado, aunque el original es el recordatorio Flint del grano de mostaza. La historia de las vidas que han sido cambiadas por este pequeño artefacto es una de las historias espirituales más emotivas de esta generación. Pero el efecto en Maurice y Mary Alice Flint —la transformación de su vida, la reforma de su carácter, la liberación de su personalidad— es una demostración estremecedora del poder de la fe. Ellos han dejado de ser negativos; ahora son positivos. Ya no están derrotados; ahora son victoriosos. Ya no odian; vencieron el rencor y sus corazones están llenos de amor. Son personas nuevas con una nueva perspectiva y una nueva sensación de poder. Son dos de las personas más inspiradoras que he conocido.

Si preguntaras a Maurice y Mary Alice Flint cómo resolver un problema, ellos te dirían: «Ten fe, una fe de verdad». Y créeme que saben lo que dicen.

Si mientras leías esta historia te has dicho negativamente (lo cual es ser negativo): «A los Flint nunca les fue tan mal como me va a mí», permíteme decirte que difícilmente he conocido a alguien a quien le haya ido tan mal como a los Flint. Y déjame añadir que, por desesperada que sea tu situación, si, como hicieron los Flint, usas las cuatro técnicas que se esbozan en este capítulo, tú también podrás resolver todos tus problemas.

En este capítulo he mostrado varios métodos para resolver un problema. Ahora deseo ofrecer diez sugerencias simples como una técnica concreta para usar en general en la resolución de tus dificultades:

1. Cree que cada problema tiene una solución.

2. Conserva la calma. La tensión obstruye el flujo del poder mental. Bajo estrés, tu cerebro no puede operar con eficiencia. Aborda tu dilema con serenidad.

3. No intentes forzar una solución. Mantén relajada tu mente para que la respuesta se manifieste y esclarezca por sí sola.

4. Reúne todos los datos de manera imparcial, impersonal y juiciosa.

5. Enumera los hechos en una hoja. Esto aclarará tu pensamiento, porque dispondrá los diversos elementos en un sistema ordenado. Tú ves tan bien como piensas. El problema se volverá objetivo, no subjetivo.

6. Reza en relación con tu problema y afirma que Dios iluminará tu mente.

7. Cree en y busca la guía de Dios con base en la promesa del salmo 73, «Me has guiado según tu consejo».

8. Confía en la facultad del discernimiento y la intuición.

9. Asiste a la iglesia y permite que tu subconsciente trabaje en el problema mientras rindes culto. El pensamiento creativo espiritual tiene un poder increíble para dar las respuestas correctas.

10. Si sigues estrictamente estos pasos, la solución que desarrolles en tu mente, o que se te presente, será la adecuada a tu problema.

11. *Cómo usar la fe para sanar*

¿La fe religiosa es un factor en la curación? Importantes evidencias indican que sí. Hubo un tiempo en el que yo mismo no estaba convencido de esto, pero ahora lo estoy de forma definitiva. He visto demasiadas pruebas para creer otra cosa.

Hoy se percibe que la fe, entendida y aplicada del modo correcto, es un factor importante para sobreponerse a la enfermedad y establecer la salud.

Mi convicción en torno a este relevante asunto es compartida por muchos médicos. Los diarios documentaron hace poco la visita a Estados Unidos del cirujano vienés Hans Finsterer. Cito uno de esos artículos, titulado «Honran a cirujano "guiado por Dios"»:

> Un médico vienés, el doctor Hans Finsterer, quien cree que «la mano invisible de Dios» le ayuda a tener éxito en una operación, fue distinguido por el International College of Surgeons con su más alto honor, el título de «maestro en cirugía», por su trabajo en cirugía abdominal con el uso exclusivo de anestesia local.
>
> Finsterer, de setenta y dos años de edad y profesor de la Universidad de Viena, ha hecho más de veinte mil operaciones mayores, entre ellas ocho mil resecciones gástricas (extracción parcial o total del estómago), usando únicamente anestesia local. Dijo que pese al considerable progreso de la medicina y la cirugía en los últimos años, «esos avances no son suficientes

para asegurar un resultado venturoso en todas las operaciones». Y añadió: «En muchos casos los pacientes mueren en cirugías aparentemente simples, mientras que en otros se recuperan cuando el médico ya ha perdido toda esperanza.

»Algunos colegas atribuyen estas cosas al impredecible azar, pero otros están convencidos de que, en los casos difíciles, su trabajo ha contado con la ayuda de la mano invisible de Dios. Por desgracia, en los últimos años muchos médicos y pacientes han perdido la convicción de que todo depende de la providencia divina. Cuando volvamos a convencernos de la importancia de la ayuda de Dios en nuestras actividades, y en especial en el tratamiento de los pacientes, habremos progresado de veras en la restitución de la salud a los enfermos».

Así finaliza el testimonio de un gran cirujano que combina la ciencia con la fe.

Hace tiempo hice uso de la palabra en la convención nacional de una destacada industria. Fue una gran reunión de los líderes de una muy creativa empresa distribuidora que ha establecido a esa industria como un factor vital en la vida comercial estadounidense.

Durante la comida, en la que la conversación giró en torno a los impuestos, el aumento de los costes y los problemas comerciales, me sorprendió que de pronto uno de los líderes de esa organización se volviera hacia mí y me preguntara:

—¿Usted cree que la fe puede curar?

—Hay muchos casos fidedignos de personas que han sido curadas por la fe —respondí—. Por supuesto que no creo que debamos depender sólo de la fe para curar una dolencia física. Creo en la combinación de Dios y el médico. Este punto de vista se vale de la ciencia médica y la ciencia de la fe y ambas son elementos del proceso de curación.

—Permítame referirle mi caso —dijo entonces aquel ejecutivo—. Hace unos años tuve una enfermedad que se me diagnosticó como osteoma mandibular, es decir, un tumor de hueso en la mandíbula. Los médicos me dijeron que era prácticamente incurable. Ya se imaginará usted cuánto me perturbó eso. Busqué ayuda con desesperación. Pese a que asistía fervorosamente a la iglesia con toda regularidad, no era una persona muy religiosa. Apenas alguna vez leí la Biblia. Pero un día en que estaba acostado en mi cama, se me ocurrió que quería leerla y le pedí a mi esposa que me la llevara. Esto le intrigó mucho, porque nunca antes se la había pedido.

»Leerla me dio alivio y consuelo. También me dio más esperanza y aminoró mi desaliento. Seguí leyéndola durante largos periodos cada día. Pero ése no fue el principal efecto. Noté que la afección que me aquejaba era cada vez menos perceptible. Al principio pensé que eso era una ilusión, pero después me convencí de que en mí ocurría un cambio.

»Un día mientras leía la Biblia tuve una extraña sensación de calidez y gran vitalidad interior. Me resulta difícil describir esa experiencia y hace ya mucho tiempo que dejé de intentar explicarla. A partir de ese momento mejoré más rápido. Volví con los médicos que me habían diagnosticado, quienes me examinaron con atención. Obviamente se mostraron sorprendidos y coincidieron en que había mejorado, pero me advirtieron que ése sería un respiro temporal. Sin embargo, tras un examen adicional se determinó que los síntomas del osteoma habían desaparecido por completo. Aun así, los médicos dijeron que mi padecimiento podía reaparecer. Esto no me perturbó, porque sabía en mi corazón que había sanado ya.

—¿Cuánto tiempo ha pasado desde que se curó? —pregunté.

—Catorce años —fue su respuesta.

Estudié a ese hombre. Fuerte, sano, robusto, es uno de los individuos más sobresalientes de su industria. Este caso me fue referido con el tono desapasionado de un hombre de negocios. No había la menor duda en la mente de este sujeto. ¿Cómo podía haberla? Aunque se le había condenado a muerte, estaba ahí frente a mí, vivo y vigoroso.

¿Cuál era la razón de esto? La hábil labor del médico ¡y algo más! ¿Y qué fue ese algo más? La fe, evidentemente.

La curación que describió este caballero no es sino uno entre muchos otros casos, gran número de los cuales han sido confirmados por evidencias médicas competentes que nos motivan a animar a la gente a hacer un mayor uso del increíble poder de la fe para sanar. Lamentablemente, el elemento curativo de la fe ha sido objeto de negligencia. Estoy seguro de que la fe puede hacer lo que llamamos «milagros», los que en realidad no son otra cosa que la operación de leyes de la ciencia espiritual.

Un creciente énfasis en la práctica religiosa actual persigue ayudar a la gente a encontrar remedio a las enfermedades de la mente, el corazón, el alma y el cuerpo. Esto constituye un retorno a la práctica original del cristianismo. En fecha reciente se ha tendido a pasar por alto el hecho de que, durante siglos, la religión implicó actividades curativas. La palabra *pastor* se deriva de un término que significa «cura de las almas». No obstante, en tiempos modernos el hombre hizo la falsa suposición de que es imposible armonizar las enseñanzas de la Biblia con lo que se conoce como ciencia, por ende el énfasis curativo de la religión se cedió casi por completo a la ciencia material. Pese a todo, hoy se reconoce cada vez más la estrecha relación entre religión y salud.

Es significativo que la palabra *santidad* se derive de otra que significa *salud*, y que el término *meditación*, el cual suele emplearse en sentido religioso, se asemeje estrechamente a la raíz que significa *medicación*. La afinidad entre estas dos palabras salta a la vista cuando nos percatamos de que la meditación práctica y sincera en Dios y su verdad tiene efectos medicinales en el alma y el cuerpo.

La medicina actual pone de relieve los factores psicosomáticos de la curación, con lo que reconoce el vínculo de los estados mentales con la salud física. La práctica médica moderna advierte y toma en consideración la estrecha relación entre cómo piensa un hombre y cómo se siente. Puesto que la religión tiene que ver con los pensamientos, sentimientos y actitudes básicas, es natural que la ciencia de la fe sea importante en el proceso curativo.

Al autor y dramaturgo Harold Sherman se le pidió una vez corregir un relevante programa radiofónico con la promesa de que se le contrataría como su guionista permanente. Tras varios meses de trabajo fue despedido y su material utilizado sin darle reconocimiento. Esto desembocó en dificultades financieras y humillación. La injusticia que Sherman resintió en su mente derivó en una creciente amargura contra el ejecutivo que abusó de su buena fe. Sherman admite que ése ha sido el único momento en su vida en que su corazón abrigó el deseo de matar. Su odio lo sometió a una afección física bajo la forma de micosis, una infección de hongos que atacó las membranas de su garganta. Aunque él recibió la mejor atención médica, fue necesario que hiciera algo más. Cuando renunció a su odio y desarrolló una sensación de perdón y comprensión, su padecimiento desapareció poco a poco. Él sanó con la ayuda de la ciencia médica y una nueva actitud mental.

Un patrón eficaz y razonable para la salud y la felicidad consiste en utilizar al máximo las habilidades y métodos de la ciencia médica y al mismo tiempo aplicar la sabiduría, experiencia y técnicas de la ciencia espiritual. Elocuentes evidencias confirman la creencia de que Dios opera tanto a través del practicante de la ciencia, el médico, como del practicante de la fe, el predicador. Muchos doctores coinciden con este punto de vista.

En una comida en el Club Rotario me senté a una mesa en compañía de otros nueve caballeros, uno de los cuales era un médico que acababa de retirarse del servicio militar y que reanudaba su práctica civil. Él dijo:

—Después de mi regreso del ejército, noté un cambio en las tribulaciones de mis pacientes. Descubrí que un alto porcentaje de ellos no necesitan medicinas, sino mejores patrones de pensamiento. No están enfermos del cuerpo tanto como de sus ideas y emociones. Todos ellos tienen que vérselas con pensamientos de temor y sentimientos de inferioridad, culpa y rencor. Descubrí que para tratarlos debía actuar al mismo tiempo como psiquiatra y como médico y, después, que ni siquiera estas terapias me ayudaban a cumplir de forma íntegra mi labor. Tomé conciencia de que, en muchos casos, la dificultad básica era espiritual, así que me vi citando frecuentemente la Biblia a mis pacientes. Más tarde adopté el hábito de «recetarles» libros religiosos e inspiracionales, en especial aquellos que orientan acerca de cómo vivir.

Dirigió entonces sus afirmaciones hacia mí y añadió:

—Ya es hora de que ustedes, los predicadores, se percaten de que también tienen una función que cumplir en la curación de muchas personas. Claro que no deberán empalmar con el trabajo del médico, así como nosotros no incursionaremos en su función, pero necesitamos de su cooperación para ayudar a la gente a encontrar bienestar y salud.

Recibí hace tiempo una carta de un médico asentado en el norte del estado de Nueva York que decía: «El sesenta por ciento de los habitantes de esta ciudad están enfermos a causa de un desajuste en su mente y su alma. Es difícil comprender que el alma moderna está enferma al punto de que los órganos físicos sufren. Supongo que, con el tiempo», continuaba, «pastores, sacerdotes y rabinos entenderán esa relación».

Este médico tuvo la amabilidad de informarme que receta a sus pacientes mi libro *A Guide to Confident Living* y otros similares, y que por este medio ha alcanzado resultados notables.

El gerente de una librería en Birmingham, Alabama, me envió una receta de un médico de esa ciudad por ser surtida no en una farmacia, sino en su librería. Ese doctor prescribe libros específicos para enfermedades específicas.

El doctor Carl R. Ferris, expresidente de la Jackson County Medical Society de Kansas City, Missouri, con quien tuve el placer de aparecer en un programa radiofónico sobre felicidad y salud, declaró que, en el tratamiento de los males humanos, lo físico y lo espiritual suelen estar tan profundamente interrelacionados que a menudo no existe una clara división entre ambos.

Hace años, mi amigo el doctor Clarence W. Lieb me hizo ver el efecto sobre la salud de los problemas espirituales y psiquiátricos, y gracias a su atinada orientación caí en la cuenta de que el temor y la culpa, el odio y el resentimiento —problemas con los cuales yo lidiaba— solían estar estrechamente relacionados con dilemas de salud y bienestar físico. El doctor Lieb está tan persuadido de la conveniencia de una terapia conjunta que, en asociación con el doctor Smiley Blanton, inauguró la clínica religioso-psiquiátrica que durante años ha atendido a cientos de personas en la Marble Collegiate Church de Nueva York.

El ya desaparecido doctor William Seaman Bainbridge y yo trabajamos muy de cerca en el enlace entre la religión y la cirugía, y fuimos capaces de brindar salud y nueva vida a muchos individuos.

Dos médicos de Nueva York que me honran con su amistad, los doctores Z. Taylor Bercovitz y Howard Westcott, han sido de inestimable ayuda en mi labor pastoral gracias a su comprensión, tanto científica como espiritual, de los males del cuerpo, la mente y el alma en relación con la fe.

«Hemos descubierto que la causa psicosomática de la presión arterial alta es un temor sutil y reprimido a cosas que podrían suceder, y que no son», dice por su parte la doctora Rebecca Beard. «En gran medida se trata de un temor a sucesos futuros. En este sentido, aquéllos son miedos imaginarios, porque podrían no verificarse nunca. En el caso de la diabetes, descubrimos que la emoción que consume más energía es el pesar o la desilusión, la cual agota la insulina que producen las células del páncreas.

«Aquí encontramos emociones relacionadas con el pasado, que inducen a revivirlo e impiden avanzar en la vida. El mundo médico puede aliviar trastornos como ésos. Puede dar algo para reducir o aumentar la presión arterial, aunque no de forma permanente. Puede dar insulina, que convertirá más azúcar en energía y procurará alivio al diabético. Éstas son ayudas evidentes, pero que no ofrecen una cura completa. No se ha descubierto aún una medicina o vacuna que nos proteja de nuestros conflictos emocionales. Una mejor comprensión de nuestra personalidad emocional y un retorno a la fe religiosa parecen ser la combinación más promisoria de ayuda permanente para todos.

»La respuesta —termina la doctora Beard— está en las enseñanzas sanadoras de Jesús».

Otra eficiente profesional médica me escribió acerca de sus propios adelantos en la combinación de la terapia medicinal y de fe.

«Me interesé en su sencilla filosofía religiosa. Había

trabajado a un ritmo tan intenso que me sentía estresada, irritable y a veces acosada por antiguos temores y culpas, de hecho con necesidad de liberarme de una tensión insana. Una mañana en la que estaba muy deprimida cogí su libro y me puse a leerlo. Ésa era la receta que necesitaba. Ahí estaba Dios, el gran médico, con la fe en él como un antibiótico para acabar con los gérmenes del temor e inhabilitar el virus de la culpa.

»Puse en práctica los principios del buen cristiano delineados en su libro. Esto me libró gradualmente de mi tensión y me hizo sentir relajada y más feliz, así como dormir bien. Dejé de tomar vitaminas y estimulantes. Luego», agregó, y esto es lo que quiero enfatizar, «sentí que quería compartir esta nueva experiencia con mis pacientes, los que acuden a mí con neurosis. Me sorprendió enterarme de que muchos de ellos habían leído su libro, y otros más. De esta manera, los pacientes y yo teníamos un terreno común sobre el cual trabajar. Ésta fue una experiencia muy enriquecedora. Hablar de la fe en Dios se ha vuelto en mi consultorio algo natural y fácil de hacer.

»Como médica —añade— he atestiguado varios casos milagrosos de recuperación debido a la ayuda divina. En las últimas semanas tuve una nueva experiencia de ese tipo. Mi hermana debió someterse a una operación delicada hace tres semanas. Tras la cirugía desarrolló una obstrucción intestinal. Al quinto día se agravó y cuando ese mediodía salí del hospital, sabía que ella debía mejorar pronto, o de lo contrario sus esperanzas de recuperación serían mínimas. Estaba tan preocupada que conduje despacio unos veinte minutos pidiendo que aquella obstrucción desapareciera. (Todos los recursos médicos se habían agotado ya.) No llevaba en casa más de diez minutos cuando sonó el teléfono; era la enfermera de mi hermana, quien me dijo que la obstrucción se había desvanecido y que mi hermana estaba muy mejorada, después de lo cual se recuperó por completo. ¿Cómo habría podido pensar otra cosa sino que la intervención divina le había salvado la vida?»

Así concluye la carta de una exitosa doctora en ejercicio.

A la luz de este punto de vista basado en una actitud científica de estricto sentido común, podemos abordar de forma creíble el fenómeno de la curación por la fe. Si no creyera sinceramente en la solidez del factor de la fe en la curación, no desarrollaría el punto de vista contenido en este capítulo.

Desde hace tiempo he recibido de numerosos lectores y radioyentes, lo mismo que de mis parroquianos, relatos de curaciones en las que el elemento de la fe ha estado presente. He investigado meticulosamente muchas de ellas para corroborar su veracidad. También quería estar en condiciones de declarar ante los escépticos que ésta es una forma de salud, felicidad y vida plena tan fundamentada en evidencias que sólo quienes desean seguir enfermos, en vista de una actitud subconsciente de voluntad de fracaso, ignorarán las posibilidades de salud implicadas por esas experiencias.

La fórmula que esos abundantes sucesos proponen puede enunciarse brevemente: emplear todos los recursos de la ciencia médica y psicológica en combinación con los de la ciencia espiritual. Esta combinación de terapias puede proporcionar, sin duda alguna, salud y bienestar si es el plan de Dios que el paciente viva. Obviamente, todos llegamos a un momento en el que esta vida mortal ha de concluir (la vida como tal no termina nunca, la que finaliza es su fase terrenal).

En mi humilde opinión, las llamadas iglesias tradicionales hemos pasado por alto una de nuestras más importantes contribuciones potenciales al no señalar con contundencia que el cristianismo contiene un firme mensaje de salud. En ausencia de este énfasis en la iglesia, se han creado grupos, organizaciones y otras entidades espirituales para subsanar esa deficiencia de la doctrina cristiana. Sin embargo, ya no existe razón válida de que las iglesias desconozcan lo tantas veces confirmado, a saber: que la fe puede ayudar a sanar y ofrecer a la gente técnicas razonables de curación. Por fortuna, hoy nuestras organizaciones religiosas cuentan por doquier con líderes espirituales juiciosos y de mentalidad científica que ya dan ese paso extra de la fe con base en hechos (y en las Escrituras) y que, como nunca antes, ponen a disposición de la gente las fórmulas de la prodigiosa gracia sanadora de Jesucristo.

En todas las investigaciones que he realizado sobre casos exitosos de curación parecen estar presentes ciertos factores. Primero, una total disposición a ponerse en manos de Dios. Segundo, un completo olvido de todos los errores, como el pecado en cualquiera de sus formas y el deseo de purificar el alma. Tercero, fe y creencia en la terapia combinada de la ciencia médica y el poder curativo de Dios. Cuarto, una inclinación sincera a aceptar la respuesta de Dios, cualquiera que ésta sea y una ausencia absoluta de irritación y amargura ante su voluntad. Quinto, una fe ciega y sustancial en que Dios es capaz de sanar.

En todas esas curaciones parece haber un énfasis en la vitalidad y la luz, junto con la certeza de que ocurre una transmisión de poder. En prácticamente todos los casos que he examinado, el paciente habla en una forma u otra de un momento en el que experimentó vitalidad, calor, belleza, paz, alegría y liberación. A veces esta experiencia ha sido súbita; en otras se da una evolución más gradual de la seguridad de que la curación ha ocurrido.

En mi indagación acerca de estas materias, siempre he esperado que transcurra algo de tiempo para confirmar que la curación es permanente, de modo que los casos que menciono no se basan en una mejora temporal que podría haber resultado de una momentánea reaparición del vigor.

Por ejemplo, permítaseme referir una experiencia de curación sobre la que me escribió una mujer cuya confiabilidad y juicio respeto enormemente. La documentación de este caso es concienzuda y de valor científico manifiesto. A esta mujer se le dijo que era preciso operarla de inmediato para extirparle un tumor diagnosticado como maligno.

Cito al pie de la letra sus palabras: «Pese a haber seguido todo los tratamientos preventivos, los síntomas retornaban. Como cabía esperar, me aterré; sabía que los nuevos tratamientos hospitalarios serían inútiles. Debido a que ya no había ninguna esperanza, le pedí ayuda a Dios. Un muy devoto y espiritual hijo de Dios me ayudó, mediante la oración, a darme cuenta de que el cabal conocimiento de Dios y de su Hijo sanador podía ayudarme. Me mostré muy sensible a esta manera de pensar y me puse en manos de Dios.

»Una mañana pedí su ayuda como de costumbre y pasé el día cumpliendo mis deberes domésticos, que eran muchos en ese tiempo. Mientras preparaba la cena, completamente sola en la cocina, tomé conciencia de que en ese espacio se esparcía una luz inusualmente brillante y sentí una presión en el costado izquierdo, como si una persona estuviera muy cerca de mí. Había oído de ese tipo de curaciones y sabía que se ofrecían oraciones en mi favor, así que decidí que esa sensación debía corresponder a la presencia del Cristo sanador junto a mí.

»Decidí esperar hasta la mañana para estar segura; si los síntomas habían desaparecido, sabría con certeza qué había pasado. A la mañana siguiente mi mejoría era tan notable y me sentía tan libre en mi mente, tan segura, que informé a mi amigo que la curación había tenido lugar.

»El recuerdo de esa curación y de la presencia de Cristo está hoy tan fresco en mi memoria como entonces. Han transcurrido quince años y mi salud mejoró de modo estable hasta llegar a mi excelente condición actual».

En muchos casos cardiacos, la terapia de fe (una serena fe en Jesucristo) estimula indudablemente la curación. Personas que han experimentado un «infarto» y que después practican con cabalidad la fe en la gracia sanadora de Cristo, observando al mismo tiempo las reglas prescritas por sus médicos, mencionan notables historias de recuperación. Una persona así podría ver incluso mejorada su salud en comparación con su estado previo al padecimiento por haber aprendido de sus limitaciones; ahora preservaría su fuerza tras percatarse del excesivo esfuerzo que le fue impuesto.

Pero más que eso, esa persona ha aprendido una de las principales técnicas del bienestar humano: la de entregarse sin reservas al poder sanador de Dios. Esto se hace apegándose conscientemente al proceso creativo con la representación mental de las fuerzas recreadoras que operan en uno. El paciente abre su conciencia a las corrientes de vitalidad y energía recreadora inherentes al universo que fueron expulsadas de su vida por la tensión, la presión alta y otras infracciones de las leyes del bienestar.

Un hombre ilustre sufrió un infarto hace treinta y cinco años. Se le dijo que no podría volver a trabajar. Se le ordenó guardar reposo lo máximo posible. Era probable que pasara inválido el resto de sus días, relativamente pocos en número. Es de dudar que afirmaciones como ésas se le hubiesen hecho en la práctica médica actual. En cualquier caso, escuchó esas terribles profecías sobre su futuro y las consideró con detenimiento.

Una mañana despertó temprano, tomó su Biblia y por casualidad (¿o no?) la abrió en el relato de una de las curaciones de Jesús. Leyó de igual manera la frase «Jesucristo es el mismo ayer, y hoy, y por los siglos» (Hebreos 13:8). Se le ocurrió entonces que si Jesús podía curar hace tanto tiempo a la gente y era el mismo que había sido entonces, ¿por qué no habría de poder curar ahora? «¿Por qué Jesús no habría de poder curarme?», se preguntó y esto lo inundó de fe.

Con sencilla confianza, pidió al Señor que lo curara. Le pareció oír que Jesús le preguntaba: «¿Crees que puedo hacerlo?». Y su respuesta fue: «Sí, Señor, creo que puedes hacerlo».

Cerró los ojos en ese momento y sintió «en su corazón el tacto sanador de Cristo». Todo ese día tuvo una extraña sensación de reposo. Al paso de los días se convenció de que había en él un creciente torrente de fuerza. Entonces oró al fin: «Señor, si ésa es tu voluntad, mañana por la mañana me vestiré, saldré a dar una vuelta y en unos días más volveré a mi trabajo. Me pongo por completo bajo tu cuidado. Si he de morir mañana a causa de un aumento en mi actividad, te doy las gracias por todos los maravillosos días que he vivido. Contigo a mi lado, recomenzaré mañana y tú estarás conmigo todo el día. Creo que tendré fuerza suficiente; pero si debo morir a raíz de este esfuerzo, estaré contigo en la eternidad y todo estará bien».

En medio de su sosegada fe, incrementó sus actividades al paso de los días. Siguió a diario esta misma fórmula durante el resto de su carrera activa, que se prolongó treinta años desde su infarto. Se retiró a los setenta y cinco. He conocido pocos hombres tan vigorosos en sus proyectos o que hayan hecho mayores contribuciones al bienestar humano. Sin embargo, este individuo siempre preservó su fuerza física y mental. No varió su hábito de acostarse a descansar después de comer y nunca se permitió estar bajo estrés. Se acostaba y levantaba temprano y aplicó en todo momento rigurosas y disciplinadas reglas de vida.

Todas sus actividades estaban libres de preocupación, resentimiento y tensión. Trabajaba mucho, pero sin excesos.

Los médicos habían estado en lo cierto. Si él hubiera mantenido los extenuantes hábitos de su vida anterior habría muerto, o al menos quedado inválido. El consejo de sus médicos lo condujo al punto en el que la obra sanadora de Cristo pudo cumplirse. Sin su infarto, no habría estado mental ni espiritualmente preparado para su curación.

Otro amigo mío, un eminente hombre de negocios, sufrió igualmente un infarto. Pasó varias semanas confinado en su cama, pero reasumió de súbito sus altas responsabilidades, que ahora cumple igual que antes, aunque con mucho menos tensión. Posee una nueva energía de la que no disfrutó tiempo atrás. Su recuperación procedió de un claro enfoque científico y espiritual de su problema de salud. Dispuso de médicos competentes y siguió de forma estricta sus instrucciones, lo cual es un factor decisivo en situaciones como ésta.

Sin embargo, además de someterse a un tratamiento médico, elaboró una fórmula de curación espiritual. La explicó como sigue, habiendo escrito sobre ella desde el hospital: «Un íntimo amigo mío, de apenas veinticinco años, llegó al hospital con un ataque parecido al mío y murió en menos de cuatro horas. Dos conocidos míos sufrieron un destino similar en habitaciones cerca de ésta. Debe ser que yo tengo aún trabajo por hacer. Así que volveré y me aplicaré a mis tareas con la expectativa de vivir más tiempo y más abundantemente de lo que habría podido hacerlo sin esta experiencia. Los doctores fueron maravillosos, las enfermeras excelentes, el hospital ideal».

Procedió a delinear entonces la técnica de convalecencia espiritual que él empleó. Su fórmula consta de tres partes. «1) Durante las primeras etapas, en las que se me demandó descanso absoluto, hice caso a la admonición del salmista: "Estad quietos, y conoced que yo soy Dios"» (Salmos 46:10). Esto quiere decir que se relajó y descansó por completo en manos de Dios. «2) Cuando las cosas mejoraron, usé la afirmación "Aguarda al Señor; esfuérzate, y aliéntese tu corazón"» (Salmos 27:14). El paciente puso su corazón bajo el cuidado de Dios y éste colocó en él su mano sanadora y lo renovó. «3) Por último, cuando recuperé mi fuerza sentí una nueva seguridad y confianza, a las que di expresión con la afirmación "Todo lo puedo en Cristo que me fortalece"» (Filipenses 4:13). De este modo afirmó positivamente la fuerza que le fue conferida y al hacerlo recibió nuevo poder.

Este individuo encontró curación en esa fórmula de tres puntos. Las hábiles atenciones de sus médicos conservaron y estimularon las fuerzas curativas de su ser físico. La igualmente sensata aplicación de la fe completó su recuperación mediante el hecho de estimular las facultades espirituales de su naturaleza. Juntas, esas dos terapias recurrieron a las dos grandes fuerzas de renovación de nuestra vida: la capacidad de recuperación del cuerpo humano y los ímpetus restauradores que residen en la mente. Una de ellas responde al tratamiento médico, la otra al tratamiento de la fe y Dios preside ambas áreas. Él hizo tanto el cuerpo como la mente y estableció los procesos de salud y bienestar que gobiernan a ambos. «En él vivimos, y nos movemos, y somos» (Hechos 17:28).

Entonces, en la prevención de la enfermedad y en la curación de la mente y el cuerpo, no prescindas de uno de los principales recursos a tu disposición: la fe que cura.

De acuerdo con los principios esbozados en este capítulo, ¿qué puedes hacer de constructivo cuando un ser querido o tú enferméis? A continuación aparecen ocho sugerencias prácticas:

1. Sigue el consejo de un distinguido director de una facultad de medicina, quien dijo: «Cuando estés enfermo, haz llamar a tu pastor al mismo tiempo que a tu doctor». En otras palabras, cree en que las fuerzas espirituales son tan importantes como la técnica médica en tu curación.

2. Reza por el médico. Comprende que Dios usa la instruida intermediación humana para que contribuya a sus poderes curativos. Como dijo un doctor: «Nosotros tratamos al paciente; Dios lo cura». Pide así que el médico sea un canal abierto de la gracia sanadora de Dios.

3. Hagas lo que hagas, no te alarmes ni atemorices, porque, de hacerlo, emitirás pensamientos negativos y, por lo tanto, destructivos, hacia tu ser querido o a ti mismo, cuando lo que se requiere son pensamientos positivos y sanadores.

4. Recuerda que Dios lo hace todo por ley. También, que nuestras pequeñas leyes materiales son sólo revelaciones fragmentarias del gran poder que fluye en el universo. La ley espiritual también gobierna la enfermedad. Dios ha dispuesto dos remedios para todas las enfermedades: uno es la curación por leyes naturales aplicables mediante la ciencia y, el otro, la curación por la ley espiritual aplicable a través de la fe.

5. Ponte por completo (o a tu ser querido) en manos de Dios. Colócate mediante tu fe en el flujo del poder divino. Hay curación ahí, pero para que sea eficaz debes entregarte por completo a la operación de la voluntad de Dios. Esto es difícil de entender y hacer; pero si tu gran deseo de vivir se asocia con una disposición igualmente grande a entregarte a Dios, los poderes de la curación se pondrán en marcha de manera asombrosa.

6. También es importante que prevalezca armonía en la familia, una armonía espiritual. Recuerda el énfasis en las Escrituras, Mateo 18:19: «Si dos de vosotros se pusieren de acuerdo

en la tierra acerca de cualquier cosa que pidieren, les será hecho por mi Padre que está en los cielos». Al parecer, la falta de armonía y la enfermedad están entrelazadas.

7. Forma en tu mente una imagen de tu persona (o de tu ser querido) en buen estado. Visualízate en perfecta salud. Imagínate radiante por efecto del amor y la bondad de Dios. Tu mente consciente podría sugerir enfermedad, o hasta defunción, pero nueve décimas partes de tu mente están en el subconsciente. Si permites que esa imagen de salud se sumerja en tu subconsciente, esta poderosa parte de tu mente emitirá una energía radiante. Por lo general obtenemos lo que creemos de forma subconsciente. Si tu fe no lo controla, jamás obtendrás nada bueno, porque éste sólo devuelve lo que piensas de verdad. Si esto es negativo, los resultados serán negativos; si es positivo, obtendrás resultados positivos y sanadores.

8. Sé perfectamente natural. Pide a Dios que te cure (o cure a tu ser querido). Esto es lo que quieres de corazón, así que pídele que por favor lo haga, aunque te sugiero decir POR FAVOR sólo una vez. En tus oraciones posteriores, da gracias al Señor por su bondad. Esta fe afirmativa liberará un inmenso poder espiritual y te permitirá disfrutar de la confirmación del amoroso cuidado de Dios. Este gozo te sostendrá y recuerda que el gozo mismo posee poder curativo.

12. *Cuando tu vitalidad decaiga, prueba esta fórmula de salud*

Me cuentan que una mujer fue a una farmacia y pidió un frasco de medicina psicosomática.

Desde luego, tal medicina no se encuentra en los estantes de las farmacias, porque no se presenta en píldoras ni frascos. Pero existe una medicina psicosomática de todas maneras y muchos de nosotros la necesitamos. Es una fórmula compuesta de oración, fe y pensamiento espiritual dinámico.

Se calcula que entre el cincuenta y el setenta y cinco por ciento de la población actual se enferma por la influencia de estados mentales inadecuados en su composición emocional y física. Por tanto, aquella medicina es de gran importancia. Muchas personas que no se encuentran bien descubrirán que existe una fórmula de salud que, como complemento de los servicios de sus médicos, puede ser de gran valor para ellas.

El modo en que el tratamiento espiritual y emocional puede restaurar una vitalidad declinante es ilustrado por un gerente de ventas quien llegó a nosotros a través del director de una gran compañía. Este ejecutivo de ventas, antes un empleado de notable eficiencia y potente energía, experimentó un notorio descenso de fuerza y aptitud. Perdió su capacidad creativa. Antes tenía ideas de ventas singulares y sobresalientes, pero pronto sus colegas notaron que estaba cada vez peor. Se le exhortó a consultar a un médico, incluso la compañía lo envió a Atlantic City para que descansara y después a Florida para un segundo intento de recuperación. Ninguna de estas vacaciones produjo una mejora evidente.

Su médico, que sabía de nuestra clínica religioso-psiquiátrica, recomendó al presidente de la compañía que nos enviara a ese gerente para que sostuviera una entrevista con nosotros. El gerente se presentó, en efecto, aunque le indignaba que se le hubiera mandado a una iglesia.

—¡Es el colmo que envíen a un hombre de negocios a ver a un predicador! —protestó—. Supongo que usted se va a poner a rezar y a leer la Biblia conmigo —dijo irritado.

—Eso no sería de sorprender —repuse—, porque a veces nuestra dificultad reside en un área en la que la oración y la terapia de la Biblia pueden tener una consecuencia importante.

Sin embargo, se mostraba tan huraño y poco cooperativo que me vi obligado a informar:

—Debo decirle francamente que, si no colabora con nosotros, lo van a despedir.

—¿Quién le ha dicho eso? —preguntó.

—Su jefe —respondí—. Nos ha dicho que si no podemos enderezarlo, lo echará, muy a su pesar.

Nunca se vio mayor expresión de pasmo en el rostro de nadie.

—¿Qué cree usted que debería hacer? —balbuceó.

—Con frecuencia —contesté— una persona llega al estado en que usted se encuentra porque su mente está llena de temor, ansiedad, tensión, resentimiento, culpa o una combinación de todo eso. Cuando estos impedimentos emocionales alcanzan cierto peso, la personalidad no puede soportarlos y cede. Las fuentes normales de poder emocional, espiritual e intelectual se obstruyen. Así, una persona se estanca por rencor, temor o culpa. No conozco su problema, pero le sugiero que imagine que soy un amigo compasivo en el que puede confiar por completo y que me cuente de usted.

Enfaticé que era importante que no ocultara nada y que revelase todos los temores, rencores o sentimientos de culpa que estuvieran en su mente.

—Le aseguro que nuestra entrevista será estrictamente confidencial. Lo único que su compañía desea de usted es que vuelva y siga siendo el eficiente empleado de siempre.

La dificultad emergió a su debido tiempo. Él había cometido una serie de pecados que lo envolvieron en un complicado laberinto de mentiras. Temía ser puesto en evidencia y, en general, todo aquello era un penoso amasijo de confusión interna, que rayaba el caos mental.

Fue difícil hacer hablar a este ejecutivo, porque en esencia era una persona decente y de extremo pudor. Le dije que entendía su reticencia, pero que esta operación era indispensable y no podría cumplirse si él no vaciaba su mente por completo.

Cuando todo terminó, él reaccionó de una forma que nunca olvidaré. Se levantó y empezó a estirarse. Se puso de puntillas, dirigió los dedos al techo y respiró hondo.

—¡Vaya! —exclamó—. ¡Qué bien me siento!

Ésta fue una dramática manifestación de liberación y alivio. Le sugerí que orara y le pidiera a Dios que lo perdonara y lo llenase de paz y pureza.

—¿Debo hacerlo en voz alta? —preguntó incrédulo—. No lo he hecho nunca.

—Sí —contesté—, es una buena práctica que lo fortalecerá.

Fue una oración sencilla y, hasta donde recuerdo, esto fue lo que él dijo:

—Señor, he sido un hombre impuro y lamento el mal que he hecho. Se lo he dicho todo a mi amigo aquí presente. Ahora te pido que me perdones y me llenes de paz. Hazme fuerte para que no repita nunca esas acciones. Ayúdame a estar limpio de nuevo y a ser mejor, mucho mejor.

Volvió a su oficina ese mismo día. Ahí no se le dijo nada y no fue necesario hacerlo, porque pronto recuperó su ritmo. Hoy es uno de los mejores gerentes de ventas de su ciudad.

Tiempo después me encontré con el presidente de la compañía, quien me dijo:

—No sé qué le hizo a Bill, pero ahora es imparable.

—No le hice nada. Fue Dios —repliqué.

—Sí —dijo—, comprendo. Sea como fuere, ha vuelto a ser el mismo Bill de antes.

La vitalidad de ese gerente de ventas había decaído y para recuperar su eficiencia probó una fórmula de salud. «Tomó» una medicina psicosomática que lo curó de una insana afección espiritual y mental.

El doctor Franklin Ebaugh, de la University of Colorado Medical School, asegura que un tercio de los casos en los hospitales generales es de naturaleza y manifestación claramente orgánicas; un tercio más, una combinación emocional y orgánica, y el tercio restante de naturaleza netamente emocional.

El doctor Flanders Dunbar, autor de *Mind and Body*, dice: «La cuestión no es si una enfermedad es emocional o física, sino cuánto lo es de cada cual».

Todas las personas razonables que han considerado alguna vez este asunto entienden que los médicos tienen razón cuando nos dicen que el resentimiento, el odio, el rencor, la mala voluntad, la envidia y la venganza son actitudes que producen mala salud. Si tú tienes un arranque de ira, experimentarás ese sentimiento en la boca del estómago, bajo la forma de malestar estomacal. Las reacciones químicas del cuerpo se deben a arrebatos emocionales que resultan en sensaciones de mala salud. Si esto persiste, sea de modo violento o en estado latente por un tiempo, la condición general del cuerpo se deteriorará.

En referencia a un amigo mutuo, un médico me dijo que el paciente había muerto de «rencoritis». En efecto, él creía que había fallecido a causa de un odio prolongado.

—Le hizo tanto daño a su cuerpo que su resistencia se redujo —explicó—. Así, cuando una enfermedad lo atacó, no tuvo el vigor ni la fuerza renovadora para vencerla. La malignidad de su rencor lo había socavado físicamente.

El doctor Charles Miner Cooper, médico de San Francisco, recomendó en un artículo titulado «Consejos sinceros sobre problemas cardiacos»: «Reduce tus reacciones emocionales. Si te digo que la presión arterial de un paciente aumentó sesenta puntos casi inmediatamente después de un estallido de enfado, entenderás el enorme esfuerzo que esas reacciones imponen al corazón». Las personas «de poco aguante», escribió, tienden, por impulso, a culpar a otros de una falta o error, cuando sería más prudente que esto no los alterara tanto y lo juzgaran inevitable. Citó al gran cirujano escocés John Hunter. El doctor Hunter padecía del corazón y entendía perfectamente el efecto que podían tener en él las emociones fuertes; decía que su vida estaba a merced de cualquiera que pudiera enfadarlo. De hecho, murió de un infarto causado por un arranque de ira que olvidó contener.

Concluye el doctor Cooper: «Cada vez que un problema de negocios te saque de quicio o te enfades, relájate. Esto disipará tu ascendente agitación interior. Tu corazón necesita habitar siempre en el interior de un hombre esbelto, animoso y plácido que modere con inteligencia sus actividades físicas, mentales y emocionales».

De manera que si no te encuentras bien, te sugiero que hagas una escrupulosa labor de autoanálisis. Pregúntate sinceramente si albergas mala voluntad, resentimientos o rencores, y de ser así expúlsalos. Libérate de ellos sin tardar. No hacen daño a nadie. No dañan a la persona contra la que los guardas, sino que cada día y noche de tu vida te corroen a ti. Muchas personas sufren de mala salud no debido a lo que consumen, sino a lo que las consume a ellas. Los males emocionales se vuelven contra ti, desgastan tu energía, reducen tu eficiencia, deterioran tu salud y, desde luego, acaban con tu felicidad.

Hoy conocemos el efecto de los patrones de pensamiento sobre los estados físicos. Sabemos que una persona puede enfermarse de rencor. Que puede desarrollar varios tipos de síntomas fisiológicos a causa de un sentimiento de culpa. También podría mostrar síntomas físicos evidentes a raíz del temor y la ansiedad. Sabemos que la curación ha ocurrido cuando esos pensamientos cambian.

Hace poco un médico me habló de una joven que fue admitida en un hospital con una fiebre de treinta y nueve grados. Tenía un caso explícito de artritis reumatoide; sus articulaciones estaban muy inflamadas.

Para estudiar exhaustivamente su caso, el doctor no le dio más medicamento que un ligero sedante para aliviar el dolor. Dos días después la joven le preguntó:

—¿Cuánto tiempo tardaré en curarme y deberé permanecer en este hospital?

—Debo decirle —contestó el médico— que es probable que pase seis meses aquí.

—¿Quiere usted decir que pasarán seis meses antes de que pueda casarme? —inquirió ella.

—Lo siento —dijo él—, pero no puedo prometerle otra cosa.

Esta conversación tuvo lugar por la noche. A la mañana siguiente, la temperatura de la paciente había vuelto a la normalidad y sus articulaciones se habían desinflamado. Incapaz de explicar ese cambio, el doctor la observó unos días y la envió de regreso a casa.

En un mes ella estaba de vuelta en el hospital, en igual condición que antes: treinta y nueve grados de temperatura y articulaciones inflamadas. La terapia psicológica reveló que el padre insistía en que ella se casara con cierto sujeto que beneficiaría sus relaciones de negocios. La chica quería a su padre, quería cumplir su deseo, pero no estaba dispuesta a casarse con alguien a quien no quería. Así, su subconsciente salía en su ayuda y le provocaba artritis reumatoide y fiebre.

El doctor explicó al padre que, si forzaba ese matrimonio, su hija podría quedar inválida. Cuando se le dijo que era libre de no casarse, la recuperación de la joven fue rápida y permanente.

¡No concluyas de esto que si tienes artritis es porque estás casado con la persona equivocada! Este incidente sólo ilustra el profundo efecto de la aflicción mental en las condiciones físicas.

Curiosamente, un psicólogo declaró que los niños pueden «contagiarse» del temor y odio de quienes los rodean más rápido que de sarampión u otras enfermedades infecciosas. El virus del miedo puede alojarse profundamente en su subconsciente y permanecer ahí de por vida. «Pero», añadió ese psicólogo, «por fortuna los niños también pueden contagiarse de amor, bondad y fe, y por tanto convertirse en jóvenes y adultos normales y saludables».

En un artículo publicado en el *Ladies' Home Journal*, Constance J. Foster citó el discurso del doctor Edward Weiss, de la Temple University Medical School, en el American College of Physicians, en el que declaró que las víctimas crónicas de dolencias en los músculos y las articulaciones bien podían abrigar intensos rencores contra alguien cercano a ellas. Agregó que esas personas suelen ignorar por completo que portan un resentimiento crónico. De acuerdo con la autora: «Para aclarar cualquier posible malentendido es necesario afirmar enfáticamente que las emociones y los sentimientos son tan reales como los gérmenes, y no menos respetables. El dolor y sufrimiento resultantes de enfermedades causadas sobre todo por las emociones no son más imaginarios que los provocados por bacterias. En ningún caso debe culparse al paciente de desarrollar la enfermedad. Estas personas no padecen un trastorno mental, sino de sus sentimientos, asociado a menudo con un problema matrimonial o de la relación entre padres e hijos».

En ese mismo artículo se relata el caso de una tal señora X que llegó al consultorio de su médico quejándose de un sarpullido en las manos el cual se le diagnosticó como eczema. El doctor la alentó a hablar de sí misma. Esto reveló que era una persona muy rígida; sus labios eran sumamente delgados y tiesos. También presentaba síntomas reumáticos. El doctor la envió con un psiquiatra, quien advirtió de inmediato que en su vida había una situación irritante que ella externalizaba bajo la forma de urticaria, con lo que manifestaba la urgencia de librarse de cierta cosa o individuo.

El doctor le dijo sin rodeos:

«¿Qué la está consumiendo? A usted le incomoda algo, ¿no?

»Ella se tensó como una vara y salió en el acto del consultorio, así que supe que había dado casi en el blanco. Volvió días después. El eczema le molestaba tanto que estaba dispuesta a que le ayudara, aun si eso significaba renunciar a un rencor.

»Resultó que, a causa de un conflicto familiar en ocasión de un testamento, la señora X sentía que un hermano menor la había tratado injustamente. Cuando se libró de esa hostilidad, mejoró; y una vez que remedió la querella con su hermano, el eczema se desvaneció en menos de veinticuatro horas».

La existencia de un vínculo entre trastorno emocional y resfriado común es indicada por el doctor L. J. Saul, de la University of Pennsylvania Medical School, quien realizó un estudio sobre este tema: «Se cree que las perturbaciones emocionales afectan la circulación de la sangre en la mucosa de la nariz y la garganta, lo mismo que las secreciones glandulares. Estos factores vuelven más susceptibles esas mucosas al ataque de virus del resfriado o al contagio de gérmenes».

El doctor Edmund P. Fowler, Jr., del College of Physicians and Surgeons de la Columbia University, declaró: «Estudiantes en periodos de exámenes y personas antes o después de un viaje suelen desarrollar resfriados. También los desarrollan amas de casa que atienden a una familia numerosa. Además, el desarrollo de resfriados es común cuando la suegra llega a vivir con el paciente y desaparecen cuando ella se marcha». (El doctor Fowler no especifica los efectos en la suegra de vivir con su nuera o yerno; quizá también ella presente resfriados.)

Un caso mencionado por el doctor Fowler concierne a una vendedora de veinticinco años de edad. Cuando ella visitó su consultorio, tenía la nariz tapada, roja y congestión respiratoria, además sufría de dolor de cabeza y temperatura ligeramente alta. Estos síntomas habían persistido durante cerca de dos semanas. Un interrogatorio reveló que aparecieron horas después de una violenta discusión de la paciente con su prometido.

Tratamientos locales aliviaron el resfriado, pero la joven regresó semanas más tarde con otro ataque. Esta vez el problema se había iniciado tras una discusión con el carnicero. De nuevo, tratamientos locales procuraron alivio, pero la chica continuó teniendo resfriados recurrentes atribuibles a arranques de ira. El doctor Fowler pudo convencerla al fin de que su mal humor era la raíz de sus síntomas crónicos de resfriado. Cuando ella aprendió a llevar una existencia más tranquila, sus estornudos y malestares se esfumaron.

Pese a todo, la gente todavía cree que cuando la Biblia nos dice que no debemos odiar ni enfadarnos, da un «consejo teórico». La Biblia no es teórica. Es nuestro principal libro de sabiduría. Está lleno de consejos prácticos sobre vida y salud. El enfado, el rencor y la culpa te enferman, dicen los médicos modernos, lo que demuestra de nuevo que el libro más al día acerca del bienestar personal es la Santa Biblia, desdeñada por muchos o considerada un libro puramente religioso y sin sentido práctico. Pero no es de sorprender que de ningún otro libro se lean tantos ejemplares. Esto se debe a que en la Biblia descubrimos no sólo lo que nos pasa, sino también cómo corregirlo.

El doctor Fowler llama la atención sobre los «resfriados emocionales» que sufren los niños que se sienten inseguros. Menciona que muchos casos de resfriados crónicos ocurren en niños de hogares destruidos. Un niño primogénito suele tener infecciones respiratorias recurrentes cuando nace un hermanito, porque se siente descuidado y celoso. Un chico de nueve años tenía un padre dictatorial y una madre indulgente. El conflicto entre el rigor de uno y la benevolencia de la otra perturbaba al niño; temía en particular el castigo de su padre. Sufrió tos y catarro continuos durante varios años. Sus resfriados desaparecían cuando se iba de campamento, lejos de sus progenitores.

Dado que la irritación, la cólera, el odio y el resentimiento tienen un efecto tan fuerte en la inducción de mala salud, ¿cuál es el antídoto? Obviamente, llenar la mente con actitudes de buena voluntad, perdón, fe, amor y un espíritu imperturbable. ¿Y esto cómo se logra? A continuación se dan algunas sugerencias prácticas. Han sido usadas con éxito por muchas personas para contraatacar en especial la emoción del enfado. Una aplicación sistemática de estas sugerencias puede producir sensaciones de bienestar:

1. Recuerda que el enfado es una emoción y las emociones siempre son calientes y hasta queman. Por tanto, para reducir una emoción, enfríala. ¿Cómo? Cuando una persona se enfada, tiende a cerrar los puños, alzar la voz, tensar los músculos y poner rígido todo el cuerpo. (Se prepara psicológicamente para pelear y la adrenalina recorre su cuerpo.) Éste es un vestigio del hombre de las cavernas en el sistema nervioso. Entonces enfrenta deliberadamente el calor de esa emoción con frío: congélala. Mediante un acto de tu voluntad, impide que tus manos se cierren. Extiende los dedos. Baja tu tono de voz hasta reducirla a un susurro. Recuerda que es difícil discutir con murmullos. Siéntate o, de ser posible, acuéstate en un sofá; es prácticamente imposible enfadarse en esa posición.

2. Di en voz alta para ti: «No seas tonto. Esto no te llevará a ninguna parte, así que ahórratelo». Quizá sea difícil orar en ese momento, pero inténtalo de todas formas; invoca al menos en tu mente una imagen de Jesucristo y trata de pensar en él tan enfadado como tú estás. No podrás hacerlo, pero ese esfuerzo servirá para desvanecer tu ira.

3. Una de las mejores técnicas para enfriar el enfado me fue sugerida por la señora Grace Oursler. Ella empleaba antes la usual técnica de «contar hasta diez», pero descubrió que las once primeras palabras de la oración del Señor daban mejor resultado: «Padre nuestro que estás en el cielo, santificado sea tu nombre». Cuando te enfades, di eso diez veces y tu enfado perderá su poder sobre ti.

4. «Cólera» es un término imponente que expresa la vehemencia acumulada de múltiples enfados menores. Éstos son pequeños en sí mismos, pero reúnen fuerza en virtud de sumarse y terminar desatándose en una furia que con frecuencia nos deja avergonzados a nosotros mismos. Haz entonces una lista de todo lo que te irrita. Por poco importante o ridículo que parezca, nómbralo todo. El propósito es secar los riachuelos que alimentan al gran río del enfado.

5. Convierte en especial objeto de oración cada cosa que te irrita. Obtén una victoria sobre todas, una por una. En vez de tratar de destruir tu enfado entero, el cual, como ya se ha dicho, es una fuerza compuesta, elimina cada molestia que alimenta tu enfado mediante la oración. Debilitarás así tu odio hasta obtener el control sobre él.

6. Prepárate para que cada vez que te sientas arder en cólera te preguntes: «¿Realmente vale la pena lo que esto me provoca emocionalmente? Haré el ridículo. Perderé amigos». Para extraer de esta técnica todo su efecto, di para ti varias veces al día: «No vale la pena alterarse ni enfadarse por nada». También afirma: «No vale la pena gastar una emoción que vale mil dólares en un enfado de cinco centavos».

7. Cuando surja una situación que hiera tus sentimientos, remédiala lo antes posible. No le des vueltas un minuto más si puedes evitarlo. Haz algo con ella. No te enfurruñes ni caigas en la autocompasión. No guardes rencor. En cuanto sean heridos tus sentimientos, haz lo mismo que cuando te haces daño en un dedo: aplica una cura inmediata. Si no haces esto, la situación podría alcanzar dimensiones fuera de toda proporción. Así, pon al instante un poco de yodo espiritual en la herida diciendo una oración de amor y perdón.

8. Aplica a tu mente la descarga de agravios. Es decir, ábrela para que los agravios salgan de ella. Busca a alguien de

tu confianza y desahógate hasta que no quede dentro de ti ninguna queja. Luego olvídalas.

9. Reza por la persona que ha herido tus sentimientos. Hazlo hasta que sientas desvanecerse tu mala intención. A veces tendrás que orar durante mucho tiempo para obtener ese resultado. Un señor que probó este método me contó que contaba las veces que debía orar hasta que el agravio se disipaba y él sentía paz; eran exactamente sesenta y cuatro. Rezaba literalmente de más. Esto garantizaba un buen resultado.

10. Recita esta pequeña oración: «Que el amor de Cristo llene mi corazón». Luego añade esta línea: «Que el amor de Cristo por ________ (menciona el nombre de la otra persona) inunde mi alma». Reza así, dilo en serio (o pide decirlo en serio) y sentirás alivio.

11. Sigue el consejo de Jesús de perdonar setenta veces siete. En sentido literal, esto significa cuatrocientas noventa veces. Antes de que hayas perdonado tanto a una persona, estarás libre de todo resentimiento.

12. Por último, ese impulso salvaje, indisciplinado y primitivo que llega ardientemente a la superficie sólo puede ser domado si permites que Jesucristo tome el control. Por tanto, completa esta lección diciendo a Jesús: «Así como puedes cambiar la conducta de una persona, te pido que cambies mis nervios. Así como otorgas poder sobre los pecados de la carne, otórgame poder sobre los pecados del temperamento. Pon mi humor bajo tu control. Derrama tu paz sanadora en mi sistema nervioso y mi alma». Si te agobia el mal humor, repite esta oración tres veces al día. Quizá sería bueno que la anotaras en una tarjeta y la pusieras en tu escritorio, sobre el fregadero de la cocina o en tu cartera.

13. La adopción de nuevos pensamientos te reconstruirá

Una de las verdades más importantes y convincentes sobre ti se expresa en la siguiente máxima de William James, uno de los hombres más sabios que Estados Unidos ha producido. Él dijo: «El principal hallazgo de mi generación *es que los seres humanos pueden alterar su vida si alteran su actitud*». Eres lo que piensas. Por consiguiente, deshazte de todos tus pensamientos viejos, trillados y desgastados. Llena tu mente de pensamientos frescos, nuevos y creativos de fe, amor y bondad. Este proceso te permitirá rehacer tu vida.

¿Dónde podrás encontrar esos pensamientos reconstructores de tu personalidad?

Conozco a un ejecutivo, un hombre modesto, que es del tipo de individuos que no se deprimen nunca. Ningún problema, ningún revés, ninguna oposición consigue abatirlo jamás. Ataca cada dificultad con una actitud optimista y la certeza de que la resolverá; y por extraño que parezca, siempre lo consigue. Es como si tuviera un toque mágico para la vida, un toque que nunca falla.

Este sujeto me interesó siempre a causa de esa impresionante característica. Sabía que existía una explicación precisa para que él fuera así y, desde luego, quería conocer su historia; pero, en vista de su modestia y reticencia, no era fácil convencerlo de que hablara de él mismo.

Un día que estaba de ánimo me reveló su secreto, uno

sumamente simple pero eficaz. Estaba de visita en su empresa, una moderna estructura puesta al día y con aire acondicionado casi en todas partes. Maquinaria y métodos de producción del tipo más reciente dotan a esa fábrica de una extraordinaria eficiencia. Las relaciones laborales parecen casi perfectas entre imperfectos seres humanos. Un espíritu de buena voluntad invade la organización entera.

La oficina de este ejecutivo, recubierta con maderas exóticas, está decorada y amueblada de modo ultramoderno con bellos escritorios y alfombras. El plan de decoración es de cinco brillantes colores gratamente combinados. En general, todo está al último grito de la moda, y algo más.

Imagina entonces mi sorpresa cuando sobre su pulido escritorio de caoba blanca vi un viejo y maltrecho ejemplar de la Biblia. Éste era el único objeto vetusto en esas salas ultramodernas. Comenté esta incongruencia, al parecer extraña.

—Ese libro —replicó él— es la cosa que está más al día en esta planta. El equipo se desgasta y los estilos del mobiliario cambian, pero ese libro está tan adelantado a nosotros que nunca caducará.

»Cuando entré a la universidad, mi buena y cristiana madre me regaló esa Biblia, con la sugerencia de que si la leía y practicaba sus enseñanzas, aprendería a ir satisfactoriamente por la vida. Sin embargo, pensé que ella no pasaba de ser una anciana —se rio— (a mi edad me parecía vieja, aunque no lo era) y cogí la Biblia sólo para seguirle la corriente, pues durante años prácticamente ni la vi. Pensaba que no la necesitaba. ¡Vaya! —continuó en tono coloquial—, ¡era un subnormal!, un idiota, e hice de mi vida un auténtico desastre.

»Todo iba mal, antes que nada porque yo estaba mal. Pensaba mal, actuaba mal, hacía mal. No triunfaba en nada, fracasaba en todo. Ahora me doy cuenta de que mi principal problema era que pensaba mal. Era negativo, resentido, altanero, dogmático. Nadie podía decirme nada. Creía saberlo todo. Tenía quejas contra el mundo entero. No es de sorprender que nadie me quisiera; era un desastre».

Y prosiguió así con su terrible historia:

—Una noche en que revisaba unos papeles, tropecé con mi muy olvidada Biblia. Como me despertó viejos recuerdos, me puse a leerla desordenadamente. Ya ve usted la extraña manera en que suceden las cosas; en un instante todo se modifica. Mientras la leía, una frase llamó mi atención, una frase que cambió mi vida; y cuando digo cambió, quiero decir que cambió. Desde el momento en que leí esa frase, todo fue completamente distinto.

—¿Cuál es esa frase maravillosa? —quise saber, y él la citó muy despacio:

—«El Señor es la fortaleza de mi vida [...] y yo estaré confiado» (Salmos 27:1, 3). No sé por qué esa línea me afectó tanto —continuó—, pero lo hizo. Ahora sé que era débil y un fracasado porque no tenía fe ni seguridad. Era muy negativo, un derrotista. Algo sucedió en mi mente. Supongo que tuve lo que llaman una experiencia espiritual. Mi patrón de pensamiento pasó de negativo a positivo. Decidí depositar mi fe en Dios y hacer sinceramente un gran esfuerzo, con intención de seguir los principios de la Biblia. Mientras lo hacía, adquirí nuevos pensamientos. Comencé a pensar de otra manera. Con el tiempo, mis antiguos pensamientos de fracaso fueron expulsados por esa nueva experiencia espiritual y un torrente de nuevos pensamientos me reconstruyó, de modo gradual pero eficaz.

Así concluye la historia de este hombre de negocios. Él alteró su mente, y los nuevos pensamientos que recibió desplazaron a los antiguos que lo frustraban. Su vida cambió.

Este caso ilustra un importante hecho de la naturaleza

humana: tu manera de pensar puede llevarte al fracaso y la infelicidad, pero también al éxito y la dicha. Lo que determina principalmente el mundo en el que vives no son las condiciones y circunstancias externas, sino los pensamientos que ocupan tu mente de forma habitual. Recuerda las sabias palabras de Marco Aurelio, uno de los grandes pensadores de la Antigüedad, quien dijo: «La vida de un hombre es lo que sus pensamientos hacen de ella».

Se ha dicho que el hombre más prudente que ha vivido hasta ahora en Estados Unidos fue Ralph Waldo Emerson, el sabio de Concord. Él declaró: «Un hombre es lo que piensa durante todo el día».

Señala un psicólogo famoso: «Hay una marcada tendencia en la naturaleza humana a convertirse justamente en lo que uno imagina de sí mismo».

Se dice que los pensamientos son cosas, que poseen de veras una fuerza dinámica. A juzgar por el poder que ejercen, esta evaluación sería fácil de aceptar. Es cierto que puedes concebirte dentro o fuera de determinadas situaciones. Tus pensamientos pueden enfermarte y por esa razón el uso de un tipo de pensamientos sano y diferente te puede hacer mejorar. Piensa en cierta forma y atraerás las condiciones de ese tipo de pensamiento; piensa de otra y crearás una serie de condiciones muy distinta. Las condiciones son producto de los pensamientos en una medida mayor en que aquéllas puedan producir pensamientos.

Por ejemplo, piensa positivamente y pondrás en marcha fuerzas positivas que darán resultados positivos. Los pensamientos positivos crean a tu alrededor una atmósfera propicia para el desarrollo de resultados positivos. Al contrario, si tienes pensamientos negativos crearás una atmósfera propicia para el desarrollo de resultados negativos.

Para cambiar tus circunstancias, comienza por pensar diferente. No aceptes de modo pasivo circunstancias insatisfactorias; forma una imagen en tu mente de cómo deberían ser. Guarda esa imagen, desarróllala en todos sus detalles, cree en ella, pide por ella, trabaja en ella y la harás realidad conforme a la representación mental enfatizada en tu pensamiento positivo.

Ésta es una de las principales leyes del universo. ¡Cómo me habría gustado haberla descubierto de joven! La encontré mucho más tarde en la vida y he comprobado que es uno de mis mayores, si no es que mi mayor hallazgo, fuera de mi relación con Dios. En un sentido profundo, esta ley es un factor en nuestra relación con Dios, porque canaliza el poder divino hacia la personalidad.

Para decirlo llanamente, esa gran ley sostiene que si piensas en términos negativos, obtendrás resultados negativos; si piensas en términos positivos, alcanzarás resultados positivos. Ésta es la simple verdad en la base de una fantástica ley de la prosperidad y el éxito. En tres palabras: cree y triunfarás.

Aprendí esta ley de un modo muy interesante. Hace unos años, un grupo integrado por Lowell Thomas, el capitán Eddie Rickenbacker, Branch Rickey, Raymond Thornburg y yo, junto con otros más, fundamos una revista de autoayuda inspiracional llamada *Guideposts*. Esta revista tiene una doble función: primero, mediante la difusión de historias de personas que han vencido dificultades gracias a su fe, enseña técnicas de vida victoriosa, de triunfo sobre el temor, las circunstancias, los obstáculos y el resentimiento. Enseña la fe por encima de toda forma de negatividad.

Segundo, como una publicación no lucrativa, no sectaria y multirreligiosa, enseña la gran verdad de que Dios está presente en la corriente de la historia y de que Estados Unidos, como nación, fue fundada con base en la creencia en Dios y sus leyes.

Esta revista recuerda a sus lectores que ésa fue la primera gran nación en la historia en establecerse sobre una premisa expresamente religiosa y que de no mantenerse así verá deteriorarse su libertad.

El señor Raymond Thornburg como editor y yo como director en los primeros tiempos de esa revista no contábamos con respaldo financiero para sostenerla. Su único fundamento era la fe. De hecho, sus primeras oficinas ocupaban la parte alta de una tienda de comestibles en la pequeña ciudad de Pawling, Nueva York. Alojaban una máquina de escribir prestada, algunas sillas desvencijadas y eso era todo, excepto una gran idea y mucha fe. La lista de suscriptores llegó poco a poco a veinticinco mil. El futuro parecía promisorio. Pero una noche un incendio arrasó en menos de una hora con esa casa editorial y su lista de suscriptores. Absurdamente, nunca hicimos un duplicado.

Lowell Thomas, desde el principio leal y eficiente dueño de *Guideposts*, mencionó esta triste circunstancia en su programa de radio y en poco tiempo teníamos ya treinta mil suscriptores, prácticamente todos los antiguos y muchos nuevos.

La lista aumentó después a cuarenta mil, pero los costes aumentaban más rápido aún. Nuestra revista, que siempre se había vendido por debajo de su coste para garantizar la amplia diseminación de su mensaje, era más cara de lo que se previó y enfrentábamos graves problemas financieros. De hecho, en cierto momento dio la impresión de que nos sería imposible seguir adelante.

En esta coyuntura convocamos a una reunión, y podría asegurar que nadie ha asistido nunca a una asamblea más pesimista, negativa y desalentadora. Exudaba pesimismo. ¿Dónde íbamos a conseguir el dinero que necesitábamos para pagar las cuentas? Imaginamos algunas maneras de robarle a Pedro para pagarle a Pablo. Nuestra mente era víctima del más absoluto desánimo.

A esa reunión fue invitada una mujer a la que todos teníamos en gran estima. Sin embargo, uno de los motivos de que se le hubiera incluido fue que, tiempo atrás, había aportado dos mil dólares para contribuir a la fundación de la revista. Esperábamos correr ahora con la misma suerte. Pero esta vez, ella nos dio algo más valioso que dinero.

Guardó silencio en el transcurso de esa junta deprimente hasta que por fin dijo:

—Supongo, caballeros, que les gustaría que hiciera otra aportación financiera. Podría igualmente sacarlos de la miseria. Pero no voy a darles un solo centavo.

Esto no nos sacó de nuestra miseria. Al contrario, nos hundió más en ella.

—Les daré en cambio —continuó— algo mucho más valioso que dinero.

Esto nos intrigó, porque en aquellas circunstancias no podíamos imaginar nada de mayor valor que el dinero.

—Voy a darles una idea —prosiguió—, una idea creativa.

«Bueno», pensamos nosotros, sin entusiasmo, «¿cómo podremos pagar nuestras cuentas con una idea?»

¡Ah, pero una idea es justo lo que te ayudará a pagar tus cuentas! Cada logro en este mundo nació como una idea creativa. Primero la idea, después la fe en ella, luego los medios para ejecutarla. Éste es el camino del éxito.

—Hela aquí —dijo—. ¿Cuál es su problema actual, señores? Que *carecen* de todo. *Carecen* de dinero. *Carecen* de suscriptores. *Carecen* de equipo. *Carecen* de ideas. *Carecen* de valor. ¿Por qué *carecen* de todos estos requerimientos? Porque piensan en términos de *carencia*. Si piensan en la *carencia*, crean las condiciones que producen un estado de *carencia*. A causa de ese constante énfasis mental en aquello de lo que *carecen*, han frustrado las fuerzas creativas que podrían impulsar el desarrollo de *Guideposts*. Han trabajado mucho desde el punto de vista de hacer cosas, pero no han hecho la cosa más importante de todas, que dotará de empuje todos sus demás esfuerzos: no han empleado el pensamiento positivo. En lugar de ello, han pensado en términos de *carencia*.

»Para corregir esta situación, inviertan el proceso mental y comiencen a pensar en la prosperidad, la consecución, el éxito. Esto requerirá práctica, pero puede hacerse rápido si demuestran fe. Este proceso consiste en visualizar; es decir, ver a *Guideposts* en términos de una realización exitosa. Creen una imagen mental de *Guideposts* como una gran revista que invade todo el país. Visualicen una gran cantidad de suscriptores, ansiosos todos ellos de leer este material inspiracional y beneficiarse de él. Creen una imagen mental de vidas transformadas por la filosofía del éxito que *Guideposts* enseña mensualmente en todos y cada uno de sus números.

»No tengan imágenes mentales de dificultades ni fracasos; eleven su mente por encima de ellos y visualicen logros y capacidades. Cuando eleven sus pensamientos al área del logro visualizado, verán sus problemas desde arriba, no desde abajo y, por tanto, tendrán una vista mucho más alentadora de ellos. Siempre impónganse sobre sus problemas; jamás aborden uno desde abajo.

»Permítanme continuar ahora —dijo—. ¿Cuántos suscriptores necesitan en este momento para seguir adelante?»

Pensamos rápido y dijimos:

—Cien mil.

Teníamos cuarenta mil.

—Muy bien —dijo ella con gran seguridad—, eso no es nada difícil. Es fácil. Visualicen a cien mil personas creativamente ayudadas por esta revista y las tendrán. De hecho, en cuanto las vean en su mente, las tendrán.

Se volvió hacia mí y dijo:

—Norman, ¿puedes ver en este momento a cien mil suscriptores? Mira ahí, frente a ti. ¿Los puedes ver en tu imaginación?

No estaba convencido todavía, así que dije de forma relativamente dubitativa:

—Bueno, tal vez, pero los veo muy lejos.

Pienso que esto la decepcionó, porque preguntó:

—¿No puedes visualizar en tu imaginación a cien mil suscriptores?

Supongo que mi imaginación no funcionaba del todo bien, porque lo único que podía ver eran los insuficientes pero reales cuarenta mil.

Ella se giró entonces hacia mi buen amigo Raymond Thronburg, quien fue bendecido con una personalidad espléndidamente victoriosa y le dijo, llamándolo por su apodo:

—Pinky, ¿tú sí puedes visualizar a cien mil suscriptores?

Dudé que él lo hiciera. Era un fabricante de hule que no cobraba su trabajo en su propia empresa para poder contribuir a esta revista inspiracional y no lucrativa, incluso no suele pensarse que un fabricante de hule responda a ese tipo de pensamiento. No obstante, él poseía la facultad de la imaginación creativa. Noté por la fascinada expresión de su rostro que la dama lo había atrapado. Raymond miraba al frente con una expresión maravillada cuando ella volvió a preguntar:

—¿Ves a los cien mil suscriptores?

—¡Sí! —exclamó él, entusiasmado—, ¡los veo!, ¡los veo!

Electrizado, pregunté:

—¿Dónde? ¡Señálamelos!

Entonces los visualicé también.

—Ahora —continuó nuestra amiga—, inclinemos la cabeza y demos gracias a Dios por habernos dado cien mil suscriptores.

Francamente, pensé que eso era mucho presionar al Señor, aunque se justificaba por el versículo de las Escrituras que dice: «Y todo lo que pidiereis en oración, creyendo, lo recibiréis» (Mateo 21:22). Esto quiere decir que, cuando pides algo, debes visualizarlo al mismo tiempo. Debes creer que si aquello es voluntad de Dios y vale la pena —no porque se busque de manera egoísta, sino en favor del bien humano—, en ese momento se te dará.

Si se te dificulta seguir este razonamiento, permíteme decirte que, desde ese momento hasta el presente, *Guideposts* no ha carecido de nada. Ha encontrado amigos maravillosos y disfrutado de un apoyo excelente. Siempre ha podido pagar sus cuentas, adquirir el equipo necesario y financiarse. Mientras escribo estas líneas está a punto de batir la marca del medio millón de suscriptores, los que no cesan de llegar a diario, en ocasiones en montos de hasta tres o cuatro mil.

No he referido este caso con el propósito de publicitar a *Guideposts*, aunque recomiendo muy ampliamente esta revista a todos mis lectores (si quieres suscribirte a ella, escribe a *Guideposts*, Pawling, Nueva York, para solicitar información). Lo he hecho porque esa experiencia me impresionó e hizo que me diera cuenta de que había tropezado con una ley, una formidable ley de victoria personal. Decidí aplicarla en lo sucesivo a todos mis problemas y cuando lo hago, consigo resultados estupendos; cuando lo omito, tengo resultados poco satisfactorios.

Es tan simple como esto: pon tu problema en manos de Dios. En tu pensamiento, álzate por encima del problema para que lo veas desde arriba, no desde abajo. Confirma que sea la voluntad de Dios. Es decir, no pretendas obtener éxito de algo malo. Confirma que sea correcto moral, espiritual y éticamente. Jamás obtendrás un buen resultado de algo malo. Si tu pensamiento es malo, es malo e incorrecto y nunca podrá ser correcto mientras sea malo. Si es malo en su esencia, está destinado a ser malo en su resultado.

Así pues, confirma que sea correcto y luego sostenlo en nombre de Dios y visualiza un resultado grandioso. Fija en tu mente la idea de prosperidad, éxito y logro. No abrigues jamás un pensamiento de fracaso. Si en tu mente entra un negativo pensamiento de derrota, expúlsalo e insiste en la afirmación positiva. Afirma en voz alta: «Dios me da éxito ahora. Me da realización ahora». La visión mental que crees y mantengas firmemente en tu conciencia se hará realidad si afirmas de continuo eso en tus pensamientos y si trabajas con diligencia y eficacia. En pocas palabras, este proceso creativo es: visualiza, oracioniza y realiza.

Personas de todas las áreas de la vida que han alcanzado logros notables conocen por experiencia el valor de esta ley.

Henry J. Kaiser me contó que en una ocasión en que construía un dique en una ribera, una tormenta sepultó toda su maquinaria y destruyó lo que había hecho hasta ese momento. Cuando él salió a observar el daño una vez que el agua retrocedió, encontró a sus trabajadores mirando con tristeza el barro y la maquinaria sepultada.

Se acercó a ellos y les preguntó con una sonrisa:

—¿Por qué estáis tan tristes?

—¿No ve lo que ha pasado? —preguntaron a su vez—. Nuestra maquinaria está cubierta de barro.

—¿Qué barro? —dijo él, radiante.

—¡¿Qué barro?! —repitieron asombrados—. Mire a su alrededor. Es un mar de barro.

—¡Ah! —exclamó él entre risas—. Yo no veo nada de barro.

—¿Pero cómo puede decir eso? —le preguntaron.

—Porque —dijo el señor Kaiser— lo que veo es un cielo azul y despejado, sin nada de barro. Sólo hay luz ahí y el barro jamás podrá apagar la luz. Se secará rápido y entonces podréis mover la maquinaria y volver a empezar.

¡Cuánta razón tenía! Si tus ojos miran el barro y tienes una sensación de fracaso, crearás un fracaso para ti. Combinada con la oración y la fe, la visualización optimista hará realidad el éxito de forma inevitable.

Otro amigo mío que comenzó desde abajo ha logrado éxitos extraordinarios. Lo recuerdo en sus días de estudiante como un chico rural torpe, insignificante y muy tímido. Pero tenía carácter y una de las inteligencias más agudas que he encontrado. Hoy es un hombre notable en su campo. Le pregunté:

—¿Cuál es el secreto de tu éxito?

—Las personas que han trabajado conmigo a lo largo de los años y las oportunidades ilimitadas que Estados Unidos de América brindó a un muchacho —contestó.

—Sí, sé que eso es cierto, pero estoy seguro de que, además, tienes una técnica personal y me interesaría conocerla —dije.

—Todo estriba en cómo concibas los problemas —respondió—. Yo ataco un problema y lo divido en partes en mi mente. Invierto en ello toda mi capacidad mental. Segundo, rezo con sinceridad en relación con ese asunto. Tercero, formo una imagen mental de éxito. Cuarto, siempre me pregunto: «¿Qué es lo correcto por hacer?», porque nada saldrá bien si es incorrecto. Quinto, pongo todo de mi parte. Pero déjame enfatizar otra vez —concluyó— que si piensas en la derrota, debes cambiar tus pensamientos de inmediato. Consigue pensamientos nuevos y positivos. Esto es lo básico para vencer las dificultades y triunfar.

En este momento, mientras tú lees este libro, hay ideas en potencia en tu mente. Si las liberas y desarrollas, podrás resolver tus problemas financieros y tu situación de negocios, hacerte cargo de ti mismo, tu familia y alcanzar el éxito en tus proyectos. Una afluencia constante y un uso práctico de esos pensamientos positivos, junto con aquellos muy creativos pueden rehacer tu vida, y a ti junto con ella.

Hubo un tiempo en que consentí la absurda noción de que no existe ningún vínculo entre la fe y la prosperidad; de que al hablar de religión jamás se la debía relacionar con el éxito, pues sólo tiene que ver con la ética, la moral y los valores sociales. Pero ahora me doy cuenta de que ese punto de vista limita el poder de Dios y el desarrollo del individuo. La religión enseña que hay un poder inconmensurable en el universo y que ese poder puede habitar en la personalidad. Es un poder capaz de aniquilar todo fracaso y de elevar a un individuo sobre situaciones difíciles.

Ya vimos una demostración de la energía atómica. Sabemos que la energía que existe en el universo es asombrosa y colosal. Esa misma fuerza reside en la mente humana. Nada en la Tierra es más grande que la mente humana apta. El individuo promedio es capaz de mucho más éxito del que cree.

Esto es cierto quienquiera que seas. Cuando aprendas a liberarte, descubrirás que tu mente contiene ideas de tal valor creativo que no tendrás por qué carecer de nada. Mediante el uso pleno y apropiado de tu poder, estimulado por el poder de Dios, tu vida será todo un éxito.

Puedes hacer casi cualquier cosa en la vida, todo lo que crees o visualizas, todo lo que pides y por lo que trabajas. Busca bien en tu mente. Contiene increíbles maravillas.

Sea cual sea tu situación, puedes mejorarla. Primero, aquieta tu mente para que de sus profundidades pueda surgir la inspiración. Cree que Dios te ayuda ahora. Visualiza tu realización. Organiza tu vida sobre una base espiritual para que los principios divinos operen en ti. Mantén fija en tu mente una imagen de éxito, no de fracaso. Si haces estas cosas, de tu cabeza fluirán en profusión pensamientos creativos. Ésta es una ley prodigiosa, que puede cambiar la vida de cualquiera, tú incluido. Por más dificultades que encuentres, un torrente de pensamientos nuevos puede rehacerte. Repito: por más dificultades que encuentres.

En definitiva, la razón básica de que una persona no tenga una vida plena y creativa es la presencia de un error en ella. Piensa mal. Debe corregir ese error en sus pensamientos. Debe practicar pensar bien. Cuando el salmo 23 dice: «Me guiará por sendas de justicia», alude no sólo a los senderos de la bondad, sino también a los de la rectitud. Cuando Isaías dice: «Deje el impío su camino y el hombre inicuo sus pensamientos» (Isaías 55:7), se refiere no sólo al hecho de que una persona debe apartarse del mal y hacer el bien, sino también al de que sus pensamientos han de pasar de malos a buenos, del error a la verdad. El gran secreto de una vida próspera es reducir la cantidad de error en uno mismo e incrementar la cantidad de verdad. Una avalancha mental de pensamientos nuevos, correctos y llenos de salud afecta creativamente a las circunstancias de la vida, porque la verdad siempre produce procedimientos correctos y, por tanto, resultados correctos.

Hace años conocí a un joven que, durante un tiempo, fue uno de los más absolutos fracasos de personalidad que haya visto en mi vida. Tenía una personalidad espléndida, pero fracasaba en todo. Una persona lo contrataba y se entusiasmaba con él, pero tal entusiasmo pasaba pronto y el chico perdía su puesto poco después. Este patrón de fracaso se repitió muchas veces. Él era un fracaso como persona y como empleado. Perdía relaciones de todo tipo. No hacía nada bien y solía preguntarme:

—¿Qué me pasa, por qué hago todo mal?

Aun así, tenía mucha presunción. Era altanero, petulante y poseía el desagradable hábito de culpar a todos menos a él. Algo andaba mal en todas las oficinas con las que se relacionaba o en todas las organizaciones que lo contrataban. Culpaba a todos de sus fracasos, menos a sí mismo. Nunca se examinaba por dentro. Jamás se le ocurría que algo podía estar mal en él.

No obstante, una noche me dijo que quería hablar conmigo y como yo tenía que hacer un viaje de ciento sesenta kilómetros para pronunciar un discurso, él me llevó y me trajo de regreso. Ya de vuelta nos detuvimos en un restaurante a un lado de la carretera para comer una hamburguesa y tomar una taza de café a medianoche. No sé qué habrá tenido ese plato, pero desde entonces adquirí un nuevo respeto por las hamburguesas, porque de repente él gritó:

—¡Lo tengo! ¡Lo tengo!

—¿Qué tienes? —pregunté atónito.

—¡La respuesta! Ahora sé cuál es mi problema. Todo me sale mal porque estoy mal.

Le palmeé la espalda y le dije:

—Por fin vas por buen camino, muchacho.

—Es tan claro como el cristal —dijo—. Pienso mal y, por lo tanto, produzco malos resultados.

Para entonces estábamos ya bajo la luz de la luna, de pie junto a mi coche y le dije:

—Harry, debes dar un paso más y pedirle a Dios que te corrija por dentro.

Cité este pasaje de la Biblia: «Y conoceréis la verdad y la verdad os hará libres» (Juan 8:32). Si llevas la verdad a tu mente, te liberarás de tus fracasos.

Él se volvió un entusiasta seguidor de Jesucristo. Gracias a la verdadera fe y un cambio completo de pensamientos y hábitos personales, el pensar mal y actuar mal fueron eliminados de su naturaleza. Se enderezó desarrollando un patrón bueno (o recto) en sustitución de uno erróneo. Cuando se corrigió, todo empezó a ir bien para él.

A continuación se ofrecen siete pasos prácticos para que hagas pasar tus actitudes mentales de negativas a positivas, liberes pensamientos nuevos y creativos, y pases de un patrón de error a uno de verdad. Ponlos a prueba una y otra vez. Surtirán efecto.

1. Durante las próximas veinticuatro horas, habla de todo con optimismo: de tu trabajo, tu salud, tu futuro. Tómate esa molestia. Te será difícil, porque es probable que tengas el hábito de hablar con pesimismo de cualquier cosa. Refrena este hábito negativo, aun si hacerlo te exige un acto de voluntad.

2. Después de hablar con optimismo durante veinticuatro horas, sigue haciéndolo una semana y luego permítete ser «realista» uno o dos días. Descubrirás que lo que entendías por «realista» una semana atrás en realidad era pesimista, mientras que lo que ahora entiendes por «realista» es algo totalmente distinto, el amanecer de la perspectiva positiva. Cuando la mayoría de la gente dice que es «realista», se engaña; es negativa.

3. Tienes que alimentar a tu mente como alimentas a tu cuerpo y para volver saludable tu mente debes alimentarla con

pensamientos sanos y nutritivos. Así, comienza hoy a hacer pasar tu mente de negativa a positiva. Inicia la lectura del Nuevo Testamento y subraya todas sus frases sobre la fe. Continúa hasta que hayas marcado todos los pasajes de esa índole en los cuatro libros, Mateo, Marcos, Lucas y Juan. Repara en particular en Marcos 11, versículos 22, 23 y 24. Estos versículos te servirán de muestra de lo que debes subrayar y fijar hondamente en tu conciencia.

4. Aprende de memoria los pasajes subrayados, uno cada día hasta que puedas recitar de memoria toda la lista. Esto te llevará tiempo, pero recuerda que has invertido mucho más tiempo en pensar negativamente. Necesitarás tiempo y esfuerzo para desaprender tu patrón negativo.

5. Haz una lista de tus amigos para determinar cuál de ellos es el que piensa más positivamente, a fin de que cultives su compañía. No te alejes de tus amigos negativos, pero durante un tiempo acércate más a los que tienen un punto de vista positivo, hasta que hayas absorbido su espíritu. Vuelve después con tus amigos negativos y comparte con ellos tu recién adquirido patrón de pensamientos sin asumir su negatividad.

6. Evita discutir, pero cada vez que se exprese una actitud negativa, contrarréstala con una opinión positiva y optimista.

7. Ora mucho y haz que tu oración adopte siempre la forma de acción de gracias, con base en el supuesto de que Dios te da cosas grandes y maravillosas; porque si piensas que es él quien lo hace, sin duda lo es. Dios no te dará bendiciones mayores que aquellas en las que puedas creer. Quiere darte grandes cosas, pero ni siquiera él puede hacer que aceptes algo mayor que aquello que la fe te ha preparado para recibir. «Hágase en vosotros según vuestra fe [es decir, en proporción con ella]» (Mateo 9:29).

El secreto de una vida mejor y más afortunada es eliminar los pensamientos caducos, apagados e insanos. Sustitúyelos por nuevos y vitales pensamientos de fe dinámica. Puedes estar seguro de esto: un torrente de pensamientos nuevos te rehará a ti y rehará tu vida.

14. *Relájate para engendrar poder sin esfuerzo*

«Cada noche, los estadounidenses necesitan más de seis millones de pastillas para dormir».

Esta alarmante afirmación me fue referida hace varios años por un fabricante de medicamentos en una convención de esa industria en la que pronuncié un discurso. Aunque la afirmación parecía increíble, otras personas que también están en posición de saberlo me han dicho que ese cálculo ahora es demasiado modesto.

De hecho, después oí a otra fidedigna autoridad asegurar que los estadounidenses consumen doce millones de dosis de píldoras para dormir al día. Esto bastaría para hacer descansar esta noche a uno de cada doce de ellos. Las estadísticas indican que el consumo de esas píldoras ha aumentado mil por ciento en los últimos años, aunque una declaración más reciente es más inquietante todavía. De acuerdo con el vicepresidente de una importante compañía farmacéutica, en Estados Unidos se consumen anualmente siete mil millones de tabletas de medio gramo, lo que equivale a diecinueve millones de tabletas por noche.

¡Qué situación tan lamentable! Dormir es un proceso natural de restauración. Uno pensaría que, después de un día de trabajo, cualquier persona podría dormir plácidamente, pero al parecer los estadounidenses ya no dominan el arte del sueño. De hecho, están tan alterados que yo, un predicador con muchas oportunidades de poner a prueba este asunto, debo informar que es tal su nerviosismo y excitabilidad que ahora es casi imposible dormirlos con un sermón. Han pasado muchos años desde que vi a alguien dormirse en una iglesia. Y eso es una lástima.

Un funcionario de Washington al que le gustaba barajar cifras, en especial las astronómicas, me dijo que el año pasado hubo en Estados Unidos un total de siete mil millones y medio de dolores de cabeza. Esto equivale a cincuenta dolores por cabeza al año. ¿Ya habremos cubierto nuestra cuota de este año? Este funcionario no dijo cómo dedujo esa cifra, pero poco después de nuestra conversación me enteré en las noticias de que en un año reciente la industria farmacéutica vendió cinco mil toneladas de aspirinas. Quizás este periodo podría denominarse con toda propiedad la «era de la aspirina», justo como lo llamó un autor.

En Estados Unidos una fuente autorizada declara que una de cada dos camas de hospital está ocupada por un paciente que no ha contraído un virus, ni ha tenido un accidente o desarrollado una enfermedad orgánica, sino que es incapaz de organizar y disciplinar sus emociones.

Tras examinar a quinientos pacientes en una clínica, resultó que trescientos ochenta y seis, o el setenta y siete por ciento de ellos padecían enfermedades psicosomáticas, males físicos causados, en su mayoría, por estados mentales insanos. En otra clínica se estudió un gran número de casos de úlcera y se mencionó que la mitad de ellos no se debía a problemas físicos, sino a que los pacientes sentían demasiada preocupación, odio o culpa, o eran víctimas de la tensión.

Un médico de otra clínica hizo la observación de que, a su juicio, y pese a los extraordinarios adelantos científicos de la actualidad, hoy los doctores pueden curar mediante la ciencia menos de la mitad de las enfermedades que se les presentan. Declaró que, en muchos casos, los pacientes someten a su cuerpo a los pensamientos enfermizos de su mente, entre los que destacan la angustia y la tensión.

Esta desafortunada situación se ha vuelto tan seria que en nuestra Marble Collegiate Church, en la Quinta Avenida y 29th Street, en Nueva York, contamos ahora con doce psiquiatras, bajo la supervisión del doctor Smiley Blanton. ¿Por qué hay psiquiatras en el personal de una iglesia? La respuesta es que la psiquiatría es una ciencia. Su función es el análisis, diagnóstico y tratamiento de la naturaleza humana de acuerdo con ciertas leyes y procedimientos comprobados.

El cristianismo también podría considerarse una ciencia. Es una filosofía, un sistema teológico, metafísico y de culto. Asimismo, opera en los códigos ético y moral. Pero posee igualmente las características de una ciencia en cuanto que se basa en un libro que contiene un sistema de técnicas y fórmulas diseñado para comprender y tratar la naturaleza humana. Esas leyes son tan precisas y su validez ha sido demostrada tan a menudo cuando se aplican las apropiadas condiciones de comprensión, creencia y práctica que bien podría decirse que esa religión constituye una ciencia exacta.

Cuando una persona llega a nuestra clínica, el primero en tratarla es quizás un psiquiatra, quien estudia amable y cuidadosamente su problema y le dice al paciente «por qué hace lo que hace». Saber esto es muy importante. ¿Por qué, por ejemplo, has tenido toda la vida un complejo de inferioridad, o te persigue el temor, o guardas resentimiento? ¿Por qué siempre eres tímido y reticente, o haces tonterías y emites juicios inadecuados? Estos fenómenos de tu naturaleza no sólo suceden. Hay una razón de que hagas lo que haces y el día en que por fin la descubres es un día importante en tu experiencia de vida. Conocerse a uno mismo es el inicio de la autocorrección.

Tras ese proceso de autoconocimiento, el psiquiatra remite al paciente con el pastor, quien le dice cómo hacer lo que debe. El pastor aplica al caso, de forma científica y sistemática, las terapias de la oración, la fe y el amor. Psiquiatra y pastor conjuntan sus conocimientos y combinan sus terapias con el resultado de que muchas personas encuentran una nueva vida y felicidad. El pastor no pretende ser un psiquiatra ni el psiquiatra un pastor. Cada cual cumple su deber, aunque siempre en cooperación.

El cristianismo que se utiliza en este proceso es el representado por las lisas y llanas enseñanzas de Jesucristo, Señor y Salvador de la vida del hombre. Nosotros creemos en la absoluta y práctica aplicabilidad de las enseñanzas de Jesús. Creemos que, en efecto, «todo lo podemos en Cristo» (Filipenses 4:13). Del modo en que trabajamos con él, el Evangelio es el cumplimiento literal de esta asombrosa promesa: «Cosas que ojo no vio, ni oído oyó, ni han entrado en corazón de hombre, son las que Dios ha preparado para los que le aman» (1 Corintios 2:9). Si tú crees (en Cristo); si crees en su sistema de pensamiento y práctica, vencerás todo temor, odio, inferioridad, culpa y cualquier otra forma de postración. En otras palabras, nada es demasiado bello para ser verdad. Nunca has visto ni oído y ni siquiera imaginado, las cosas que Dios dará a quienes lo aman.

En el trabajo que se realiza en la clínica, un problema frecuente es la tensión. Éste podría llamarse, casi sin duda, el mal más frecuente de los estadounidenses, aunque al parecer ellos no son los únicos en padecerlo. El Royal Bank of Canada dedicó hace tiempo su boletín mensual a ese problema, bajo el título «Aflojemos el paso», una de cuyas secciones decía: «Este boletín mensual no pretende dar consejos de salud física y mental, sino que intenta analizar un problema que aqueja a todos los adultos en Canadá» y, podría agregarse, también en Estados Unidos.

Y continuaba: «Somos víctimas de una creciente tensión; tenemos dificultad para relajarnos. Nuestro susceptible sistema nervioso está en excitación perpetua. Atrapados como estamos en la agitación todo el día y buena parte de la noche, no vivimos plenamente. Tenemos que recordar lo que Carlyle llamó "la serena supremacía del espíritu sobre sus circunstancias"».

Cuando una importante institución bancaria llama la atención de sus clientes respecto al hecho de que sus empleados no consiguen de la vida lo que realmente quieren de ella, porque se han vuelto víctimas de la tensión, sin duda ha llegado la hora de hacer algo al respecto.

En St. Petersburg, Florida, vi una máquina en la calle que decía: «¿Cuál es tu presión arterial?». Después de depositar una moneda en la ranura, se obtenía la mala nueva. Si hoy puedes comprar en una máquina tragamonedas la lectura de tu presión de la misma forma en que compras un chicle, es porque muchas personas padecen ese problema.

Uno de los métodos más simples para reducir la tensión es practicar la actitud de hacer todo con calma. Haz todo más despacio, menos precipitadamente y sin presión. Mi amigo Branch Rickey, famoso por su afición al béisbol, me dijo que, por bien que bateara, atrapara o corriera, él no elegiría jamás a un jugador «demasiado presionado». Para ser un beisbolista de éxito en las grandes ligas hay que ser capaz de aplicar un enorme caudal de poder, sin esfuerzo, incluso en la mente, por supuesto. La forma más eficaz de golpear una pelota es el método relajado, en el que todos los músculos se flexibilizan y operan con una fuerza coordinada. Si intentas vencer a la pelota, la golpearás con efecto, o tal vez ni siquiera aciertes. Esto es verdad en el golf, el béisbol y todos los demás deportes.

Entre 1907 y 1919, con la única excepción de 1916, el promedio de bateo de Ty Cobb fue el más alto en la liga estadounidense, récord que, hasta donde sé, nunca ha sido superado. Ty Cobb le obsequió a un amigo mío el bate con que ejecutó sus extraordinarias hazañas. A mí me fue permitido tenerlo entre mis manos, lo que hice con una admiración considerable. Imbuido del espíritu de ese deporte, me puse en posición de batear. Es indudable que mi postura no evocó en ningún sentido la del inmortal bateador. De hecho mi amigo, quien fue alguna vez beisbolista de las ligas menores, se rio y me dijo: «Ty Cobb jamás lo habría hecho así. Estás demasiado rígido, muy tenso; es obvio que te esfuerzas demasiado. Probablemente te descalificarían».

¡Era precioso ver a Ty Cobb! Hombre y bate se hacían uno. Aquél era un estudio del ritmo y uno se maravillaba de la facilidad con que él ejecutaba el balanceo. Era un maestro del poder sin esfuerzo. Lo mismo ocurre en todos los éxitos. Si analizas a personas realmente eficientes, te darás cuenta de que siempre hacen las cosas con gran facilidad y un mínimo de esfuerzo. Liberan de este modo un máximo de poder.

Un amigo mío que es un afamado hombre de negocios y gestiona importantes asuntos e intereses diversos parece estar siempre relajado. Hace todo con eficiencia y rapidez, pero nunca se agita. Jamás tiene la expresión inquieta y exhausta que distingue a las personas que no dominan su tiempo ni su trabajo. Le pregunté cuál era el secreto de su fuerza natural.

Sonrió y contestó: «No hay ningún secreto. Sólo intento mantenerme en armonía con Dios. Eso es todo. Cada mañana después de desayunar», explicó, «mi esposa y yo pasamos en la sala un periodo de tranquilidad. Uno de nosotros lee en voz alta un fragmento inspirador que nos invite a meditar; puede ser un poema o un par de párrafos de un libro. Luego guardamos silencio y cada cual reza o medita de acuerdo con su ánimo y actitud, al final afirmamos juntos el pensamiento de que Dios nos llena de fuerza y serena energía. Es un ritual de quince minutos que nunca nos perdemos. No podríamos salir adelante sin él; nos desmoronaríamos. Gracias a esto, siempre tengo más energía de la que necesito y más fuerza de la requerida». Tales fueron las palabras de ese hombre eficiente que hace gala de un poder sin esfuerzo.

Conozco a varios hombres y mujeres que practican esta técnica, o técnicas parecidas, para reducir la tensión. Éste es ya hoy en día un procedimiento muy popular y generalizado.

Una mañana de febrero bajaba a toda prisa por la larga terraza de un hotel de Florida con un puñado de cartas recién llegadas de mi oficina en Nueva York. Había ido a Florida de vacaciones de invierno, pero al parecer no había salido de la rutina de que mi correspondencia fuera lo primero de lo que me encargara cada mañana. Al pasar junto a él con la mira puesta en el par de horas de trabajo epistolar que me aguardaban, un amigo de Georgia que estaba sentado en una mecedora y cuyo sombrero le cubría parcialmente los ojos me detuvo en medio de mi precipitación y me dijo con su agradable cadencioso acento sureño:

—¿Adónde va usted tan de prisa, señor doctor? Eso no se hace aquí, bajo el sol de Florida. Venga, siéntese en una mecedora y ayúdeme a practicar una de las más grandes de todas las artes.

Repetí, desconcertado:

—¡Ayudarle a practicar una de las más grandes de todas las artes!

—Sí —contestó—, un arte que está pasando de moda. No muchas personas saben practicarlo ya.

—De acuerdo —respondí—, pero dígame por favor cuál es. No lo veo practicando ningún arte.

—¡Cómo que no! —reclamó—. Practico el arte de estar sentado bajo el sol. Siéntese aquí y deje que el sol caiga en su rostro. Es acogedor y hasta huele bien. Lo tranquilizará por dentro. ¿Se ha puesto a pensar alguna vez en el sol? —preguntó—. Nunca se apresura, jamás se altera, trabaja despacio y no hace ruido; no oprime alarmas, contesta teléfonos ni toca timbres: sólo brilla y trabaja más en una fracción de segundo que usted y yo en toda una vida. Piense en lo que él lleva a cabo. Hace que las flores se abran y los árboles crezcan, calienta la tierra, hace crecer las frutas y verduras y madurar las cosechas, sube el agua para que vuelva a la tierra y nos hace sentir en paz.

»He descubierto que cuando estoy tomando el sol y permito que trabaje en mí, sus rayos me dan energía; es decir, me doy tiempo para asolearme.

»Así que deje esas cartas —dijo— y venga a sentarse conmigo».

Lo hice, y cuando por fin me encaminé a mi habitación y me ocupé de mi correo, lo terminé en un instante. Gracias a eso, pude dedicar buena parte del resto del día a actividades vacacionales, y a pasar más tiempo «sentado bajo el sol».

Por supuesto que conozco a muchas personas perezosas que han estado sentadas bajo el sol toda la vida y nunca llegaron a nada. Hay una diferencia entre sentarse y relajarse y tan sólo sentarse. Pero si te sientas y te relajas, piensas en Dios y te pones en sintonía con él y te abres al flujo de su fuerza, no te sientas por flojera, sino para renovar tu energía, ésta es una de las mejores maneras de hacerlo. Esta costumbre genera una energía concentrada, del tipo que tú controlas, no del que te controla a ti.

El secreto es mantener tranquila la mente, evitar toda reacción frenética y precipitada y practicar el pensamiento apacible. La esencia de este arte es preservar un *tempo* lento, para ejercer tus responsabilidades con base en la más eficiente conservación de energía. Es aconsejable que adoptes uno o dos planes para volverte experto en la práctica de un poder relajado y sin esfuerzo.

Uno de los mejores planes de esta clase me fue sugerido por el capitán Eddie Rickenbacker. Hombre muy ocupado, se las arregla para llevar sus responsabilidades de una forma que indica que posee grandes reservas de energía. Descubrí por accidente uno de los elementos de su secreto.

En una ocasión en que grababa con él un programa de televisión, se nos aseguró que todo sería muy rápido, lo que le permitiría desocuparse pronto para entregarse a los muchos otros asuntos de su agenda. Sin embargo, la grabación se prolongó más de lo previsto. Pero noté que el capitán no mostraba señales de agitación: no se puso nervioso ni angustiado; no caminaba de un lado a otro ni llamó con desesperación a su oficina. En cambio, aceptó de buena gana la situación. En el estudio había un par de mecedoras viejas, al parecer destinadas a un foro distinto al nuestro. Él se sentó muy relajado en una de ellas.

Siempre he sido un gran admirador de Eddie Rickenbacker y le comenté su ausencia de tensión.

—Sé lo ocupado que está —le dije—, y me sorprende que pueda sentarse aquí tan tranquilo, calmado y feliz.

Yo, por el contrario, estaba un poco incómodo, sobre todo porque lamentaba tener que quitarle tanto tiempo al capitán Rickenbacker.

—¿A qué se debe esa actitud imperturbable?

Él rio y contestó:

—A que practico lo que usted predica. ¡Vamos, tranquilícese! Venga a sentarse a mi lado.

Acerqué la otra mecedora e intenté relajarme un poco. Después dije:

—Eddie, sé que usted debe tener alguna técnica para alcanzar esa impresionante serenidad. Dígame cuál es, por favor.

Él es un hombre modesto, pero debido a mi persistencia me dio la fórmula que acostumbra a emplear. La uso ahora y es muy eficaz. Puede describirse como sigue:

Primero, suéltate físicamente. Practica esto varias veces al día. Suelta todos los músculos de tu cuerpo. Imagina que eres una medusa y que tu cuerpo está en completa libertad. Forma una imagen mental de un enorme saco de patatas; corta en tu mente el saco para que éstas rueden; imagina que tú eres el saco.

¿Qué puede ser más relajado que un saco de patatas vacío?

El segundo elemento de la fórmula es «vaciar la mente». Varias veces al día vacía tu mente de toda irritación, resentimiento, decepción, frustración y fastidio. Si no haces esto con regularidad y frecuencia, esos desafortunados pensamientos se acumularán hasta volver necesario un procedimiento más brusco para su eliminación. Mantén vacía tu mente de todos los factores que podrían impedir el flujo de un poder relajado en ella.

Tercero, piensa espiritualmente. Hacer esto significa dirigir la mente a Dios a intervalos regulares. Al menos tres veces al día «alza tus ojos a las montañas». Esto te mantendrá en sintonía con la armonía de Dios y volverá a llenarte de paz.

Este programa de tres puntos me impresionó mucho y llevo varios meses practicándolo. Es un método excelente para relajarse y vivir sobre una base de serenidad.

De mi amigo el doctor Z. Taylor Bercovitz, en Nueva York, he aprendido mucho acerca del arte de trabajar en un estado de relajación. Cuando él está bajo presión, con el consultorio lleno de pacientes y el teléfono que no para de sonar, suele hacer un alto súbito, apoyarse en su escritorio y hablar con el Señor de forma natural y respetuosa. Me gusta cómo reza. Según me informa él mismo, dice algo como esto: «Creo que me estoy tensando demasiado, Señor, y esto me pone nervioso. En este sitio le aconsejo a la gente que practique la quietud y ahora debo practicarla yo. Tócame con tu paz curativa. Dame serenidad, tranquilidad y fortaleza, y conserva mi energía para que pueda ayudar a las personas que acuden a mí». Luego permanece en silencio uno o dos minutos, le da gracias a Dios y prosigue con su trabajo con buen ritmo, pero sin esfuerzo.

Cuando visita a enfermos en diversos rumbos de la ciudad, a menudo se ve atrapado en un atasco de vehículos. Él tiene un método interesante para aprovechar esos irritantes retrasos como oportunidades para relajarse: apaga el motor, se hunde en su asiento, echa atrás la cabeza, cierra los ojos y, a veces, hasta se duerme. Dice que no le preocupa quedarse dormido, porque los estridentes bocinazos de los cláxones lo despiertan cuando la circulación se reanuda.

Esos interludios de completa relajación en medio del tráfico duran uno o dos minutos, pero tienen el valor de renovar su energía. Son muchos los minutos o fracciones de minutos que tú puedes usar durante el día para descansar dondequiera que estés. Si incluso en esos breves periodos recurres deliberadamente a la fuerza divina, mantendrás una relajación adecuada. No es la duración de la relajación lo que produce energía, sino la calidad de la experiencia.

Me cuentan que el famoso estadístico Roger Babson entra con frecuencia a una iglesia vacía para sentarse en silencio en un banco. Tal vez lee uno o dos himnos, en los que encuentra descanso y renovación. Cuando está bajo tensión, el célebre autor inspiracional Dale Carnegie va a una iglesia cerca de su oficina en Nueva York y pasa un cuarto de hora en devota meditación. Dice que sale de su oficina con ese propósito justo cuando está más ocupado. Esto demuestra que controla el tiempo en lugar de dejarse controlar por él. También indica vigilancia para que la tensión no exceda de un grado controlable.

Una noche me encontré con un amigo en el tren de Washington a Nueva York. Este sujeto es miembro del Congreso y me explicó que iba de camino a su distrito para hablar con sus electores en una reunión. El grupo particular al que se dirigiría era hostil a él, dijo, y probablemente intentaría complicarle las cosas. Pese a que dicho grupo representaba una minoría en su distrito, él lo trataría de todas maneras.

—Son ciudadanos y soy su representante. Tienen derecho a reunirse conmigo si quieren.

—No parece usted muy preocupado —le comenté.

—No —respondió—. Si me preocupara, me enfadaría y no llevaría bien la situación.

—¿Tiene un método particular para resolver una situación tensa? —le pregunté.

—Sí —contestó—. Aquél será un grupo ruidoso, pero tengo una manera de enfrentar sin tensión situaciones como ésa. Respiro hondo, hablo despacio y con sinceridad, soy amable y respetuoso, controlo mi carácter y confío en que Dios ve por mí.

»He aprendido una importante verdad —continuó—, y es que en cualquier situación lo mejor es estar relajado, conservar la calma, tener una actitud amable y tener fe. Si se hace esto, por lo general todo sale bien».

No tengo ninguna duda de la aptitud de ese congresista para vivir y trabajar sin tensión y, más todavía, para alcanzar con éxito sus objetivos.

Mientras hacíamos una obra de construcción en mi granja en Pawling, Nueva York, vi a un trabajador mecer una pala para mover una pila de arena. ¡Fue todo un espectáculo! Desnudo hasta la cintura, su cuerpo delgado y musculoso trabajaba con coordinación y precisión. La pala subía y bajaba a un ritmo perfecto. Él la introducía en la pila, apoyaba el cuerpo en ella y la sumergía lo más hondo posible; luego la levantaba con una suelta y exacta oscilación y depositaba la arena en su nuevo sitio sin hacer una sola pausa en su movimiento. La pala volvía entonces a la arena, el trabajador se apoyaba nuevamente en ella y la pala se elevaba otra vez en un arco perfecto y fluido. Uno pensaba que él podría cantar incluso al ritmo de su movimiento y, en efecto, ese hombre cantaba mientras trabajaba.

No me sorprendió que el capataz me dijera que ése era uno de sus mejores trabajadores. Añadió que era también una persona alegre y feliz con la que resultaba agradable trabajar. Era un hombre relajado que vivía con una fuerza gozosa, maestro en el arte de trabajar sin esfuerzo.

La relajación es resultado de la re-creación y el proceso de la re-creación debe ser continuo. El ser humano fue hecho para apegarse a un flujo continuo de fuerza procedente de Dios, que él recibe y devuelve al Señor para que la renueve. Cuando uno vive en armonía con este constante proceso recreador adquiere la indispensable cualidad de relajarse y trabajar con soltura.

Para dominar esa habilidad sigue estas diez reglas, con las que podrás despojar tu trabajo de complicaciones. Aplica estos métodos probados para trabajar intensamente pero con facilidad. Te ayudarán a relajarte y a ejercer sin esfuerzo tu aptitud.

1. No pienses que eres Atlas que lleva el mundo sobre sus hombros. No te exijas tanto. No te lo tomes tan en serio.

2. Toma la decisión de disfrutar de tu trabajo. De este modo lo volverás placentero, no irritante. Tal vez no tengas que cambiar de empleo. Cambia tú y tu trabajo te parecerá diferente.

3. Planea tu trabajo y trabaja tu plan. La falta de un sistema es la causa de que te sientas abrumado.

4. No intentes hacer todo a la vez. Hay tiempo para todo. Haz caso del sabio consejo bíblico: «Haré sólo esto».

5. Adopta una actitud correcta y recuerda que el hecho de que tu trabajo sea fácil o difícil depende de lo que pienses de él. Si piensas que es difícil, será difícil. Si piensas que es fácil, tenderá a ser fácil.

6. Vuélvete eficiente en tu labor. «Conocimiento es poder» (sobre tu trabajo). Siempre es más fácil hacer bien una cosa.

7. Relájate. La calma lo consigue todo. No te presiones ni te fuerces. Sigue tu propio paso.

8. Disciplínate para no dejar para mañana lo que puedas hacer hoy. La acumulación de tareas inconclusas dificultará tu trabajo. Siempre termina a tiempo tu labor.

9. Reza en relación con tu trabajo. Si lo haces, adquirirás una eficiencia relajada.

10. Apóyate en tu «socio invisible». Él te quitará de encima una carga inmensa. Dios está a gusto en las oficinas, fábricas, tiendas y cocinas tanto como en las iglesias. Sabe de tu trabajo más que tú. Su ayuda facilitará tu labor.

15. Cómo gustar a la gente

Admitamos que nos gusta gustar a la gente.

Si oyes decir a alguien: «No me importa si la gente me estima o no», da por hecho que no dice la verdad.

El psicólogo William James dijo: «Uno de los impulsos más profundos de la naturaleza humana es el deseo de ser apreciado». El anhelo de ser querido, de ser tenido en alta estima, de ser una persona a la que se la busca, es fundamental en nosotros.

En una encuesta entre estudiantes de instituto acerca de la pregunta «¿Qué es lo que más deseas?», la abrumadora mayoría dijo que quería ser popular. Este impulso también está presente en los adultos. Es de dudar que alguien pueda desdeñar el deseo de que se le tenga en buen concepto, se le considere con atención o sea apreciado por sus compañeros.

Para ser un maestro en el arte de la popularidad, sé natural. Si buscas deliberadamente ser popular, lo más probable es que no lo consigas. Si, en cambio, te conviertes en una de esas raras personalidades sobre las que se dice: «Tiene algo», puedes estar seguro de que vas en camino de lograr que la gente te aprecie.

Sin embargo, debo advertirte que pese a tus logros de popularidad, nunca conseguirás caerle bien a todo el mundo. Una curiosa peculiaridad de la naturaleza humana establece que siempre habrá personas a las que no les gustarás. Dicen unos versos escritos en una pared en Oxford:

No lo quiero, doctor Fell,
la razón no la sé,
pero lo que sé bien:
es que no lo quiero, doctor Fell.

Esta estrofa es en extremo perspicaz. Al autor no le caía bien el doctor Fell. No sabía por qué; lo único que sabía era que no le gustaba. Muy probablemente era una antipatía irracional, porque cabe pensar que el doctor Fell era una buena persona. Tal vez si el autor lo hubiera conocido mejor, el doctor Fell le habría caído bien; pero ese pobre doctor nunca gozó de popularidad con el autor de tales versos. Quizá todo se debía simplemente a una falta de afinidad entre ellos, ese desconcertante mecanismo por efecto del cual hacemos o no hacemos «clic» con determinadas personas.

Incluso la Biblia reconoce ese desafortunado hecho de la naturaleza humana y por eso dice: «Si es posible, en cuanto dependa de vosotros, estad en paz con todos los hombres» (Romanos 12:18). La Biblia es un libro muy realista que conoce bien a la gente, sus infinitas posibilidades tanto como sus imperfecciones. En ella se recomendó a los discípulos que si iban a un pueblo y, tras hacer todo lo posible para congeniar con la gente, no lo lograban, sacudieran sus pies para quitarse el polvo de aquella aldea: «Y dondequiera que no os recibieren, salid de aquella ciudad y sacudid el polvo de vuestros pies en testimonio contra ellos» (Lucas 9:5). Esto equivale a afirmar que harías bien en no permitir que no ser popular entre todos te afecte tanto.

No obstante, hay ciertas fórmulas y procedimientos que, de seguirse fielmente, te convertirán en una persona agradable para los demás. Tú puedes disfrutar de relaciones personales satisfactorias aun si eres una persona «difícil», o tímida y retraída por naturaleza, e incluso antisocial. Puedes ser alguien que disfrute de relaciones tranquilas, normales, naturales y placenteras con tus semejantes.

Nunca se insistirá lo suficiente en considerar la importancia de este tema y de dedicar tiempo y atención a su dominio, porque no serás completamente feliz ni exitoso hasta que lo hagas. El fracaso a este respecto afectará adversamente tu psicología. Ser apreciado es de mayor importancia que satisfacer tu ego. Tan necesario como es esto último para tu éxito en la vida, las relaciones personales normales y satisfactorias son más importantes todavía.

La sensación de no ser querido o necesitado es una de las reacciones humanas más devastadoras. Eres una persona plena en la medida en que otras te buscan o necesitan. El «lobo solitario», la personalidad aislada, el individuo retraído sufren una pena difícil de describir. En defensa propia se encierran cada vez más en su interior. Su introvertida y ensimismada naturaleza se ve impedida del desarrollo normal que experimenta la persona comunicativa y generosa. Si la personalidad no sale de sí misma y es de valor para alguien, podría enfermar y morir. La sensación de no ser querido o necesitado produce frustración, envejecimiento y enfermedad. Si tienes una sensación de inutilidad; si nadie te quiere o necesita, debes hacer algo. Esa manera de vivir no sólo es lastimosa, sino también grave desde el punto de vista psicológico. Quienes se ocupan de los problemas de la naturaleza humana tropiezan constantemente con este conflicto y sus desafortunados resultados.

Por ejemplo, en una comida en el Club Rotario de cierta ciudad, dos médicos se sentaron a mi mesa: uno de ellos era un hombre mayor que se había retirado hacía ya varios años; el otro, el médico joven más popular de la ciudad. Este último llegó tarde y se desplomó en una silla con aire cansado y un suspiro de fastidio.

—¡Si tan sólo el teléfono dejara de sonar! —se quejó—. No puedo ir a ningún lado porque la gente me llama todo el día. ¡Ojalá pudiera ponerle un silenciador a ese teléfono!

El doctor maduro dijo sin más:

—Sé cómo te sientes, Jim. Así me sentía yo, pero debes agradecer que el teléfono suene. Alégrate de que la gente te busque y necesite —y añadió en tono de lamento—: a mí ya no me llama nadie. Me gustaría volver a oír sonar el teléfono, pero ya nadie me quiere ni me necesita. Soy un nombre del pasado.

Todos quienes estábamos a la mesa y que a veces nos sentíamos un poco agobiados por nuestras numerosas actividades, pensamos muchas cosas mientras oíamos al anciano doctor.

Una mujer madura se quejó conmigo de que no se encontraba bien. Estaba insatisfecha y era infeliz.

—Mi esposo ya murió, mis hijos son adultos y ya no hay lugar para mí. La gente me trata con amabilidad, pero también con indiferencia. Todos persiguen su propio interés y nadie me necesita, nadie me quiere. Me pregunto si ésa es acaso una razón de que no me encuentre bien —es muy probable que ésa haya sido una muy importante razón.

El fundador de una empresa, de poco más de setenta años de edad, no cesaba de dar vueltas sin sentido en una oficina. Hablaba conmigo mientras el teléfono era atendido por su hijo, el nuevo director de la compañía y a quien yo había ido a ver. Dijo el viejo con tristeza:

—¿Por qué no escribe usted un libro sobre cómo jubilarse? Eso es lo que necesito saber ahora. Pensaba que dejar la carga del trabajo sería maravilloso —continuó—, pero hoy veo que a nadie le interesa nada de lo que digo. Antes creía ser popular, pero ahora, cuando vengo aquí y me siento en la oficina, todos me saludan y después me olvidan. Podría siquiera presentarme y a ellos no les importaría. Ahora mi hijo dirige la empresa y lo hace bien, pero me gustaría pensar que todos me necesitan un poco —concluyó lastimosamente,

Esas personas sufren una de las más tristes e ingratas experiencias de esta vida. Su deseo básico es que se les busque y este deseo no es satisfecho. Quieren que la gente las aprecie. La personalidad anhela estimación. Sin embargo, esta situación no sólo se desarrolla en la jubilación.

Una chica de veintiún años me dijo que se había sentido no deseada desde que nació. Alguien le había hecho creer que había sido una hija no deseada. Esta terrible idea se había hundido en su subconsciente hasta provocarle una profunda sensación de inferioridad y desprecio de sí misma. Eso la volvió tímida y retraída, lo que la llevó a aislarse. Se volvió solitaria e infeliz y, de hecho, tenía una personalidad subdesarrollada. La cura de su afección consistió en renovar espiritualmente su vida y en especial su manera de pensar, lo que con el tiempo la convirtió en una persona querida, ya que liberó a su personalidad de la carga de ella misma.

Innumerables personas, no en particular víctimas de profundos e inconscientes conflictos psicológicos, nunca han tenido el don de ser populares. Se esfuerzan mucho por con seguirlo. Llegan incluso al extremo de actuar de una forma que en realidad no les gusta, pero que emplean a causa de su intenso deseo de gustar. Hoy vemos por doquier a personas que montan todo un espectáculo debido a su excesivo anhelo de popularidad en el superficial sentido en que esta palabra suele usarse en la sociedad moderna.

El hecho es que la popularidad puede conseguirse mediante un par de técnicas simples, naturales, normales y fáciles de dominar. Si las practicas con diligencia, serás un individuo muy querido.

Primero, conviértete en una persona agradable, es decir, en alguien que los demás puedan tratar sin sentirse incómodos. De algunas personas se dice: «Ni siquiera te le puedes acercar». Siempre tienen frente a ellas una barrera infranqueable. Una persona agradable es tratable y natural. Es simpática, cordial y amable. Estar con ella es comparable a usar un viejo sombrero o par de zapatos, o un cómodo abrigo. Un individuo altivo, reservado e insensible nunca encajará en un grupo; siempre estará un tanto al margen. Jamás se sabe cómo tratarlo o cómo reaccionará. Uno no se siente a gusto con él.

En una ocasión, ciertos jóvenes conversaban sobre un chico de diecisiete años que les caía muy bien. Decían de él: «Es agradable estar a su lado. Tiene muy buen humor. Es fácil de tratar». Resulta muy importante cultivar la cualidad de ser natural. Por lo común, este tipo de individuos son de estatura alta. Las personas menudas que dan mucha importancia a cómo se las trata, celosas de su lugar o posición, o que establecen meticulosamente sus prerrogativas suelen ser rígidas y ofenderse con facilidad.

Un hombre que es un ejemplo notable de esas verdades es James A. Farley, exdirector general de Correos de Estados Unidos.

Conocí al señor Farley hace varios años. Meses después lo encontré en medio de un numeroso grupo de personas y me llamó por mi nombre. Siendo humano, nunca olvidé esto y ésa es una de las razones de que él siempre me haya gustado.

Un interesante incidente ilustra el secreto de este hombre, experto en caerle bien a la gente. Yo debía hablar en Filadelfia en una comida, junto con el señor Farley y otros dos autores. En realidad, no presencié la escena que estoy a punto de describir, porque llegué tarde, pero mi editor sí estuvo en el lugar. Quienes serían los oradores en aquella comida recorrían el pasillo del hotel cuando pasaron frente a una empleada afroamericana que estaba de pie junto a un carrito lleno de sábanas, toallas y otros enseres de servicio a los cuartos. Ella no prestó atención cuando el grupo se apartó para evitar el carrito, pero el señor Farley se acercó a ella, le tendió la mano y le dijo:

—¡Hola!, ¿cómo está? Soy Jim Farley. ¿Usted cómo se llama? Me alegra conocerla.

Mi editor la miró mientras el grupo continuaba su marcha. La joven se había quedado con la boca abierta de asombro y en su rostro había estallado una preciosa sonrisa. Ése fue un excelente ejemplo de cómo una persona desinteresada, sociable y agradable tiene éxito en las relaciones personales.

El departamento de psicología de cierta universidad realizó un análisis de los rasgos de la personalidad de los individuos simpáticos y antipáticos. Cien rasgos fueron científicamente analizados y se mencionó que uno debe tener cuarenta y seis rasgos favorables para ser apreciado. Resulta desalentador saber que debes tener un número tan grande de características para ser popular.

No obstante, el cristianismo enseña que un rasgo básico hace mucho por lograr que le caigas bien a la gente. Ese rasgo es un interés y amor franco y sincero por las personas. Tal vez si cultivas ese rasgo básico, otros se desarrollen de forma natural.

Si no eres del tipo agradable, te sugiero que hagas un estudio de tu personalidad con la mira puesta en eliminar de ella los elementos conscientes e inconscientes de tensión que pueda tener. No des por sentado que la gente no te quiere porque los demás están mal. Asume más bien que el problema está en ti; por tanto, decide buscarlo y eliminarlo. Esto requerirá una honestidad escrupulosa y también podría implicar la ayuda de expertos en personalidad. Los supuestos elementos irritantes de tu personalidad podrían ser defectos que has adquirido a través de los años. Quizá los adoptaste como un medio defensivo, o podrían ser resultado de actitudes que desarrollaste en tu juventud. Sea cual sea su origen, pueden eliminarse mediante un estudio científico de ti mismo y si reconoces la necesidad de cambio, seguida por un proceso de rehabilitación personal.

Un joven llegó a la clínica de nuestra iglesia buscando ayuda para resolver un problema de relaciones personales. De alrededor de treinta y cinco años de edad, era el tipo de individuo que uno miraría sin duda dos veces, si no es que tres; así de bien proporcionado e impresionante era. A primera vista, sorprendía que no le gustara a la gente. Pero después procedió a trazar una lamentable y continua serie de circunstancias y situaciones para ilustrar su desconcertante fracaso en las relaciones humanas.

—Hago todo lo que puedo —explicó—. He intentado poner en práctica las reglas que me han enseñado para llevarme bien con la gente, pero no consigo nada con este esfuerzo. Sencillamente no les gusto a las personas y lo sé.

Tras hablar con él, no fue difícil entender su problema. En su manera de hablar había una actitud persistentemente crítica, algo velada pero visible de todos modos. Tenía una forma muy poco atractiva de fruncir los labios que indicaba cierta severidad o crítica de todos, como si se sintiera superior a los demás y los desdeñara. De hecho, había en él una notable actitud de superioridad. Era muy rígido, de una personalidad inflexible.

—¿No hay alguna forma de que pueda cambiar para que la gente me acepte? —preguntó—. ¿De que pueda dejar de mortificar inconscientemente a los demás?

Ese joven era definitivamente egocéntrico y egoísta. La única persona que le gustaba era él mismo. Cada frase, cada actitud estaba inconscientemente medida en términos de cómo reaccionaría él. Nosotros tuvimos que enseñarle a querer a los demás y a olvidarse de sí mismo, lo cual fue, por supuesto, una completa inversión de su desarrollo. Sin embargo, esto fue vital para la solución de su problema. Descubrí que este joven era irritable para los demás y que los criticaba mentalmente, aunque no desarrollara conflictos externos con ellos. Por dentro intentaba hacer que todos se adaptaran a él. Los demás se daban cuenta de esto de forma inconsciente y aunque tal vez no definían el problema en su mente levantaban barreras en su contra.

Como él era desagradable con la gente en sus pensamientos, era menos que cordial en sus actitudes personales. Poseía suficiente cortesía y se las arreglaba para no ser maleducado ni antipático, pero de manera inconsciente las personas sentían frialdad en él, y le hacían sentir el «desaire» del que él se quejaba. Actuaban de ese modo porque se sentían mentalmente «desairadas» por él. Él tenía mucho aprecio por sí mismo, y para reforzar su autoestima desdeñaba a los demás. Sufría de amor propio, y para curarlo una de las prácticas esenciales es el amor por los demás.

Cuando le expusimos su dificultad, se mostró confundido y desconcertado. Pero era serio y sincero. Practicó las técnicas que le sugerimos para desarrollar amor por los demás, ya no por sí mismo. Esto requirió algunos cambios fundamentales, pero tuvo éxito.

Uno de los métodos sugeridos fue que cada noche, antes de acostarse, hiciera una lista de personas con las que había tratado durante el día, como el conductor del autobús o el vendedor de periódicos. Debía hacer un retrato mental de cada persona incluida en la lista y al mirar cada rostro debía pensar algo amable sobre esa persona. Después debía orar por cada una de ellas, orar por su pequeño mundo propio. Cada uno de nosotros tiene su propio mundo, los individuos con los que trata o colabora en una forma u otra.

Por ejemplo, la primera persona ajena a su familia que ese sujeto veía por la mañana era el hombre del ascensor de su edificio. No tenía la costumbre de decirle nada más allá de un indiferente y superficial «Buenos días». Ahora se daba tiempo para sostener una pequeña charla con él. Le preguntaba por su familia y sus intereses. Descubrió de esta forma que aquel hombre tenía un punto de vista valioso y algunas experiencias fascinantes. Comenzó a ver valores en una persona que antes había sido un robot para él, que hacía subir y bajar el ascensor hasta su piso. El tipo empezó a gustarle, mientras que éste, que se había formado una opinión muy precisa acerca del joven, reconsideró su opinión. Establecieron una relación amigable, así que el proceso terminó por involucrarlos a ambos.

Un día el joven me dijo:

—He descubierto que el mundo está lleno de personas interesantes, y nunca me había dado cuenta de eso.

Cuando hizo esta observación, demostró que se perdía a sí mismo, lo cual le permitió encontrarse, como dice sabiamente la Biblia. Al perderse se encontró, lo mismo que a muchos nuevos amigos. La gente aprendió a apreciarlo.

Aprender a rezar por los demás fue importante para su rehabilitación, porque cuando rezas por alguien tiendes a modificar tu actitud personal hacia él. Con eso elevas la relación a un nivel más alto. Lo mejor de la otra persona fluye hacia ti cuando lo mejor de ti fluye hacia ella. En el encuentro de lo mejor en cada uno se establece una mayor unidad de comprensión.

En esencia, gustar a los demás es sencillamente el lado contrario de apreciarlos. Uno de los hombres más populares que haya vivido en nuestra época en Estados Unidos fue el ya desaparecido Will Rogers, quien, entre sus declaraciones clásicas, emitió la siguiente: «Nunca he conocido a un hombre que no me cayera bien». Esto podría parecer una exageración, pero estoy seguro de que Rogers no la consideraba así. Sentía eso por la gente, la que en consecuencia se abría para él como las flores bajo el sol.

A veces se opone la débil objeción de que es difícil apreciar a algunas personas. En efecto, algunas son por naturaleza más agradables que otras, pero un serio intento de conocer a cualquier individuo revelará en él cualidades admirables y hasta encantadoras.

Un sujeto tenía problemas para vencer la irritación que le causaban las personas con las que trabajaba, por algunas de las cuales sentía profunda antipatía. Aunque le irritaban en extremo, venció esa sensación mediante una lista exhaustiva de todo lo que podía admirar en cada una de ellas. Todos los días trataba de aumentar esa lista. Le sorprendió descubrir que personas que pensó que no le simpatizaban en absoluto tenían muchas cualidades agradables. De hecho, no podía entender por qué las había rechazado antes, ahora que había tomado conciencia de sus atractivas cualidades. Por supuesto que mientras hacía esos descubrimientos sobre esas personas, a su vez ellas descubrían en él nuevas y gratas virtudes.

Si has vivido hasta ahora sin haber establecido relaciones humanas satisfactorias, no des por hecho que no puedes cambiar, aunque será necesario que des pasos muy específicos para resolver ese problema. Puedes cambiar y convertirte en una persona popular, querida y estimada si estás dispuesto a hacer el esfuerzo. ¿Me permitirías recordarte, como me recuerdo a mí mismo, que una de las grandes tragedias de la persona promedio es la tendencia a pasarse la vida perfeccionando sus defectos? Desarrollamos un defecto, lo protegemos, cultivamos y jamás lo modificamos. Como si fuera un disco rayado, él toca la misma canción una y otra vez. Tú tienes que levantar la aguja para que deje de haber disonancia y haya armonía. No pases más tu vida perfeccionando tus defectos para las relaciones humanas; pasa el resto de tu existencia perfeccionando tus grandes capacidades para la amistad, porque las relaciones personales son de vital importancia para vivir de manera satisfactoria.

Otro factor importante para gustar a la gente es reforzar su ego. Puesto que constituye la esencia de nuestra personalidad, el ego es sagrado para nosotros. En cada persona existe un deseo normal de sentirse importante. Si rebajo tu ego y, por tanto, tu importancia, te hiero profundamente, aunque tú restes valor a ese acto y te rías. De hecho, te he faltado al respeto y aunque ejerzas la virtud de la caridad conmigo, no te simpatizaré mucho, a menos que poseas un desarrollo espiritual muy avanzado.

Si, por el contrario, elevo tu respeto por ti mismo y contribuyo a que te sientas una persona valiosa, muestro una alta estimación por tu ego. Te he ayudado a ser mejor, así que apreciarás lo que he hecho. Estarás agradecido conmigo y me estimarás por eso.

Aunque hieras poco a otro, nunca es posible evaluar hasta dónde llega la desvalorización causada incluso por un comentario o actitud que no tenía la intención de ser hostil. El ego suele degradarse de esa forma.

Por ejemplo, la próxima vez que estés en un grupo y alguien cuente un chiste y todos se rían menos tú, di con un tono de condescendencia: «¡Qué buen chiste! Lo leí en una revista el mes pasado».

Demostrar a los otros la superioridad de tu conocimiento te hará sentir muy importante, pero ¿cómo hará sentir a quien ha contado el chiste? Le has quitado la satisfacción de haber contado una buena historia. Lo has desplazado de su breve momento bajo los focos y atraído la atención hacia ti. De hecho, lo has desinflado y lo has dejado postrado. Ha disfrutado de su momentánea distinción, pero tú se la has arrebatado. A nadie en el grupo le gustará lo que has hecho y menos que nadie a aquel cuya historia has estropeado. Te haya gustado el chiste o no, el que lo ha contado y los demás lo han disfrutado. Recuerda que él podría sentirse un poco avergonzado e intimidado. Le habría ido bien recibir una reacción. No le bajes los humos a la gente. Aliéntala y te querrá por eso.

Mientras escribía este capítulo recibí la visita de un viejo y querido amigo, el doctor John W. Hoffman, expresidente de la Ohio Wesleyan University. Al sentarme con él en Pasadena, una vez más me di cuenta de lo mucho que esta gran personalidad ha significado siempre para mí. Hace muchos años, la noche previa a mi graduación de la universidad, celebramos un banquete en la residencia de nuestra fraternidad, en el que él estuvo presente y pronunció un discurso. Después de la cena me pidió que lo acompañara a la residencia presidencial.

Era una preciosa noche de junio iluminada por la luna. A lo largo de todo el camino colina arriba él me habló de la vida y sus oportunidades, así como de las emociones que me aguardaban en el mundo exterior. Al llegar frente a su casa, puso una mano en mi hombro y me dijo: «Norman, siempre me has caído bien. Creo en ti. Tienes grandes potencialidades. Siempre estaré orgulloso de ti. Posees algo muy especial». Por supuesto que él me sobreestimaba, pero eso es infinitamente mejor que devaluar a una persona.

Siendo junio y la noche anterior a mi graduación, con abundante entusiasmo en mi interior, mis sentimientos afloraron fácilmente y me despedí del doctor Hoffman en medio de una niebla de lágrimas que en vano intenté ocultar. Han pasado muchos años desde entonces, pero nunca olvidé lo que él me dijo ni cómo lo dijo esa noche de junio de hace tanto tiempo. Lo he apreciado mucho en el transcurso de todos estos años.

Descubrí que dijo cosas parecidas a muchos otros muchachos y muchachas que ya son adultos ahora, y ellos también aprecian que él haya respetado su personalidad y los haya apoyado constantemente. Al paso de los años nos escribió para felicitarnos por alguna insignificancia que habíamos hecho y una palabra de aprobación suya poseía gran valor. No es de sorprender que este honorable guía de la juventud disfrute del afecto y devoción de miles de personas cuya vida ha tocado.

A quienquiera que ayudes a crecer y ser una persona mejor, más fuerte y más buena te rendirá devoción eterna. Apoya a tantas personas como puedas. Hazlo de forma desinteresada. Hazlo porque te caen bien y porque ves posibilidades en ellas. Hazlo y nunca te faltarán amigos. Siempre se tendrá un buen concepto de ti. Apoya a la gente y quiérela de verdad. Hazla buena y su estimación y afecto fluirán hacia ti.

Los principios básicos para gustar a la gente no precisan de un énfasis largo y laborioso, porque son muy sencillos e ilustran fácilmente su veracidad. Sin embargo, a continuación enumeraré diez reglas prácticas para conseguir la estimación de los demás. La solidez de estos principios se ha demostrado en innumerables ocasiones. Practícalos hasta volverte experto en ellos y gustarás a la gente.

1. Recuerda los nombres de los demás. El olvido podría indicar que tu interés no es suficientemente explícito. El nombre de una persona es muy importante para ella.

2. Sé un individuo agradable para que no resulte incómodo estar a tu lado; sé como un viejo zapato o sombrero. Haz sentir sabor de hogar.

3. Adquiere la cualidad de un trato fácil y relajado para que nada te irrite.

4. No seas egoísta. Cuídate de dar la impresión de que lo sabes todo. Sé natural y humilde.

5. Cultiva la cualidad de ser interesante para que la gente quiera estar contigo y obtener algo estimulante de tratarte.

6. Estudia la manera de eliminar los elementos irritantes de tu personalidad, aun aquellos de los que quizá no tengas conciencia.

7. Haz un sincero intento para remediar, sobre una sincera base cristiana, todos los malentendidos que hayas tenido o tengas ahora. Deshazte de tus quejas.

8. Practica tu buen trato con la gente hasta que aprendas a ejercerlo con autenticidad. Recuerda lo que decía Will Rogers: «Nunca he conocido a un hombre que no me cayera bien». Intenta ser así.

9. Jamás pierdas la oportunidad de decir una palabra de alabanza por un logro ajeno, o de expresar compasión en el dolor o desengaño.

10. Vive una profunda experiencia espiritual para que tengas algo que dar a la gente que le ayude a ser más fuerte y a enfrentar la vida con más eficacia. Haz sentir fuertes a las personas y ellas te concederán su afecto.

16. Una receta contra la pesadumbre

«Deme, por favor, una receta contra la pesadumbre».

Esta curiosa y, en cierto modo, lastimosa petición fue realizada por un hombre al que su médico le había informado que las sensaciones de invalidez de las que se quejaba no eran de naturaleza física. Su problema radicaba en una incapacidad para reponerse de una pena. Él sufría de un «dolor en su personalidad» a raíz de esa aflicción.

Su doctor le aconsejó buscar tratamiento espiritual. Persistiendo en el uso de la terminología médica, el paciente repitió su pregunta: «¿Acaso existe una prescripción espiritual que sea capaz de reducir mi constante sufrimiento interno? Sé que todos lo padecemos, y que debería poder enfrentarlo igual que los demás. He hecho todo lo que he podido, pero no encuentro reposo». Así pues, pidió de nuevo, con una triste y lenta sonrisa: «Deme una receta contra la pesadumbre».

Es cierto que existe una receta para el pesar. Uno de sus elementos es la actividad física. El paciente debe rehuir la tentación de sentarse a cavilar. Un programa razonable que sustituya por actividad física esos infructuosos ensimismamientos disminuirá la tensión en el área de la mente donde reflexionamos, filosofamos y sufrimos de dolor mental. De este modo la actividad muscular utiliza otra parte del cerebro, y por tanto desplaza la tensión y procura alivio.

Un viejo abogado rural que disponía de una sana filosofía

y mucho saber le dijo a una mujer angustiada que la mejor medicina para su quebranto era «coger un cepillo, arrodillarse y ponerse a trabajar. El mejor remedio para el hombre», añadió, «es coger una hacha y cortar madera hasta fatigarse físicamente». Quizás ésta no sea una cura garantizada para el dolor, pero tiende a mitigar el sufrimiento.

Cualquiera que sea el tipo de tu aflicción, uno de los primeros pasos es decidirse a huir de toda situación derrotista que se haya creado a tu alrededor, por difícil que esto sea y hacer volver tu vida a su curso normal. Regresa al cauce central de las actividades de la existencia. Recupera tus antiguas amistades. Forma nuevas. Ocupa tu tiempo en caminar, montar, nadar, jugar para que la sangre vuelva a correr por tu organismo. Abstráete en un proyecto digno de atención. Llena tus días de actividad creativa y enfatiza su aspecto físico. Recurre a ocupaciones saludables que den alivio a tu mente, pero asegúrate de que sean dignas de mérito y de naturaleza constructiva. Un escapismo superficial mediante la actividad febril sólo amortiguará el dolor de manera temporal y no curará. Tal es el caso, por ejemplo, de las fiestas y el alcohol.

Una forma excelente y normal de aliviar la angustia es ceder al pesar. Hoy se piensa insensatamente que no debemos mostrar pesadumbre, que no es apropiado llorar ni expresarse por el mecanismo natural del llanto y el sollozo. Pero esto es una negación de la ley de la naturaleza. Es natural llorar cuando nos acomete el pesar o el dolor. Es un mecanismo de alivio provisto al cuerpo por Dios omnipotente y se debe utilizar.

Restringir la congoja, inhibirla, contenerla es dejar de usar uno de los medios divinos para eliminar la presión de la pesadumbre. Igual que cualquier otra función del cuerpo humano y el sistema nervioso, ésta debe controlarse, mas no impedirse por completo. El llanto profuso en un hombre o una mujer libera de la angustia. Sin embargo, he de advertir que este mecanismo no debe emplearse en exceso ni permitir que se vuelva un proceso habitual. Si esto sucediera, compartiría la naturaleza del pesar anormal y podría convertirse en psicosis. Nada ilimitado debe tolerarse.

Recibo muchas cartas de personas cuyos seres queridos han muerto ya. Me dicen que es muy difícil para ellas ir a lugares que frecuentaban juntos, o estar con las mismas personas que trataban como pareja o familia. Por lo tanto, evitan los sitios y amistades de los viejos tiempos.

Considero que ése es un grave error. Uno de los secretos para curar la angustia es ser lo más normal y natural posible. Esto no implica deslealtad ni indiferencia. Es una práctica importante para evitar un estado anormal de pesadumbre. La aflicción normal es un proceso natural y su normalidad es evidenciada por la aptitud del individuo para reanudar sus ocupaciones y responsabilidades usuales y continuar como antes.

Por supuesto, el mejor remedio para el pesar es el consuelo curativo provisto por la confianza en Dios. De modo inevitable, la receta básica para la angustia es volver la vista a Dios en una actitud de fe y abrirle mente y corazón. La perseverancia en ese acto de desahogo traerá finalmente sanación al corazón destrozado. Esta generación, que ha sufrido tantos, si no es que más pesares que las de épocas precedentes, debe reaprender lo que los hombres más sabios de todos los tiempos han sabido: que la única curación del dolor que padece la humanidad son los benignos cuidados de la fe.

Una de las almas más grandes de todos los tiempos fue el Hermano Lawrence, quien dijo: «Si en esta vida conociéramos la serena paz del Paraíso, nos instruiríamos en la familiar, humilde y amorosa conversación con Dios». No es aconsejable tratar de llevar la carga de la pena y el dolor mental sin la ayuda divina, porque su peso es mayor del que la personalidad puede soportar. Entonces, la más simple y eficaz de las recetas para la angustia es practicar la presencia de Dios. Esto mitigará la congoja de tu corazón y sanará la herida. Hombres y mujeres que han experimentado grandes tragedias nos dicen que esta prescripción es muy eficaz.

Otro elemento muy curativo de la receta contra la pesadumbre es adquirir una filosofía sana y satisfactoria de la vida, la muerte y la inmortalidad. Por mi parte, cuando adopté la firme creencia de que la muerte no existe, de que toda vida es indivisible, de que este mundo y el más allá son uno solo, de que el tiempo y la eternidad son inseparables y de que éste es un universo sin obstrucciones, encontré la filosofía más satisfactoria y convincente de mi vida.

Estas convicciones tienen fundamentos sólidos, la Biblia para comenzar. Creo que la Biblia nos da una muy sutil y —como se comprobará en definitiva— científica serie de discernimientos sobre la gran pregunta «¿Qué sucede cuando un hombre abandona este mundo?». Nos dice también, muy sabiamente, que conocemos esas verdades por la fe. El filósofo Henri Bergson asegura que el medio más certero para llegar a la verdad es la percepción, la intuición y, hasta cierto punto, el razonamiento, tras de lo cual debe darse un «salto mortal» y llegar a la verdad por intuición. De esta forma llegas a un momento glorioso en el que simplemente «sabes». Así fue como me sucedió a mí.

Estoy absoluta, sincera y cabalmente convencido de la verdad de lo que escribo y no tengo la menor duda de ello, ni siquiera en un grado infinitesimal. Accedí a esta fe categórica de manera gradual, pero llegó un momento en que lo supe.

Esta filosofía no protege del pesar que nos aqueja cuando muere un ser querido y sobreviene la separación física y terrenal. Pero levantará y disipará el dolor. Llenará tu mente de un hondo entendimiento del significado de esa circunstancia inevitable. Y te dará firme seguridad de que no has perdido a tu ser querido. Si vives en esta fe estarás en paz, y la tristeza dejará tu corazón.

Graba en tu mente y en tu corazón uno de los textos más maravillosos de la Santa Biblia: «Cosas que ojo no vio, ni oído oyó, ni han entrado en corazón de hombre, son las que Dios ha preparado para los que le aman» (1 Corintios 2:9).

Esto quiere decir que, por más cosas que hayas visto y por esplendorosas que sean, jamás encontrarás nada que pueda compararse con las maravillas que Dios ha preparado para los que lo quieren y depositan en él su confianza. Dice también que nunca has oído nada comparable a los asombrosos prodigios que Dios ha dispuesto para quienes siguen sus enseñanzas y viven de acuerdo con su espíritu. No sólo no has visto ni oído eso nunca, sino que tampoco has imaginado jamás, ni remotamente, lo que él hará por ti. Ese pasaje llega al extremo de prometer consuelo, inmortalidad, reunión y todo lo bueno a quienes centren su vida en Dios.

Después de muchos años de leer la Biblia y de estar íntimamente relacionado con todas las fases de la vida de cientos de personas, deseo afirmar de modo inequívoco que he descubierto que esa promesa bíblica es absolutamente cierta. Se aplica incluso a este mundo. A quienes viven de verdad con base en Jesucristo les suceden las cosas más increíbles que quepa imaginarse.

Asimismo, ese pasaje se refiere al estado de existencia de quienes viven ahora del otro lado y a nuestra relación, mientras vivimos, con quienes nos han precedido más allá de la barrera que llamamos muerte. Me disculpo por emplear la palabra *barrera*; siempre hemos concebido la muerte como una barrera, con un concepto de naturaleza separatista.

Los científicos que hoy trabajan en el campo de la parapsicología y la percepción extrasensorial y que realizan experimentos de precognición, telepatía y clarividencia (antes consideradas parafernalia de maniáticos, pero a las que ahora se les da un uso sensato y científico en los laboratorios) dicen creer que el alma sobrevive a la barrera del tiempo y el espacio. Y en efecto, estamos al borde de uno de los mayores descubrimientos científicos de la historia, que probará, sobre la base de la exploración en el laboratorio, la existencia del alma y su inmortalidad.

Durante largos años he acumulado una serie de incidentes cuya validez acepto y que confirman la convicción de que vivimos en un universo dinámico donde la vida, no la muerte, es el principio básico. Confío en las personas que han descrito las experiencias siguientes y estoy convencido de que indican la existencia de un mundo incidente o entrelazado con el nuestro mediante las redes con que los espíritus humanos, a uno y otro lado de la muerte, viven en ininterrumpida comunión. Las condiciones de vida del otro lado, tal como las conocemos en la mortalidad, son modificadas. Sin duda, quienes han cruzado al otro lado habitan un medio más elevado que nosotros y su entendimiento es amplificado más allá del nuestro, pese a lo cual todos los hechos apuntan a la continuada existencia de nuestros seres queridos y a la verdad adicional de que no están lejos, aunque un hecho añadido, no menos real, es que nos reuniremos con ellos. Entretanto, seguimos en comunión con quienes habitan el mundo espiritual.

William James, uno de los mayores eruditos de Estados Unidos, tras una vida de estudio dijo estar satisfecho con la explicación de que el cerebro humano es apenas un medio para la existencia del alma y que la mente, tal como está constituida ahora, será cambiada al final por un cerebro que permitirá a su dueño llegar a áreas de comprensión aún desconocidas. A medida que nuestro ser espiritual es amplificado aquí en la Tierra, y conforme envejecemos y experimentamos, adquirimos más conciencia de este vasto mundo a nuestro alrededor y cuando morimos es sólo para entrar a una capacidad más grande.

Eurípides, uno de los más ilustres pensadores de la Antigüedad, estaba convencido de que la próxima vida sería de una magnitud infinitamente mayor. Sócrates compartía ese concepto. Una de las afirmaciones más alentadoras que se hayan hecho hasta ahora fue este comentario suyo: «Ningún mal puede sucederle a un buen hombre en esta vida ni en la que está por venir».

Natalie Kalmus, científica experta en tecnicolor, nos habla sobre la muerte de su hermana. El relato siguiente efectuado por esta científica apareció en la revista inspiracional *Guideposts*.

Natalie Kalmus cita a su hermana agonizante diciendo: «"Natalie, prométeme que no permitirás que me den medicinas. Sé que quieren aliviar mi dolor, pero deseo estar totalmente consciente de cada sensación. Estoy convencida de que la muerte será una experiencia preciosa".

»Se lo prometí. Sola, más tarde, lloré pensando en su valor. Luego, al dar vueltas en la cama esa noche, comprendí que lo que yo pensaba que era una calamidad, mi hermana quería que fuera un triunfo.

»Diez días después, la hora final estaba cerca. Yo había estado a su lado siempre. Habíamos hablado de muchas cosas y siempre me maravilló su tranquila y sincera confianza en la vida eterna. La tortura física no venció un solo momento su fortaleza espiritual. Esto fue algo que los médicos sencillamente no habían tenido en cuenta.

»"Querido Dios, mantén clara mi mente y dame paz", murmuró una y otra vez en esos últimos días.

»Habíamos conversado tanto que se quedó dormida. La dejé en silencio con la enfermera y me retiré a descansar. Minutos después oí la voz de mi hermana que me llamaba. Volví de inmediato a su cuarto. Agonizaba.

»Me senté en su cama y la cogí de la mano. Estaba ardiendo. Luego pareció incorporarse en el lecho hasta casi sentarse.

«"Natalie", dijo, "¡hay tantos de ellos! Está Fred... y Ruth... ¿qué hace ella aquí? ¡Ah, ya sé!"

»Una descarga eléctrica me sacudió. Ella había dicho "Ruth". Era nuestra prima, quien había muerto de súbito la semana anterior. Pero Eleanor no había sido informada de esa muerte repentina.

»Sentí un escalofrío tras otro. Creí estar al borde de un conocimiento imponente, casi alarmante. Ella había murmurado el nombre de Ruth.

»Su voz fue sorpresivamente clara. "Es tan confuso. ¡Cuántos de ellos!" ¡De pronto sus brazos se extendieron tan felizmente como cuando me había recibido! "Me estoy elevando", dijo.

»Dejó caer sus brazos alrededor de mi cuello y se relajó en mi regazo. La voluntad de su espíritu había convertido en éxtasis su agonía final.

»Cuando deposité su cabeza sobre la almohada, había una cálida y tranquila sonrisa en su rostro. Su cabello castaño se extendía con descuido en la almohada. Cogí del jarrón una flor blanca y se la puse en el pelo. Con su menuda y escueta figura, su cabello ondulado, aquella flor blanca y su tenue sonrisa, parecía una vez más —y para siempre— apenas una colegiala».

La mención de la prima Ruth por la joven moribunda y el hecho manifiesto de que la vio con claridad son un fenómeno que se reitera una y otra vez en los incidentes que han llamado mi atención. Tan repetitivo es este fenómeno y tan similares las características de esa experiencia descritas por muchos que esto constituye una prueba sustancial de que las personas a las que se llama por su nombre y cuyos rostros se ven están realmente presentes.

¿Dónde están? ¿Cuál es su condición? ¿Qué tipo de cuerpo tienen? Éstas son preguntas difíciles de responder. La idea de una dimensión diferente es quizá la más sostenible, o tal vez sea más atinado creer que viven en un ciclo de frecuencias diferente.

Es imposible ver a través de las aspas de un ventilador eléctrico cuando está en posición inmóvil. Sin embargo, a alta velocidad las aspas parecen transparentes. En la alta frecuencia o el estado que habitan nuestros seres queridos, las cualidades impenetrables del universo se abren quizás a la mirada de quien se introduce en tales misterios. En momentos profundos de nuestra vida es por completo posible que nosotros entremos a un grado, al menos, de esa alta frecuencia. En una de las líneas más bonitas de la literatura inglesa, Robert Ingersoll sugiere esta gran verdad: «En la noche de la muerte, la esperanza ve una estrella y el amor atento es capaz de oír un ala agitándose».

Un famoso neurólogo informó de un hombre que estaba a las puertas de la muerte. El moribundo miró al doctor sentado junto a su cama y empezó a decir nombres que éste anotó. El médico no conocía a ninguno de ellos. Más tarde preguntó a la hija del paciente:

—¿Quiénes son estas personas? Su padre habló de ellas como si las viera.

—Son parientes —contestó ella— que murieron hace mucho tiempo.

El doctor dijo creer que su paciente los había visto.

El señor William Sage y su esposa, amigos míos ambos, vivían en Nueva Jersey y los visitaba con frecuencia. Él, a quien su mujer llamaba Will, fue el primero en morir. Años después, cuando ella se encontraba en su lecho de muerte, una mirada de sorpresa extrema atravesó su rostro y lo iluminó con una sonrisa maravillosa mientras decía: «¡Vaya, si es Will!». Quienes estaban junto a su lecho no tuvieron la menor duda de que lo había visto.

Arthur Godfrey, una famosa personalidad de la radio, cuenta que mientras dormía en su litera en un buque de guerra durante la primera guerra mundial, su padre se levantó de repente a su lado. Extendió la mano, sonrió y le dijo:

—Hasta luego, hijo.

Y Godfrey respondió:

—Hasta luego, papá.

Cuando despertó le entregaron un cablegrama en que se le informaba de la muerte de su padre. En él aparecía la hora de su fallecimiento, que coincidía exactamente con el periodo durante el que Godfrey había «visto» a su padre en sueños.

Mary Margaret McBride, otra famosa personalidad de la radio, sufrió con gran pesar la muerte de su madre, de la que había sido íntima. Una noche despertó y se sentó en el borde de su cama. De pronto sintió, para usar sus propias palabras, que «mamá estaba conmigo». No vio a su madre ni la oyó hablar, pero a partir de ese momento «supe que mi madre no había muerto, que está cerca de mí».

El ya difunto Rufus Jones, uno de los líderes espirituales

más famosos de nuestro tiempo, hablaba acerca de su hijo Lowell, muerto a los doce años de edad. Era la adoración de su padre, pero enfermó cuando el doctor Jones estaba en el mar rumbo a Europa. La noche anterior a su entrada a Liverpool, mientras estaba tendido en su litera, Jones experimentó una indefinible e inexplicable tristeza. Después diría que le pareció estar envuelto en los brazos de Dios. Sobrevino entonces una intensa sensación de paz y un sentido de profunda posesión de su hijo.

Tras desembarcar en Liverpool, fue avisado de que su hijo había fallecido justo a la hora en que él había sentido la presencia de Dios y la perdurable proximidad de su vástago.

Una integrante de mi iglesia, la señora Bryson Kalt, cuenta acerca de una tía suya cuyo esposo y tres hijos murieron calcinados cuando su casa fue destruida por el fuego. La tía sufrió quemaduras graves, pero vivió tres años más. Cuando finalmente agonizaba, un repentino resplandor cubrió su rostro. «¡Qué bonito es todo!», dijo. «Vienen a recibirme. ¡Disponed mis almohadas y dejadme dormir!»

El señor H. B. Clarke, viejo amigo mío, fue un ingeniero constructor durante muchos años y su trabajo lo llevaba a todas partes del mundo. Era una mente científica, un tipo de hombre contenido, objetivo y poco sentimental. Una noche me llamó su médico para decirme que le quedaban unas cuantas horas de vida. Su pulso era lento y la presión arterial muy baja. Ya no tenía reflejos. El médico no dio esperanzas.

Recé por él, como lo habría hecho cualquiera. Al día siguiente abrió los ojos y días más tarde recuperó el habla. Su pulso y presión volvieron a la normalidad. Cuando recobró su fuerza, dijo:

—En algún momento de mi enfermedad me sucedió algo muy extraño. No lo puedo explicar. Parecía estar muy lejos.

Estaba en el lugar más bonito que he visto. Había luces a mi alrededor, luces preciosas. Vi rostros un poco velados, eran caras amables; me sentí feliz y muy tranquilo. De hecho, nunca en mi vida había estado más feliz.

»Entonces pensé: "Seguro me estoy muriendo". Y luego se me ocurrió: "Tal vez ya estoy muerto". Estuve a punto de soltar una carcajada y me pregunté: "¿Por qué le he temido a la muerte toda la vida? No hay nada que temer de ella".

—¿Qué sentiste? —inquirí—. ¿Querías volver a la vida? ¿Querías vivir? Porque no estabas muerto, aunque el doctor pensó que estabas muy cerca de la muerte. ¿Querías vivir?

Sonrió y me dijo:

—¡Qué más da! En todo caso, creo que habría preferido permanecer en ese precioso sitio.

Alucinación, sueño, visión... no lo creo. He pasado demasiados años hablando con personas que han estado al borde de «algo» y mirado al otro lado, y que de forma unánime mencionan belleza, luz y paz, como para albergar alguna duda en mi mente.

El Nuevo Testamento enseña que la vida es indestructible y lo hace de manera muy sencilla e interesante. Describe a Jesús después de la crucifixión en una serie de apariciones, desapariciones y reapariciones. Alguien lo vio y luego él se esfumó de su vista. Más tarde, otros también lo vieron y se esfumó de nuevo. Es como si se dijera: «Nada por aquí, nada por allá». Esto indica que Jesús trata de señalarnos que el hecho de que no lo veamos no quiere decir que no esté ahí. Fuera de la vista no significa fuera de la vida. Las ocasionales apariciones místicas que algunas personas han experimentado apuntan a la misma verdad: que él está cerca. ¿No dijo acaso: «porque yo vivo, vosotros también viviréis» (Juan 14:19)? En otras palabras, nuestros seres queridos que han muerto en esta fe también están cerca de nosotros y, en ocasiones, se aproximan para consolarnos.

Un chico que servía en Corea le escribió a su madre: «Me ocurren las cosas más extrañas. De vez en cuando por la noche, cuando tengo miedo, es como si papá estuviera conmigo». Su padre había muerto diez años antes. Entonces interrogó a su madre, esperanzado: «¿Crees que papá pueda realmente estar conmigo aquí, en los campos de batalla de Corea?». La respuesta fue: «¿Por qué no?». ¿Cómo podemos ser miembros de una generación científica y no creer que esto podría ser cierto? Una y otra vez se ofrecen pruebas de que éste es un universo dinámico, sobrecargado de fuerzas místicas, eléctricas, electrónicas y atómicas, todas ellas tan maravillosas que no las hemos comprendido aún. Este universo es una grandiosa y resonante casa espiritual, viva y vital.

El conocido escritor canadiense Albert E. Cliff habla acerca de la muerte de su padre. El moribundo había caído en coma y se pensó que había muerto. Pero la vida resurgió en él un instante. Sus ojos parpadearon. De la pared colgaba una de esas antiguas máximas que decía: «Sé que mi Redentor vive». El moribundo abrió los ojos, vio aquella máxima y exclamó: «¡Sé que mi Redentor vive! Porque todos están aquí en torno mío: mi madre, padre, hermanos y hermanas». Todos ellos se habían marchado de esta Tierra mucho tiempo atrás, pero era obvio que él los vio. ¿Quién podría negarlo?

La ya desaparecida esposa de Thomas A. Edison me dijo que cuando su famoso esposo agonizaba, le susurró a su médico: «¡Es muy bonito ese lugar!». Edison era el científico más grande del mundo. Trabajó con fenómenos toda su vida. Tenía una mente objetiva. Jamás dio nada por hecho hasta que lo veía operar. Nunca habría dicho «¡Es muy bonito ese lugar!» si no lo hubiera visto y sabido que era verdad.

Hace muchos años, un misionero fue a las islas del Pacífico Sur para trabajar con una tribu caníbal. Largos meses después convirtió al cristianismo al anciano jefe de esa tribu, quien le dijo un día:

—¿Recuerda la primera vez que estuvo entre nosotros?

—Sí —contestó el misionero—. Mientras cruzaba el bosque, tomé conciencia de las fuerzas hostiles que me rodeaban.

—¡Y sí que lo rodeaban! —dijo el jefe—, porque lo seguíamos para matarlo, pero algo nos impidió hacerlo.

—¿Qué fue? —preguntó el misionero.

—Ahora que somos amigos, dígame —le insistió el jefe—, ¿quiénes eran esos dos seres luminosos que lo flanqueaban?

Mi amigo el célebre compositor Geoffrey O'Hara, quien escribió la popular canción de la Primera Guerra Mundial «Katy», así como «There Is No Death», «Give a Man a Horse He Can Ride» y otras más, cuenta sobre un coronel de la guerra cuyo regimiento fue aniquilado en un sangriento combate. Mientras iba de un lado a otro por la trinchera, dijo que podía tocar las manos de sus soldados y sentir su presencia. Le dijo a O'Hara: «Te aseguro que la muerte no existe», O'Hara escribió con ese título una de sus mejores composiciones, «There Is No Death».

En lo personal no tengo la más mínima duda sobre esas profundas y delicadas cuestiones. Creo firmemente en la continuación de la vida después de lo que llamamos muerte. Creo que existen dos lados del fenómeno conocido como muerte: el lado en el que ahora vivimos y el otro lado, donde continuaremos viviendo. La eternidad no comienza con la muerte. Ya estamos en ella. Somos ciudadanos de la eternidad. Sólo cambiamos la forma de la experiencia llamada vida y ese cambio —estoy persuadido de ello— es para bien.

Mi madre era un alma extraordinaria y su influencia en

mí siempre destacará en mi vida como una experiencia insuperable. Era una excelente conversadora. Tenía una mente aguda y alerta. Viajó por el mundo y disfrutó de innumerables relaciones como líder cristiana de causas misionales. Su vida fue rica y plena. Tenía un maravilloso sentido del humor. Era una delicia estar a su lado y a mí siempre me gustó acompañarla. Todos los que la conocieron la consideraban una personalidad inusualmente fascinante y estimulante.

Durante mi vida adulta, la visitaba en casa siempre que tenía oportunidad de hacerlo. Invariablemente ansiaba llegar a la casa familiar, porque ésa era una experiencia emocionante en la que todos hablaban al mismo tiempo cuando nos sentábamos al comedor. ¡Qué felices reuniones! ¡Qué bellos encuentros! Luego llegó su muerte y depositamos cariñosamente su cuerpo en el precioso y pequeño cementerio de Lynchburg, en el sur de Ohio, la ciudad donde ella vivió de joven. El día que la dejamos ahí estuve muy triste y me marché con el corazón acongojado. Era pleno verano cuando la trasladamos de su casa a su última morada. Llegó el otoño y sentí que quería estar con mi madre de nuevo. Me sentía solo sin ella, así que decidí ir a Lynchburg. En el tren toda la noche rememoré tristemente esos lejanos días felices; pensé que las cosas habían cambiado por completo y nunca volverían a ser igual.

Llegué a la pequeña ciudad. Hacía frío y estaba nublado cuando me dirigí al cementerio. Atravesé las viejas puertas de hierro y mis pies hicieron crujir las hojas mientras me encaminaba a la tumba de mi madre, donde me senté, sumido en la más honda soledad y tristeza. De repente las nubes se abrieron y salió el sol. Éste iluminó las montañas de Ohio con preciosos colores otoñales, las montañas donde yo había crecido, que siempre quise tanto, donde mi madre había jugado de joven mucho tiempo atrás.

De pronto creí oír su voz. No la oí de verdad, pero me pareció hacerlo. Estoy seguro de que la escuché en mi oído interno. El mensaje fue claro y preciso. Lo expresó en su antiguo y amoroso tono. Esto fue lo que dijo: «¿Por qué buscáis entre los muertos al que vive? No estoy aquí. ¿Crees que permanecería en este oscuro y deprimente lugar? Siempre estoy contigo y con mis seres queridos». En una explosión de luz interior, me sentí extremadamente feliz. Supe que lo que había oído era la verdad. El mensaje llegó a mí con toda la fuerza de la realidad. Podría haber gritado y me levanté, puse mi mano sobre la lápida y la vi como lo que es, sólo un lugar donde reposaban unos restos mortales. Desde luego, el cuerpo estaba ahí, pero era apenas una cubierta que había sido desechada porque su usuaria no la necesitaba ya. Sin embargo, ella, ese espíritu gloriosamente adorable, no estaba ahí.

Salí de ese lugar y sólo rara vez he regresado. Me gusta volver ahí y pensar en ella y en los antiguos días de mi juventud, pero ya no es un lugar sombrío. Es sólo un símbolo, mas ella no está ahí. Está con nosotros, sus seres queridos. «¿Por qué buscáis entre los muertos al que vive?» (Lucas 24:5).

Lee y cree en la Biblia cuando habla de la bondad de Dios y la inmortalidad del alma. Ora con sinceridad y fe. Convierte la oración y la fe en el hábito de tu vida. Aprende a tener una amistad verdadera con Dios y con Jesucristo. Si lo haces, verás manar de tu mente la convicción profunda de que esas maravillas son ciertas.

«[...] si así no fuera, yo os lo hubiera dicho» (Juan 14:2). Puedes estar seguro de que Cristo es de fiar. Él no te permitiría creer y tener convicciones tan sagradas en la naturaleza si no fueran absolutamente ciertas.

En esta fe, que es una firme, sustancial y racional visión de la vida y la eternidad, tienes la receta contra la pesadumbre.

17. Cómo servirte de tu ser superior

Cuatro hombres se encontraban en los vestidores de un club campestre, después de una partida de golf. Su charla sobre sus puntuaciones derivó en una conversación acerca de sus dificultades y problemas personales. Uno de ellos estaba especialmente abatido. Los otros, sus amigos, se habían dado cuenta de su ánimo decaído, incluso habían organizado esa partida para distraerlo de su difícil situación. Esperaban que un par de horas en el campo de golf le concedieran cierto alivio.

Sentados ahora después del encuentro, le hicieron varias sugerencias. Por fin, uno de ellos se dispuso a marcharse. Sabía de dificultades, había tenido muchas, pero había encontrado algunas respuestas vitales a *sus* problemas. Tras un momento de vacilación, puso una mano sobre el hombro de su amigo.

—George —dijo—, espero que no pienses que te sermoneo, porque no es así, pero me gustaría sugerirte algo. Es sobre cómo superé mis dificultades. De veras funciona si lo pones en práctica y es esto: ¿por qué no te sirves de tu poder superior?

Palmeó con afecto la espalda de su amigo y dejó al grupo. Los demás se quedaron pensando en eso. Por fin, George dijo lentamente:

—Sé qué me ha querido decir nuestro colega y dónde reside el poder superior, pero me gustaría saber cómo recurrir a él. Eso es lo que necesito ahora.

A su debido tiempo, este sujeto descubrió cómo recurrir a su poder superior y esto lo cambió todo para él. Ahora es un hombre sano y feliz.

Ese consejo dado en el club de golf es en realidad muy sabio. Hoy muchas personas son infelices, están deprimidas y sencillamente no van a ninguna parte respecto a sí mismas o sus condiciones. Pero no hay motivo de que se sientan así, realmente no lo hay. El secreto es que recurran a su poder superior. ¿Cómo se hace eso?

Permíteme relatarte una experiencia personal. Cuando era joven, fui convocado a una gran iglesia de una comunidad universitaria; muchos de los miembros de mi congregación eran profesores de esa universidad y ciudadanos distinguidos de aquel poblado. Quería justificar la confianza de quienes me habían dado esa magnífica oportunidad y, en consecuencia, trabajaba con ahínco, debido a lo cual empecé a experimentar una tensión excesiva. Todos debíamos trabajar mucho, pero no hay mérito en esforzarse o presionarse al extremo de no trabajar con eficiencia. Es como cuando se da un golpe en el golf. Si intentas «someter» a la pelota, harás un mal tiro. Lo mismo pasa en el trabajo. Me sentía nervioso y cansado, incluso mi fuerza era inferior a la normal.

Un día decidí visitar a uno de los profesores, el ya desaparecido Hugh M. Tilroe, gran amigo mío. Él era un profesor excelente y también un gran pescador y cazador. Con un gusto especial por las cosas de hombres, era un amante de las actividades al aire libre. Sabía que si no lo encontraba en la universidad, estaría pescando en el lago y así fue. Él se acercó a la orilla tras avistar mi saludo.

—Están cayendo muchos peces, ¡vamos! —dijo. Subí a su bote y pescamos un rato—. ¿Qué pasa, muchacho? —me preguntó de repente, con un tono comprensivo.

Le dije que me exigía demasiado a mí mismo y que eso me tenía agobiado.

—No siento estímulo ni fuerza —le expliqué.

Él rio entre dientes:

—Quizá te esmeras demasiado —cuando el bote llegó a la orilla, agregó—: ven conmigo a casa —y en cuanto entré a su cabaña me ordenó—: acuéstate en ese sofá. Quiero leerte algo. Cierra los ojos y relájate mientras busco la cita.

Seguí sus instrucciones y pensé que iba a leerme algún párrafo de filosofía o cualquier otra cosa para distraerme, pero en cambio dijo:

—«¿No has sabido, no has oído que el Dios eterno creó los confines de la Tierra? No desfallece, ni se fatiga con cansancio, y su entendimiento no hay quien lo alcance. Él da esfuerzo al cansado y multiplica las fuerzas al que no tiene ninguna. Los muchachos se fatigan y se cansan, los jóvenes flaquean y caen; pero los que esperan al Señor tendrán nuevas fuerzas; levantarán alas como las águilas; correrán, y no se cansarán; caminarán, y no se fatigarán» (Isaías 40:28-31).

Preguntó entonces:

—¿Sabes qué estoy leyendo?

—Sí, el capítulo cuarenta de Isaías —respondí.

—Me alegra que conozcas la Biblia —comentó—. ¿Por qué no la aplicas? Relájate. Respira hondo tres veces y exhala poco a poco. Practica el acto de descansar en Dios. Confía en su apoyo y poder. Cree que te lo da ahora y no pierdas contacto con esa fuerza. Entrégate a ella... permite que fluya a través de ti.

»Pon en tu trabajo todo lo que tienes; por supuesto que debes hacer eso. Pero hazlo de forma tranquila y relajada, como un bateador de las grandes ligas. Él mece el bate con soltura y no se empeña en lograr que la pelota salga volando del parque. Sólo hace todo lo que puede y confía en sí mismo, porque sabe que posee grandes reservas de energía.

Luego repitió una parte de aquel pasaje:

—«Los que esperan al Señor tendrán nuevas fuerzas».

Esto sucedió hace mucho tiempo, pero nunca he olvidado esa lección. El profesor Tilroe me enseñó a apoyarme en mi poder superior y créeme que sus sugerencias surtieron efecto. No he dejado de seguir el consejo de mi amigo y nunca me ha fallado en los más de veinte años que han transcurrido desde entonces. Mi vida está sobrecargada de actividad, pero esa fórmula de poder me da toda la fuerza que necesito.

Un segundo método para servirse del poder superior es aprender a adoptar una actitud positiva y optimista ante cada problema. En proporción directa con la intensidad de la fe que reúnas, recibirás poder para resolver tus situaciones. «Hágase en vosotros según vuestra fe» (Mateo 9:29) es una ley básica para triunfar en la vida.

En efecto, existe un poder superior, el cual puede hacer todo por ti. Apóyate en él y experimenta su gran utilidad. ¿Por qué te das por vencido cuando eres libre de recurrir a ese poder? Exponle tu problema. Pide una respuesta específica. Confía en que la recibirás. Cree que ahora, mediante la ayuda de Dios, obtienes poder sobre tu problema.

Hace tiempo llegó a verme una pareja de esposos que estaban en una gran dificultad. El caballero, exdirector de una revista, era una distinguida figura en los círculos artísticos y musicales. Todos lo apreciaban por su cordialidad y amabilidad. También a su esposa se le tenía en alta estima. Pero ella tenía problemas de salud y ambos se habían retirado al campo, donde ahora vivían en condiciones de semirreclusión.

Él me contó que había tenido dos infartos, uno de ellos

muy severo. Su esposa decaía de modo sostenido y él estaba realmente preocupado por ella. La pregunta que me hizo fue:

—¿Puedo aferrarme a algún poder que nos ayude a recuperarnos físicamente y nos dé nueva esperanza, valor y fortaleza?

La situación que describió era una serie de fracasos y motivos de desaliento.

Francamente, pensé que él era demasiado sofisticado para permitirse adoptar y utilizar la simple verdad que sería necesaria para que la fe lo rehabilitase. Le dije que dudaba que tuviera la capacidad indispensable para practicar la simple fe suficiente para abrir las fuentes del poder de acuerdo con las técnicas del cristianismo.

Pero él me aseguró que hablaba en serio y que tenía un criterio muy amplio, de manera que seguiría las instrucciones que recibiera, fueran cuales fueran. Percibí su sinceridad y la verdadera calidad de su alma; lo he apreciado mucho desde entonces. Le di una receta muy sencilla: debía leer el Nuevo Testamento y los salmos hasta que su mente se impregnara de ellos. Le hice también la usual sugerencia de que aprendiera de memoria varios pasajes. Pero, sobre todo, lo exhorté a utilizar la fórmula de poner su vida en manos de Dios y creer, al mismo tiempo, que el Señor lo llenaba de poder, lo mismo que a su esposa, así que los dos debían creer sin dudas que eran guiados incluso en los detalles más triviales de su vida.

También debían creer que, en cooperación con su médico, a quien por casualidad yo conocía y admiraba, recibían la gracia sanadora de Jesucristo. Le sugerí que imaginaran que el poder sanador del Gran Médico ya operaba dentro de ellos.

Rara vez he visto a dos personas más decididamente infantiles en su fe y cuya confianza fuera más completa. Ambos se entusiasmaron con la Biblia y solían llamarme por teléfono para comentarme «algún maravilloso pasaje» que acababan de encontrar. Me daban nuevas ideas sobre las verdades de la Biblia. Trabajar con ese hombre y su esposa fue un proceso auténticamente creativo.

La primavera siguiente, Helen (como se llama la esposa) dijo:

—Nunca había experimentado una primavera más maravillosa. Este año las flores son las más bonitas que haya visto nunca, ¿y has notado el cielo con sus extraordinarias formaciones de nubes y los delicados colores del alba y el atardecer? Las hojas parecen más verdes este año y nunca había oído a los pájaros cantar con tal éxtasis y melodía.

Cuando dijo esto, había un luz de embeleso en su rostro y supe que su espíritu había renacido. Ella empezó a mejorar físicamente y recuperó gran parte de su fuerza. Su natural poder creativo comenzó a fluir otra vez y la vida adquirió un nuevo significado.

En cuanto a Horace, no ha vuelto a tener problemas cardiacos y su vigor físico, mental y espiritual lo distingue como un ser extraordinariamente vital. Ambos se han mudado a una nueva comunidad, de cuya vida son ahora un centro. Dondequiera que van, tocan a la gente con una extraña fuerza edificante.

¿Cuál es el secreto que ellos descubrieron? Simplemente aprendieron a apoyarse en su poder superior.

Este poder superior es una de las verdades más fascinantes de la existencia humana. A mí me pasman, por mucho que haya visto este fenómeno, los profundos, inmensos y arrolladores cambios que él realiza en la vida de la gente. En lo personal, soy tan entusiasta de todo lo que el poder superior puede hacer por las personas que me resisto a poner fin a este libro. Podría recitar una historia tras otra, un incidente tras otro de quienes, al apegarse a este poder, han visto renacer su vida.

Este poder está siempre a nuestra disposición. Si te abres a él, se precipitará en ti como una potente marea. Está ahí para todos en cualquier circunstancia o condición. Esta enorme afluencia de poder tiene tal fuerza que arrasa con todo a su paso, de modo que echa fuera el temor, odio, enfermedad, debilidad y frustración moral, a los que disipa como si nunca te hubieran tocado y, gracias a ello, renueva y refuerza tu vida con salud, felicidad y bondad.

Durante muchos años me han interesado el problema del alcoholismo y la organización Alcohólicos Anónimos. Uno de los principios básicos de esta última es que para poder ayudar a una persona, ella debe reconocer que es alcohólica y que no puede hacer nada por sí misma; que no tiene ningún poder dentro de sí; que está derrotada. Cuando acepta este punto de vista, está en posición de recibir ayuda de otros alcohólicos y del poder superior: Dios.

Otro principio de esa entidad es la disposición a confiar en el poder superior, del que el alcohólico deriva una fuerza que no posee. La operación de este poder en la vida de los hombres es el hecho más conmovedor y emocionante de este mundo. Ninguna otra manifestación de poder de cualquier tipo es igual a él. La obtención de poder material es una historia romántica. Los hombres descubren leyes, fórmulas y utilizan el poder para hacer cosas notables. El poder espiritual también sigue leyes. El dominio de esas leyes obra maravillas en un área más complicada que cualquiera de las formas de la mecánica, es decir, la naturaleza humana. Una cosa es hacer que una máquina funcione bien y otra muy distinta lograr que la naturaleza humana lo haga. Esto requiere mayor habilidad, pero se puede hacer.

Un día en que estaba bajo las oscilantes palmeras de Florida, escuché la historia de una demostración de la actividad del poder superior en la vida de un hombre que había escapado, en el último instante, de la tragedia. Él mismo me contó que había empezado a beber a los dieciséis años, «cuando eso era supuestamente lo que se debía hacer». Veintitrés años después de haber comenzado como bebedor social, tocó «fondo el 24 de abril de 1947». Un creciente odio y rencor contra su esposa, la cual lo había abandonado, y hacia su suegra y su cuñada culminó en la decisión de matar a esas tres mujeres. Relato su historia tal como él me la contó, con sus palabras.

«Para animarme a ejecutar esa sanguinaria tarea, entré a un bar. Un par de copas más me darían valor para cometer ese triple asesinato. Cuando llegué al bar, vi que un joven llamado Carl tomaba un café. Aunque yo había odiado a Carl desde mi niñez, su impecable apariencia me sorprendió, lo mismo que verlo tomando café en un bar donde antes gastaba en promedio 400 dólares al mes en bebidas para él solo. También me desconcertó lo que parecía ser una extraña luz en su rostro. Intrigado por su aspecto, me acerqué y le dije:

»—¿Qué te ha pasado que estás tomando café?

»—No he bebido un trago desde hace un año —contestó.

»Esto me asombró enormemente, porque ambos habíamos compartido muchas borracheras. Algo curioso de este asunto es que aunque odiaba a Carl, verlo así me conmovió. No pude evitar oír cuando preguntó:

»—Ed, ¿te gustaría dejar de beber?

»—Sí, lo he dejado miles de veces —respondí.

»Sonrió y dijo:

»—Si de veras quieres resolver tu problema, no bebas y asiste a una reunión en la iglesia presbiteriana el sábado a las nueve. Es una reunión de Alcohólicos Anónimos.

»Le dije que no me interesaba la religión, pero que tal vez iría. Aquello no me impresionó, pero no podía sacarme de la cabeza la luz que había visto en sus ojos.

»No insistió en que acudiera a la reunión, pero repitió que si quería hacer algo por mí, él y sus amigos tenían una solución a mi problema. Tras decir eso se fue, y me acerqué a la barra a pedir un trago, el cual, de algún modo, había perdido su atractivo. Por lo tanto, en lugar de tomarlo me fui a casa, el único hogar que me quedaba, la casa de mi madre.

»Permítaseme explicar que había estado casado diecisiete años con una chica estupenda, pero que siendo una persona impaciente y sin fe en mí debido a mi alcoholismo, al final ella decidió pedirme el divorcio, de manera que yo había perdido no sólo mi trabajo y todos mis bienes, sino también mi hogar.

»Después de llegar a la casa de mi madre, forcejeé con una botella hasta las seis de la mañana, pero no bebí nada. No dejaba de pensar en la apariencia de Carl. De este modo, el sábado por la mañana fui a verlo y le pregunté qué podía hacer para no beber hasta las nueve de la noche, la hora de la reunión.

»Él dijo:

»—Cada vez que te acerques a un bar, licorería o cervecería, di una pequeña oración: "Por favor, Señor, hazme pasar de lado por este lugar" —y añadió—: después, corre como el mismísimo demonio. Así cooperarás con Dios. Él oirá tu oración y la carrera será la parte que pongas tú.

»Hice justo lo que él me dijo. Durante muchas horas, impaciente, tembloroso y acompañado por mi hermana, caminé por las calles de la ciudad. Por fin, a las ocho mi hermana me dijo:

»—Ed, hay siete bares de aquí al lugar donde asistirás a la reunión. Márchate, y si no llegas allí y vuelves a casa borracho, no por eso dejaremos de quererte y de esperar lo mejor, aunque algo me hace pensar que esta reunión será distinta a cualquier otra a la que hayas asistido.

»Con la ayuda de Dios, pasé de lado por esos siete lugares.

»En la entrada de la iglesia miré casualmente a mi alrededor y el letrero de uno de mis bares favoritos me deslumbró. Nunca olvidaré la batalla para decidir si iría a ese bar o entraría a la reunión de Alcohólicos Anónimos, pero un poder más grande que yo me empujó a la reunión.

»Cuando entré a la sala donde iba a realizarse la junta, me extrañó mucho recibir el firme apretón de manos de Carl. Mi resentimiento contra él era cada vez más débil. Fui presentado entonces a muchos hombres de toda clase de ocupaciones —médicos, abogados, albañiles, molineros, mineros del carbón, trabajadores de la construcción, yeseros, peones—; los había de todos los tipos ahí. Había bebido con algunos de ellos los últimos diez a veinticinco años, y ahí estaban, sobrios un sábado por la noche, y sobre todo felices.

»No recuerdo con claridad qué sucedió en esa reunión. Lo único que sé es que había tenido lugar un renacimiento. Me sentía diferente en mi interior.

»Al salir muy dichoso esa medianoche de la reunión, volví a casa con una fabulosa sensación de ligereza y dormí apaciblemente por primera vez en más de cinco años. Cuando desperté a la mañana siguiente, oí con claridad una voz que me decía: "Hay un poder más grande que tú. Si pones tu voluntad y tu vida bajo el cuidado de Dios, tal como lo concibes, él te dará fortaleza".

»Era una mañana de domingo y decidí ir a la iglesia. Asistí a una ceremonia oficiada por un predicador al que había aborrecido desde que era niño. [El autor desea comentar en este punto que es inevitable que el odio se asocie con la enfermedad emocional y espiritual; cuando la mente se vacía de odio, se ha dado un gran paso hacia la recuperación. El amor es una fuerza muy curativa.] Este pastor era uno de esos benévolos predicadores presbiterianos que usan abrigos con faldones. No lo soportaba, pero la culpa era mía; él era una persona decente. Estuve nervioso hasta la hora del canto y la colecta. Luego el predicador leyó las Escrituras y su sermón se basó en el tema "Nunca menosprecies la experiencia de nadie". Jamás olvidaré ese sermón mientras viva. Me enseñó una valiosa lección: no menospreciar nunca una experiencia, porque quien la tuvo y Dios conocen la profundidad y sinceridad de ese suceso.

»Más tarde terminé por apreciar a ese pastor como el mejor y más sincero hombre que he conocido.

«Cuándo comenzó en realidad mi nueva vida es un asunto difícil de determinar. Si fue cuando encontré a Carl en el bar, o cuando me resistí a entrar a las cantinas, o en la reunión de Alcohólicos Anónimos, o en la iglesia, no lo sé. Pero yo, que durante veinticinco años había sido un alcohólico irremediable, me convertí de repente en un hombre sobrio. No habría podido hacer esto solo; lo había intentado miles de veces y había fracasado. Pero recurrí al poder superior, y el poder superior, que es Dios, lo hizo por mí».

Conozco desde hace varios años al narrador de la historia precedente. Desde que está «seco» ha tenido que enfrentar algunas dificultades financieras y otros problemas, pero nunca ha flaqueado. Hablar con él me conmueve extrañamente. No es lo que dice o cómo lo dice, sino que uno percibe una fuerza que emana de él. No es una persona famosa. Es un esforzado vendedor de lo más común, pero el poder superior está en él, fluye por él y opera en su experiencia, desde donde se transmite a otros, incluyéndome a mí.

Este capítulo no busca ser una disertación sobre el alcoholismo, aunque usaré todavía otra referencia en relación con este problema. Cito estas experiencias para mostrar de forma conclusiva que si hay un poder capaz de rescatar a una persona del alcoholismo, ese poder puede ayudar a todos a superar cualquier otra forma de frustración. No hay nada más difícil de vencer que el problema del alcoholismo. El poder capaz de realizar esa complicada proeza puede ayudarte, te lo aseguro, a vencer tus dificultades, sean cuales sean.

Permíteme comunicarte otra experiencia. Narro este caso con el mismo propósito de enfatizar que existe un poder susceptible de ser aplicado, aprovechado y usado que, de forma misteriosa pero segura, concede a quienes demuestran tener fe, la más notable de las victorias.

En el Hotel Roanoke, en Roanoke, Virginia, una noche un hombre que desde entonces ha sido un buen amigo mío me contó la siguiente historia. Dos años antes él había leído mi libro *A Guide to Confident Living*. En ese entonces era considerado por sí mismo y por los demás un alcohólico irremediable. Era un hombre de negocios en una ciudad de Virginia, y era tan capaz que, pese a su problema, mantenía un éxito sobrado. Pero no tenía el menor control sobre su manera de beber y cada vez se deterioraba más.

Después de leer el citado libro, en su mente se alojó la idea de que si iba a Nueva York podría resolver su dificultad. En efecto, llegó a Nueva York, aunque completamente embriagado. Un amigo lo llevó a un hotel y lo dejó ahí. Él recuperó lo suficiente el conocimiento para llamar al botones, a quien le dijo que quería ir al Townes Hospital, famosa institución para alcohólicos que entonces presidía el ya desaparecido pero nunca olvidado doctor Silkworth, uno de los profesionales más distinguidos en el campo del alcoholismo.

Tras robarle los cien o más dólares que tenía en la bolsa, el botones lo llevó al hospital. Después de varios días de tratamiento, el doctor Silkworth fue a verlo y le dijo:

—Charles, creo que ya hemos hecho por usted todo lo que podíamos. Me da la impresión de que usted está bien.

Ésa no era la práctica común del doctor Silkworth y el hecho de que haya llevado este caso de esa manera hace pensar en la mano conductora de un poder superior.

Aún algo tembloroso, Charles llegó al centro hasta estar frente a las oficinas de la Marble Collegiate Church, 1 West 29th Street, Nueva York. Sucedió que ese día era festivo oficial y la iglesia estaba cerrada. (Salvo en esas ocasiones, siempre está abierta.) No supo qué hacer. Había confiado en que podría entrar a la iglesia y orar. Impedido de lograrlo, hizo algo extraño: sacó de su cartera una tarjeta de presentación y la depositó en el buzón.

En cuanto hizo eso, lo envolvió una inmensa ola de paz. Tuvo una fantástica sensación de libertad. Apoyó su cabeza en la puerta y lloró como un bebé, aunque sabía que estaba libre, que en él había ocurrido un enorme cambio de cuya validez da fe el hecho de que desde entonces no ha dado marcha atrás. Ha vivido totalmente sobrio desde ese momento.

Varias peculiaridades de este caso explican que sea tan impresionante. Primero, el doctor Silkworth parece haber dado de alta a Charles en el momento indicado, en lo psicológico, espiritual y, hay que decirlo, sobrenatural, lo que revela que el médico mismo fue objeto de la guía divina.

Cuando Charles me contó su historia en el Hotel Roanoke dos años después de ocurrida, tuve la sensación de que yo la había oído antes en preciso detalle. Pero él no me la había contado hasta entonces. De hecho, nunca antes había hablado con él. Se me ocurrió luego que tal vez él me la había escrito, pero me dijo que no había sido así. Le pregunté si se la había contado a una de mis secretarias, colegas o cualquier otra persona que hubiera podido relatármela, pero contestó que la única persona a la que se la había relatado era a su esposa, a la que yo acababa de conocer esa noche. En apariencia, este caso había sido transmitido a mi subconsciente en el momento en que sucedió, como para que ahora yo pudiera «recordarlo».

¿Por qué Charles dejó su tarjeta de presentación en el buzón? Tal vez se presentaba de manera simbólica con su hogar espiritual, con Dios. Ésta fue una separación dramática y simbólica de su fracaso y el recurso a un poder superior que lo libró de inmediato de sí mismo y lo curó.

Este incidente indica que si existe un deseo profundo, intenso anhelo y búsqueda sincera del poder superior, éste será obtenido.

En este capítulo he relatado historias de triunfo de experiencias humanas que, cada cual a su manera, señalan la continua presencia y disponibilidad de un poder renovador de la vida, fuera de nuestro alcance pero también residente en nosotros. Quizá tu problema no sea el alcoholismo, pero el hecho de que el poder superior pueda curar a una persona de este grave mal enfatiza la gran verdad, referida en este capítulo y a lo largo de todo el libro, de que no hay problema, dificultad o fracaso que no puedas resolver o vencer por medio de la fe, el pensamiento positivo y la oración. Las técnicas para lograrlo son prácticas y sencillas. Y Dios te ayudará siempre, como ayudó al autor de la siguiente carta.

«Querido doctor Peale: Cuando pensamos en todas las maravillas que nos han acontecido desde que lo conocimos y empezamos a asistir a la Marble Church, no podemos menos que ver en esto un auténtico milagro. Cuando se advierte que justo hace seis años estaba totalmente destrozado—pues, de hecho, debía miles de dólares— y era un completo desastre físico —con casi ningún amigo en el mundo debido a mis excesos con el alcohol—, se entenderá por qué tenemos que pellizcarnos de vez en cuando para confirmar que nuestra buena fortuna no es en absoluto un sueño.

»Como bien sabe usted, el alcohol no era el único problema que tenía hace seis años. Se ha dicho que yo era una de las personas más negativas que hayan existido, pero ésa es sólo una verdad a medias. Estaba lleno de quejas y de todas las formas de irritación y era uno de los individuos más hipercríticos, impacientes y presuntuosos que usted pueda haber conocido en todos sus viajes.

»No piense que he superado todas esas obsesiones. No es así. Soy una de esas personas que tienen que trabajar todos los días en ellas. Pero poco a poco, mientras trato de seguir sus enseñanzas, estoy aprendiendo a controlarme y a criticar menos a mis semejantes. Y esto es como salir de una prisión. Nunca pensé que la vida pudiera ser tan plena y maravillosa. Atentamente [firma] Dick».

¿Por qué no recurres entonces al poder superior?

Epílogo

Has terminado de leer este libro. ¿Qué has leído?

Simplemente una serie de técnicas sencillas y fáciles de aplicar para tener una vida plena. Has leído una fórmula para creer y practicar que te ayudará a conseguir la victoria sobre cada derrota.

Aquí se han dado ejemplos de personas que han creído y que han aplicado las técnicas sugeridas en estas páginas. Estas historias han sido utilizadas para demostrar que con esos mismos métodos tú puedes obtener iguales resultados. Pero leer no es suficiente. Ahora te corresponde practicar con persistencia cada una de las técnicas que se han proporcionado en este libro. No dejes de hacerlo hasta que obtengas los resultados deseados.

Escribí esta obra movido por un sincero deseo de ayudarte. Me dará una felicidad inmensa saber que te ha sido útil. Creo y confío por completo en los principios y métodos expuestos en este volumen. Han sido probados en el laboratorio de la experiencia espiritual y la demostración práctica. Surten efecto si se aplican.

Quizá nunca te conozca en persona, pero nos hemos conocido en este libro. Somos amigos espirituales. Rezo por ti. Dios te ayudará, así que cree y vive venturosamente.

NORMAN VINCENT PEALE

Esta obra se imprimió y encuadernó
en el mes de marzo de 2025,
en los talleres de Egedsa, que se localizan en
la calle Roís de Corella, 12-16, nave 1,
C.P. 08205, Sabadell (España).